一看就懂的中華制度史

從井田制到一條鞭法，從察舉制到科舉制，
深入剖析制度演變與社會脈動，
重建中國古代社會的運作邏輯

吳晗 著

說得明白，理解不難
每天翻一篇，輕鬆建立歷史常識架構

**歷史不只記事件，更要懂得運作邏輯
掌握制度與文化脈絡，讀通中國古代社會全貌**

樂律

目錄

第一編
治國之道：制度與政制的建立 ……………………005

第二編
文化之脈：古代社會的知識與技藝 ……………101

第三編
歷史之表：朝代與民族的演進 ………………165

第四編
山河之形：空間與都城的歷史記憶 ……………209

目錄

第一編

治國之道：制度與政制的建立

　　本編介紹了中國古代的各項制度、偉大發明、技術工藝、生活方式等多個方面。這些都是中國古代燦爛文明的重要構成，是中國古人智慧的結晶。

第一編　治國之道：制度與政制的建立

▌中國有文字記載的歷史、正式紀年

　　中國有文字記載的歷史是從夏朝開始的。根據晉朝太康二年（西元281年）在汲郡（今河南衛輝一帶）戰國魏墓中發現的《竹書紀年》一書的記載推算，夏朝大約創立於西元前21世紀或稍前一些，距離現在已有四千年光景。也就是說，中國有文字記載的歷史已經有四千年之久了。

　　從夏朝創立開始，到西周厲王時止，雖然有可靠的歷史記載做根據，能推算出帝王的世系和大約的年代，但這些年代都不是十分可靠的，因為當初並沒有正式的紀年可以查考。周厲王以後，周朝有十三年沒有王，由周公、召公兩人攝政，攝政開始的第一年稱為共和元年（西元前841年），這是中國歷史上有正式紀年的開始。

　　從周朝周公、召公攝政的共和元年起，到西漢武帝即位的前一年止，中國歷史上雖然有了正式的紀年，但是還沒有帝王的年號。漢武帝即位後，把開始的第一年定為建元元年（西元前140年），「建元」就是中國歷史上的第一個帝王年號。從此，中國歷史上除朝代以外，還有了帝王的年號。

　　帝王的年號少則一個，多則數個、十數個，沒有一定的準則。從漢武帝建元元年起，歷代帝王都各有年號，從來沒有中斷過。直到1911年，孫中山領導的辛亥革命推翻清朝的統治，結束了君主專制的制度以後，帝王年號才被廢止。1912年被定為中華民國元年。

（朱仲玉）

中國歷史上的朝代

從有文字記載的夏朝開始，中國歷史上經歷了夏、商、周、秦、漢、晉、隋、唐、宋、元、明、清等主要朝代。

夏朝的起訖年代沒有可靠的文字記載，無法知道它確切的年代。根據相關資料來推算夏朝的世系，知道它傳了十七個王，大約的年代是在西元前2100年前後到西元前1760年前後，一共存在了四百多年。

商朝的起訖年代到現在也沒有搞清楚，只知道它傳了三十一個王，大約年代是西元前1760年前後到西元前1120年前後，一共存在了六百多年。

周朝分為好幾個階段。開始一段叫西周，從西元前1120年前後起，到西元前771年止，存在了約三百五十年。接下來的是東周，從西元前770年起，到西元前249年止，連頭帶尾共存在了五百二十二年。

從東周的第一個國王平王遷都雒邑（西元前770年）開始，到威烈王二十三年（西元前403年）為止，諸侯稱霸，稱為春秋時代，春秋時代長三百六十多年。從威烈王二十三年起，到秦始皇統一中國（西元前221年）止，七國爭雄，稱為戰國時代（戰國最後的二十八年東周已經滅亡），戰國時代長一百八十多年（春秋、戰國的起止年代，演算法不一）。

秦朝從西元前221年統一中國起，到西元前207年滅亡止，只傳了兩代，連頭帶尾共十五年。

漢朝的前期稱西漢，從西元前206年起（劉邦做皇帝是在西元前202年，從西元前206年到前202年為楚漢相爭時期），到西元8年止，共存在了二百一十四年。西元8年，王莽稱帝，改國號為「新」。西元23年，「新」滅亡。淮陽王劉玄在位三年（西元23年至25年）。漢朝的後期稱東

第一編　治國之道：制度與政制的建立

漢，從西元 25 年起，到西元 220 年止，共一百九十六年。

東漢以後、西晉統一以前，中國歷史上出現了分裂局面。魏、蜀、吳三國鼎立，歷史上稱為三國時代。三國時代自西元 220 年曹丕稱帝起，到西元 280 年東吳滅亡止，共六十一年。

晉朝也分西晉、東晉兩個階段。西晉從西元 265 年司馬炎取代曹魏起，到西元 316 年，共五十二年。東晉從西元 317 年到 420 年，全長一百零四年。

從東晉滅亡到隋統一，這一段時期，歷史上叫做南北朝時期，南北朝時期長一百七十年。

隋朝從西元 589 年統一中國算起（隋的建立為西元 581 年），到西元 618 年止，全長三十年。

唐朝從西元 618 年起，到西元 907 年止，全長二百九十年。

唐朝以後，中國歷史上又出現了分裂局面，這個分裂時期歷史上叫做五代十國時期。五代十國時期從西元 907 年唐滅亡算起，到西元 979 年宋統一全國（宋的建立為西元 960 年）止，共七十三年。

宋朝也分為兩個階段，前一個階段稱北宋，從西元 960 年到 1127 年，共一百六十八年；後一個階段稱南宋，從西元 1127 年到 1279 年，共一百五十三年。

元朝從西元 1279 年滅南宋起，到西元 1368 年止，全長九十年。

明朝從西元 1368 年起，到西元 1644 年止，全長二百七十七年。

清朝從西元 1644 年入關算起，到 1911 年辛亥革命時被推翻止，全長二百六十八年。

（朱仲玉）

中國的民族

中國是一個以漢族為主體的統一的多民族國家。除漢族以外，還有五十五個少數民族。少數民族人口共約 11,379 萬，占全國總人口的 8.49%（2010 年中國人口普查數據）。

中國各少數民族都具有悠久的歷史和豐富的文化。就拿百萬以上人口的少數民族來說，在中國各種史書、方志上很早就記載著有關這些民族的生產、生活和風俗習慣等情況。中國歷史上的元朝，就是以忽必烈為首的蒙古貴族在 13 世紀建立的。

回族是 13 世紀以來遷入中國的部分中亞人、波斯人、阿拉伯人和 7 世紀以來少數久居中國的波斯人、阿拉伯人與漢族、維吾爾族、蒙古族等族人在長期相處的過程中發展而成的一個民族。

藏族在漢文的古文獻中稱為吐蕃、西蕃、烏斯藏、唐古特、圖伯特等。

西元前 3 世紀至西元後 3 世紀，漢文史書上曾提到丁令（丁零、丁靈），4 世紀到 6 世紀曾提到鐵勒（敕勒、赤勒），這說的都是維吾爾族的遠祖。從北魏到隋代稱為烏護（烏紇）、韋紇（袁紇），唐宋時稱為回紇、回鶻，元明時稱為畏兀兒，都是維吾爾一詞的不同音譯。

古代稱居住在洞庭湖附近和沅江流域一帶的居民為武陵蠻（五溪蠻），苗族就是他們的後裔。

古代史籍記載的邛（ㄑㄩㄥˊ）都夷、滇、勞浸、靡莫和昆明都與彝族的源流有關，叟、爨（ㄘㄨㄢˋ）、烏蠻和部分地區的白蠻是彝族的組成部分；直到元明以來，羅羅這個名稱才逐漸普遍起來，並開始成為彝族的泛稱。

第一編　治國之道：制度與政制的建立

　　春秋時代的越人與今天壯族、傣族等族的源流有密切的關係，史籍上曾有陸梁、西甌、駱越、烏滸、俚以及僚、俍（ㄌㄧㄤˊ）、儂、沙等不同稱謂，便都是泛指壯族。

　　布依族是由古代百越中的駱越一支發展起來的，《元史‧地理志》裡第一次出現了仲家的名稱，就是布依族的祖先。

　　朝鮮族是自19世紀中葉開始先後從朝鮮遷入中國東北的。

　　遠在周、秦時代，居住在東北松花江、牡丹江等流域的肅慎人，以及後來史書上所稱的挹（ㄧˋ）婁人、勿吉人、靺鞨（ㄇㄛˋㄏㄜˊ）人和10世紀後所稱的女真人的一部分，都是滿族的祖先。

（施聯朱）

首都北京

　　北京在歷史上正式成為首都，是從金政權貞元元年（西元1153年）開始的。當時北京稱燕京，金在此定都後，改稱中都。

　　如今北京廣安門內外大街，就是自東而西橫貫金中都城的一條幹路。中都的內城，位於今廣安門以南，是金皇宮所在的地方。金亡後，元朝仍以這裡為都城。由於金的中都城長期遭受戰爭破壞，殘毀不堪，因此元朝的開國皇帝忽必烈在此定都後，索性放棄中都的舊城址，在它東北的曠野上另外興建了一座新的都城，命名為大都。

　　大都城的建築工程主要分宮殿、城池、運河三部分。初期主要是宮殿的建築，然後以宮城及其東西兩面的太廟和社稷壇為基點，配建王府、官署，興建街坊，最後開通大都的水路交通動脈──通惠河，使大都和大

運河直接連繫起來。經過全國人民二十幾年的辛勤努力，一座規模宏大的新的大都城終於落成。新的大都城基本上為現在的北京城奠定了最初的基礎。

西元1368年，朱元璋在南京做了皇帝，建立了明朝。這一年秋天，明軍攻入大都，改稱大都為北平。明成祖時，為了適應國內新的政治形勢，決定把都城從南京遷到北平，改稱北平為北京，並大規模營建北京。

明朝北京城的修建工程，從成祖永樂二年（西元1404年）開始，至永樂十八年（西元1420年）完成，前後共費時十七年。就在北京營建工程完成的這一年，明成祖正式下令遷都。嘉靖三十二年（西元1553年）為了便於防守的關係，明政府又加築北京部分外城。

明亡後，繼明之後的清朝，仍舊以北京為都城。

（穆淑燕）

▎六大名都

西安、洛陽、開封、北京、南京、杭州，是中國歷史上的六大名都。關於北京，已在前一段講過。這裡，分別談談其他幾個名都。

西安地處陝西關中平原渭水之濱，是中國古代文明的發祥地之一。西元前11世紀，周文王在今西安附近建立豐京，文王的兒子武王又在今西安市長安區西南建立鎬（ㄏㄠˋ）京。武王滅殷以後，建立了周朝，鎬京成為周的國都，這是西安附近第一次出現全國性的政治中心城市。歷史上把建都鎬京的周稱為西周。

西元前202年，西漢建立。漢於渭水南岸營建國都，取名叫長安（漢

第一編　治國之道：制度與政制的建立

時長安在今陝西省西安市長安區西北）。西漢建立的二百年間，是長安的繁盛時期。這時，長安不僅是全國的政治、文化中心，而且是交通西域的樞紐。此後，前趙、前秦、後秦、西魏、北周，都以長安做過國都。

隋、唐兩代，也都以長安為國都（隋在西元 583 年遷都大興，仍在長安附近）。但隋、唐時的長安已不是漢長安舊城，其規模比漢長安城大得多。這個時期，特別是在唐代，長安是中國最大、最文明的一個城市。

洛陽位於河南省洛河北岸。周武王的兒子成王即位後，為了加強對東方殷遺民的統治，派周公旦在洛水之北營建雒邑，叫做東都。西元前 770 年，周平王把都城從鎬京遷到雒邑。從此，歷史上把遷都雒邑後的周稱為東周。戰國時雒邑被改稱洛陽。

東周是以洛陽為都城的第一個朝代。東周以後在洛陽建都的，有東漢、曹魏、西晉、北魏（北魏初都平城，孝文帝時始遷都洛陽）。隋、唐時期，雖然政治中心在長安，但隋、唐的皇帝如隋煬帝、唐太宗、唐高宗、武則天等都經常居住在洛陽。五代十國時，後唐也在洛陽建過都。

黃河中游南岸的開封，早在戰國時期，就是魏國的都城，當時叫做大梁（戰國時，魏的都城最初在安邑，魏惠王時始遷都大梁）。大梁在隋、唐時稱為汴州。唐朝末年，朱溫廢掉唐朝皇帝，建立後梁，定都汴州，升汴州為開封府。後晉、後漢、後周也都在這裡建都，把汴州稱作東京。

西元 960 年，趙匡胤發動兵變，建立宋朝（史稱北宋），仍定都開封（宋亦稱開封為東京）。北宋以開封為都城，達一百六十八年之久，這是開封的極盛時代。金滅北宋，稱開封為汴京，後又改稱「南京」，也曾一度定都於此。

山川雄偉的南京城，是中國最大的文化古都之一。三國時期，南京是東吳的國都，加上以後的東晉、宋、齊、梁、陳共六個朝代，都以南京為都城，所以南京被稱為六朝古都。南京在東吳時叫做建業，從東晉到陳，稱為建康。後來南唐也以它做過國都，改稱江寧府。明朝初年，朱元璋定都南京，明成祖時遷都北京。

　　太平天國革命時期，起義軍攻下南京後，定都於此，改稱天京。1927年，北伐軍攻克南京，以南京為首都，在南京成立中華民國國民政府。1949年4月，人民解放軍橫渡長江，成立南京市人民政府。1952年，南京歸為江蘇省，並成為江蘇省的省會。

　　景色如畫的浙江杭州城，是聞名中外的遊覽勝地，也是中國歷史上的著名古都。杭州曾做過五代十國時期吳越的都城。南宋時，杭州又成為南宋的首都。南宋稱杭州為臨安府。

（黎虎）

■ 天干地支

　　天干就是甲、乙、丙、丁、戊、己、庚、辛、壬、癸。地支就是子、丑、寅、卯、辰、巳、午、未、申、酉、戌、亥。用天干、地支記載年、月、日，是中國人民長期以來的一種傳統習慣，它的起源很早。根據地下發掘出來的商朝甲骨文，我們知道，那時已經有了用干支記日的辦法。商朝距今三千多年，也就是說，用干支記日的辦法，至少在三千年前就已經採用了。至於用干支記月、記年，則比較晚些。現在可以考查出來的干支紀年，是西周的共和元年（西元前841年），那一年是庚申年。

第一編　治國之道：制度與政制的建立

　　用干支記載年、月、日的方法，是把天干和地支搭配起來，如甲子、乙丑、丙寅、丁卯、戊辰、己巳、庚午、辛未、壬申、癸酉。因為天干只有十個，而地支卻有十二個，所以當搭配到癸酉年時，天干又得從頭輪起，即搭配成為甲戌、乙亥。同樣的道理，十二個地支全輪完以後，也得從頭輪起。這樣從頭到尾周而復始地輪流，當天干輪完六遍的時候，地支正好輪完五遍；其年數整整是六十年，稱為一個甲子或稱一個花甲。因此，凡六十歲的老人或六十歲以上的老人，我們可以稱他們為「花甲老人」或「年過花甲」。

　　大約從西漢初年起，民間習慣上又把地支和十二生肖連繫起來。它們之間的關係按順序排列是：子鼠、丑牛、寅虎、卯兔、辰龍、巳蛇、午馬、未羊、申猴、酉雞、戌狗、亥豬。凡是在子年出生的人，無論是甲子或丙子，還是戊子、庚子或壬子，他的生肖都是鼠；在丑年出生的人，無論是乙丑或丁丑，還是己丑、辛丑或癸丑，他的生肖都是牛。別的生肖也依此類推。

　　用天干地支記載年、月、日，在中國歷史上曾發揮過一定的作用，它為我們考查歷史上的年代帶來了很大的方便，因為從西周共和元年以來，許多重要的歷史文獻古籍，記載時間都是採用這個辦法，而且歷久相沿，從未間斷過。

（朱仲玉）

中國歷史上的土地制度

　　世界上各個民族，在各自的歷史上都經歷過一個以公有制為基礎的原始公社的階段。在這個階段，土地屬於公社所有。公社的成員共同耕種著他們的土地，也就共同享受他們共同勞動所取得的果實。

　　中國各族人民在歷史上也都經過了這個階段。就漢族說，傳說中的黃帝、唐堯、虞舜時代大約就屬於這個階段，這時期的土地屬於公社所有。最初，可能是公社裡很多人都在一大片土地上進行耕種；其後，氏族公社裡有了家庭，公社的土地就被劃分成一塊一塊平均大小一樣的小塊，分給各個家庭去耕種，但土地仍是屬於公社共同所有。秋收以後，土地仍恢復為一大片，明年耕種時再分。

　　土地制度的第一個變化，是由公社公有制變為國王（天子）、貴族所有制。國王、貴族是由氏族公社時期各氏族部落的大小酋長發展來的。這些人原來是由氏族部落成員選舉出來管理氏族部落的公職事務的，隨著貧富的分化和階級的分化，這些大大小小的酋長們就把氏族公社的公有財產——其中最主要的是土地——竊據為己有，成為自己的私有財產。於是，他們也就變成了一群氏族貴族。氏族公社破壞，國家出現，他們就成為國王、貴族階級。

　　漢族歷史上何時從公社土地所有制進入國王、貴族土地所有制，現在還不十分清楚，但可以肯定的是西周、春秋時期，土地是屬於國王（周天子、各國諸侯）、貴族（卿、大夫）所有的。周天子，各國諸侯、卿、大夫等組成貴族階級，他們都是土地所有者。

　　直接耕種土地的農民，主要的是以前的公社成員，他們仍然依照傳統

第一編　治國之道：制度與政制的建立

的習慣耕種著按期分配來的每家大小平均的一塊（一般是方塊）土地。天子、諸侯可以把土地賜給他的卿、大夫，卿、大夫也可以把土地轉給其他人，但耕種土地的農民卻沒有權力轉讓他們耕種著的土地。不過這些農民都是按照古老的傳統習慣來耕種他們分來的那塊土地的，貴族們似乎也不能趕他們離開這塊耕種的土地。同時，這時期還沒有土地買賣。

土地制度的第二次變化，是在春秋戰國之際，這次變化是由周天子、諸侯、貴族土地所有制變為一般地主或農民小生產者所有的土地私有制。歷史上有名的商鞅變法，就是這次土地制度變化的代表。

透過這次變化，一向按照傳統習慣取得一塊土地耕種的小生產者——農民，擺脫了傳統習慣的束縛，取得了對其所耕種土地的更大支配權。他們有了可以出賣這塊土地的權力，即史書上所說的「民得買賣」。但在這種土地私有制度下真正取得好處的卻不是農民，而是地主階級。地主階級以政治的力量、經濟的力量吞併農民的土地，使得絕大部分農民只有很少的土地，甚至陷於破產的境地。

從商鞅變法開始的這種土地私有制，在舊中國一直持續了幾千年。在這期間，儘管耕種土地的農民就其身分而言，有時是自由民、奴隸，有時是農奴、佃戶、僱農，但他們總是受地主的剝削壓迫。絕大部分的土地掌握在地主階級手裡。

除地主階級中的一般地主、貴族、官僚掌握的私有土地以外，歷代統治者的國家政府或皇帝，還直接掌握一部分土地。這種土地在數量上，有時候也很大。各時期的國家政府或皇帝以不同的形式來管理、使用這部分土地。

在兩漢時期，這種土地被稱為「公田」，直接為皇帝所有。這部分土

地數量很大，除大量耕地以外，全國的山嶺、未開墾的草田，也都歸皇帝所有。「公田」由皇帝「假」（租）給農民耕種。

魏晉南北朝到隋唐時期，國家政府掌握的土地更多，透過各種方式把土地分給農民耕種，並且用非經濟的強制力量把農民束縛在土地上，不許他們隨便遷移。

唐中葉以後，國家政府或皇帝仍保有大量的土地。他們一般都採用和當時一般地主經營土地方法差不多的形式來經營、管理這些土地。

這就是幾千年來漢族歷史上土地制度發展變化的大體輪廓。最初階段，土地屬於氏族公社公有；西周、春秋時期，土地屬於周天子及各國諸侯和卿、大夫貴族階級所私有；商鞅變法以後，土地可以買賣，土地私有制進一步確立，但歷代國家政府或皇帝仍然保有大量土地。

（何茲全）

中國歷史上的賦稅制度

戰國時的孟子曾說過，夏、商、周三代的賦稅制度是：「夏后氏五十而貢，殷人七十而助，周人百畝而徹。」據傳統的解說，五十、七十和百畝一樣，指的是畝數。「貢」，有一定的數量規定，無論五十畝每年的收成如何，都要交這一定的數給國家。「助」是助耕公田。七十畝的收成全歸個人，但要抽出一部分時間去耕種國家的田，公田的收穫全歸國家。「徹」是將百畝的收穫交納出十分之一給國家。「貢」和「助」也大約是什一（十分之一）。

孟子的話可能反映了一部分事實。從遠古以來，原始公社就有一種老

第一編　治國之道：制度與政制的建立

　　習慣，它把土地劃成平均大小相等的塊分給公社成員去耕種，公社成員把收穫的一部分，譬如說十分之一，交給公社做公用開支。進入階級社會，有了國家以後，剝削階級的國家可能就把這種老習慣繼承下來，把原來公社的收入變成國家對農民的賦稅。中國歷史何時由原始公社進入階級社會，目前還不十分清楚，因此，至少夏代的「貢」，是否是賦稅，還很難說。

　　春秋戰國之際，土地私有制進一步確立。隨著這種變化，賦稅制度也跟著變化。田畝的租稅分裂為田租和田稅。田租是農民向地主交納的地租，田稅是土地所有者向國家交納的賦稅。

　　戰國時期，七國分立，賦稅制度發展變化情況相當複雜，難以細說。到兩漢時期，定型為一種租賦徭役制度。「租」是田稅（當時仍稱田租），戰國時是十分之一，兩漢時一般是三十稅一。「賦」是人頭稅，有「算賦」，有「口賦」，成年人出「算賦」，小孩出「口賦」。徭役包括兵役和力役。兵役在兵制題目下再談，這裡只說力役。漢代人民，從二十一歲到五十六歲，每人每年要向政府出一個月的役，稱作「更」。不能「踐更」（出役）的，要出錢，稱作「更賦」。

　　兩漢的租賦徭役制到魏晉南北朝和隋時，變為「戶調制」。戶調制是賦稅以戶為單位，按戶來徵收的制度。戶調徵收的是布、帛、絲、麻。曹魏時，田租還在戶調之外，是按畝徵收的。晉以後，田租也合併在戶調之內，都按戶徵收。以北魏孝文帝時的賦稅為例：這時的均田戶，一夫一婦（一個小家庭）每年向國家要交戶調帛一匹、粟二石。另外，隨鄉土所出，還要交些絲、麻等物。戶調之外，自然少不了還有力役負擔。

　　魏晉南北朝和隋的戶調制度，唐初小有變動，出現了「租庸調制」。

租庸調制基本上和戶調制相同，不同的地方在於：①戶調制是以戶為徵收單位，租庸調改為以丁為徵收單位。②戶調制時期，農民除交布帛絲麻和租物之外，還要出力役。租庸調制規定，力役可以折收「庸」。「庸」是實物，役一日折絹布三尺。

以戶為徵收單位的戶調制和以丁為徵收單位的租庸調制都是以均田制為基礎的。有了均田，才能假定農民每家耕地大小差不多，來按戶或丁徵稅。

唐中葉均田制破壞，租庸調制不能適應客觀情況了，「兩稅法」出而代替租庸調。這是賦稅制度的一大變化。

兩稅法的施行是在唐德宗建中元年（西元 780 年）。兩稅法的內容是戶稅和地稅，按每家資產多少來徵收戶稅，按田畝多少徵收地稅。每年的稅，分夏秋兩季徵收。夏輸不過六月（陰曆，下同），秋輸不過十一月。徵收的稅以錢為主。租庸調制正式被取消。

租庸調到兩稅法的主要變化在什麼地方呢？一個變化是：在租庸調制度下，丁無論貧富，田無論多少，都是按丁出租庸調。而兩稅法則資產多、田畝多的出租稅多，資產少、田畝少的就出租稅少。另一個變化是：租庸調是收實物，兩稅主要收錢。

從唐到宋，兩稅中依戶徵收的資產稅逐漸分化出商稅、間架（房屋）稅，於是所謂資產也就逐漸集中於土地，所保留的僅是夏秋兩徵的形式，兩稅也就蛻變稱為二稅。二稅一半收錢，一半收穀物。

賦稅制度的又一次大變化，是在明朝後葉，即神宗萬曆九年（西元 1581 年）。這一年，明朝政府實行了「一條鞭」新稅法。「鞭」是「編」的意思。一條鞭法，就是把當時政府所徵收的各種租稅，以及按丁徵收的勞

第一編　治國之道：制度與政制的建立

役，通通編（歸併）為一條，按地畝來徵收。一概徵收銀。

一條鞭法實施一百三十多年後，到了清朝康熙、雍正年間（西元1711年至1729年左右）又出現「攤丁入畝」的稅制改革。在階級社會中，賦稅制度一直在隨著時代的發展而不停地變化。在實行兩稅法的時候，租庸調裡所包括的勞役本來都歸併到兩稅裡去了的，但是不久，除兩稅之外，又有了丁役。一條鞭法實行後，本來是所有的稅目都並而為一了的，之所以稱作一條鞭也就是這個意思。但是併入一條鞭的丁銀，不久又分離出來，因此到清初又來了個「攤丁入畝」。

賦稅是統治者對人民的剝削，賦稅制度的變化，也反映了歷史發展的進步。變化中的進步，有兩點可以指出：一是課稅單位從戶、丁、地，逐漸集中到地；二是賦稅形態由勞役、實物、貨幣，逐漸集中到貨幣。它反映了人身依附關係的逐步減輕。

（何茲全）

中國古代兵役制

中國古代的兵制，可以從周代講起。商以前，大約還是部落兵，氏族部落成員都有當兵的義務。

周代的兵，基本上仍然是部落兵，只有周族的貴族、自由民（除奴隸以外的居民）才有當兵的權利和義務。周時是車戰，車是作戰的核心。看《左傳》的記載，我們知道春秋時期，各諸侯國出兵，還是以「乘」為單位來計算軍力大小的，比如說「七百乘」、「五百乘」等，意思就是指七百輛戰車、五百輛戰車。國越大越強，車數越多。

中國古代兵役制

周族以外被周征服的各族人，大約還不服兵役，他們沒有當兵的權利。

戰國時期，兵制有了變化。戰國以前，只見有用馬拉車、拉東西的記載，還沒有看見有關人騎馬的記載。戰國時，趙武靈王胡服騎射，學會了匈奴人騎馬打仗的戰術，從此漢人歷史上才開始有了騎兵。同時由於這時士兵的來源擴大，以前不服兵役的人，現在也服兵役了，步兵的地位顯得日漸重要起來。由於騎兵的出現、步兵的增多，那種呆笨的車戰方法逐漸被淘汰。騎兵、步兵逐漸成為主要的兵種。

春秋時期，兩國交戰，出車多不過數百乘，若是超過千乘以上，那就要算很大的戰爭了；可是到戰國時，參戰雙方動不動一來就是步騎幾萬人，甚至幾十萬人，這是以車戰為主的春秋時代的人很難想像的。這個事實，反映了春秋戰國時代作戰方法的巨大變革。

經過戰國時期的醞釀和發展，到秦漢統一國家時期，便出現了全國規模的「徵兵制」。

就漢代來說，年滿二十一歲到五十六歲的男子，每人一生都要服兩年的兵役。一年在地方上，一年在京師或者在邊疆。漢代守衛京師的兵，稱為「南北軍」：「南軍」守衛宮廷，「北軍」守衛京城。地方兵有「樓船」（水兵，多在江南）、「材官」（步兵，多在關東，即函谷關以東）和「騎士」（騎兵，多在北方邊郡）的分別。漢代的兵役，不分貴賤，只要是編入戶口冊籍的人，都要負擔。

魏晉時期出現了「世兵制」。

「世兵」就是世代為兵，父親是兵，兒子就一定做兵。這種世兵制，一直延續到南北朝時期。這時期，兵民是分離的。民有民的戶籍，民戶歸郡縣管理；兵有兵籍，兵家稱作「士家」、「軍戶」，士家、軍戶受軍府管理。

兵的身分是低的，必須經過放免，才能取得普通人的身分。

南北朝後期，在北朝又出現了「府兵制」。

北魏拓跋氏是鮮卑人，統一北中國時，還處在氏族部落向階級社會過渡的階段。拓跋部落聯盟的成員，都有當兵的義務。北朝前期，北方的漢人一般不服兵役，只有拓跋鮮卑的部落兵。

北朝後期，北方分裂為東魏、西魏。西魏地居關中，地方經濟比較落後，人口比較少，力量較弱。西魏執掌政權的宇文泰一方面吸收漢人為兵，另一方面仍採取鮮卑人的部落兵形式，創置了府兵制。

從創置（西魏時）到破壞（唐中葉），府兵制前後維持了二百多年的時間。但這制度並不是一成不變的。在西魏北周時，府兵制的部落形式很明顯，有六個「柱國」率領全部軍隊，「柱國」就好像部落的酋長，其部下都得改從「柱國」之姓。府兵不屬於郡縣管轄，和民籍是分開的；他們只管打仗，不負擔其他賦稅的義務。唐時，全國置有六百多個府，關中即占二百六十多個。設府的地方，人民有當府兵的義務；不設府的地方，人民不服兵役。

到唐中葉以後，募兵制逐漸成為主要的兵制形式。

作為其他兵制的補充，在戰國時期就出現了募兵制。漢武帝時期、東漢時期、南北朝時期，都有過募兵。募兵成為主要的兵制，是在唐中葉以後。特別是宋朝時候，統治者把招兵看成緩和階級矛盾的妙法，養兵數目不斷增加，宋仁宗時候，有兵一百二十多萬人，其中禁軍（中央軍）就有八十多萬人。

募兵是兵民分離的純粹職業兵。

到了明朝，又有「衛所制」。軍隊組織有「衛」、「所」兩級。一衛兵士

有五千六百人，衛有指揮使。衛下有千戶所，千戶所下有百戶所。小據點設所，大據點設衛。初設衛、所時，兵士來源，除明初現有的軍隊以外，以後主要是從人民中抽調來的。明朝衛、所的軍人是世襲的，兵士有特殊的社會身分，稱作「軍戶」。軍戶一般都參加屯田，軍隊的給養就由屯田來解決。衛所制有些像世兵制，又有些像府兵制。

清初的兵制是「八旗」兵。最初，一「旗」就是一個部落，八旗就是滿族的部落聯盟。八旗兵就是滿族的部落兵。八旗制是清太祖努爾哈赤時逐步建立起來的。八旗的基層組織是「牛錄」，一牛錄為三百人。牛錄之上有「甲喇」，甲喇之上有「固山」，固山即「旗」。牛錄、甲喇、固山之長稱「額真」，實即各級的大小酋長。隨著滿族的階級分化，部落進入國家，八旗兵也就成為王公貴族的兵了。

清軍入關後又有「綠營兵」，綠營兵是以漢人為基礎組成的軍隊。

（何茲全）

世卿政治、官僚政治

在西周和春秋時期，政治上最高的統治者是周王，以下有各國諸侯，再下便是卿、大夫。他們之中人數最多的是卿、大夫階層。卿、大夫有世代傳襲的固定封土──「采邑」，又有固定的政治權力；他們在自己的「采邑」內聚族而居，可以築城、設定軍隊，有家臣管理政事；他們還憑藉著貴族的身分，世世代代地做官或執掌國政。這樣的情況就叫世卿政治。

官僚政治是伴隨著封建專制的中央集權國家的興起而出現的，它產生於戰國，形成於秦，在秦以後兩千多年的封建社會裡，一直在繼續不斷地

第一編　治國之道：制度與政制的建立

發展與加強。我們從世卿政治與官僚政治的比較中，可以清楚地看出官僚政治主要具有兩個特點：

第一，世卿政治下的卿、大夫都是貴族世襲的，不是貴族出身的人是不能做卿、大夫的。官僚政治下負實際行政責任的大小官吏，一般是不世襲的，也不一定是貴族，都由皇帝任命或由皇帝任命的官吏指派，皇帝對官吏可以隨時任用、罷免和調遷。當然被任用的人都是地主貴族階級出身的人或他們的知識分子，平民出身的人很少有可能被任命當官的。

第二，官僚政治是用俸祿來代替世卿政治的「采邑」的，也就是說，依照官吏的地位和職務給予他們定量的穀物或貨幣，不再封給他們以「采邑」。

世卿政治表示國君權力的分裂，官僚政治顯示皇帝權力的加強。皇帝對人民的統治，是一定要透過官僚系統來進行的。

（楊釗）

從秦漢到明清的中央官制

秦是中國歷史上第一個統一的專制主義中央集權的國家，確定了皇帝至高無上的權力，並建立了比較嚴密的官制。就中央官制來說，秦置丞相、太尉、御史大夫等官職。丞相協助皇帝處理國家大政；太尉掌軍事；御史大夫一方面負責管理皇帝的祕書工作，另一方面負責監察百官。此外還有「九卿」，執掌的大多是皇帝宮廷的私務。

西漢初年基本上仿照秦制。自漢武帝時起，皇帝常常透過內廷管理文書的「尚書署」親自裁決政務，這就使丞相和御史大夫的職權逐漸縮減。

隨後，尚書署改為尚書臺，成為皇帝的機要祕書處。原來的丞相、御史大夫、太尉逐漸改名為大司徒、大司空、大司馬，合稱「三公」。原御史大夫的屬官「中丞」保留下來專司監察，以後稱為「御史臺」，中國歷史上專職的監察機構，從此正式建立起來。到了東漢，正式發號施令的是尚書臺，長官稱尚書僕射（一ㄝˋ）。三公的權力更為削弱，只能辦一些例行公事了。

東漢末，曹操為了掌握大權，自任丞相，並一度恢復御史大夫等官職。曹丕稱帝後，感到東漢的尚書臺權力太大，另設中書省，首長稱為中書監、中書令，掌管機要，起草和釋出詔令，逐漸成為事實上的宰相府。至於尚書臺，則已成為執行機構，事務日益繁忙，開始分曹（分職治事的官署為「曹」）治事，設侍郎、郎中等官，綜理各曹工作。這時，「三公」基本上成了功勳大臣的虛銜。

晉代將漢代的侍中寺改為門下省，作為皇帝的侍從、顧問機構，長官為侍中。侍中在秦漢時侍從皇帝左右，出入宮廷，應對顧問，並常代表皇帝與公卿辯論朝政，地位雖不高，因能接近皇帝，故顯得很重要。到南北朝時，凡屬重要政令，皇帝每每徵取侍中的意見，這就使門下省也開始成為參與國家大政的部門了。

隋唐時期，中書省、門下省、尚書省（南北朝時由尚書臺改稱）同為國家最高政務機構，分別負責決策、審議和執行國家政務，三省長官中書令、侍中、尚書令同列宰相地位。與此同時，原尚書省諸曹正式確定為吏、戶、禮、兵、刑、工六部，部下有司。部的首長稱尚書，副首長稱侍郎；各司正、副負責人稱郎中、員外郎。

隋唐三省六部制的確立，是秦漢以來封建國家中央官制不斷變化的結

第一編　治國之道：制度與政制的建立

果。其組織較完整，分工較明確，可以看作是封建社會已經發展成熟階段的一個代表。

從隋唐至明清，六部制大體相沿，但是原來分立的三省到唐太宗以後卻逐漸有了變化。由於唐太宗未做皇帝前曾當過尚書令，他做皇帝後，這個職務就空著不再授人。尚書省的長官，就只設左、右僕射；但不久左、右僕射成了聽令執行的官員，不能再參決大政了。

唐高宗時，常用別的官員以「同中書門下平章事」或「同中書門下三品」的名義參與朝政，執行宰相職務，中書令、侍中就不常設了。執行宰相職務的官員們常在「政事堂」商討和辦理國政。政事堂初設在門下省，後移中書省，改稱「中書門下」。這樣，政事堂就成了實際上的宰相府。

五代除沿用唐制以外，又有樞密院（管理軍事機密、邊防、軍馬等事務）參與大政，首長稱樞密使或知樞密院事。北宋以中書門下省為政事堂，簡稱中書，和樞密院分掌政務、軍事，號稱「二府」。元代中樞大政統一於中書省，首長為中書令，往往以太子充任，其次為左右丞相，下統諸部。此外，又在地方設行中書省為中書省的派出機構。因此，元代中書省的職權很重，至於樞密院，則大體上與宋相似。

明初廢中書省，不設丞相，由皇帝直接處理國政，指揮六部。皇帝專制一切，由翰林院等機關選調幾個官員，加以殿閣大學士的名義備顧問，辦文墨。成祖時，選派大學士入午門內的文淵閣辦公，參與機務，稱為「內閣」。不過他們官位並不高，權勢也還小。仁宗以後，內閣專任批答奏章，草擬詔令，品級漸高，權力漸增，極易假借皇帝的專制威力行事，號為「輔臣」，實際權勢竟比歷代的宰相還大。

清初仍然設定內閣，有三殿（保和、文華、武英）、三閣（體仁、文

淵、東閣）大學士，但國家大政的決策機構是由滿族最高貴族組成的「議政王大臣會議」，內閣職權低落。到了雍正年間，又另設定軍機處，由滿漢大臣任軍機大臣，其下為軍機處行走、學習行走等。

軍機處設於內廷，秉承皇帝意旨處理軍國要務、官員任免和重要奏章。釋出命令時，直接用軍機大臣名義發出，稱為「廷寄」。各地奏章也由軍機處直達皇帝，不再經由內閣，於是內閣只辦例行公事，內閣大學士也變得有點類似位尊而不重要的「三公」了。軍機大臣由於親近皇帝，總攬一切，名實俱重，是中國歷史上封建專制集權中央官制的最高發展。

（陳繼珉）

從秦漢到明清的地方官制

中國歷史上專制主義中央集權封建國家的地方官制，也基本上是從秦朝統一後奠定下來的。

秦劃分全國為三十六郡（後增至四十餘郡），郡轄若干縣，是二級制。郡置「守」，是行政長官；置「尉」，掌軍事；置「監御史」（簡稱「監」），掌監察。大縣置「令」，小縣置「長」，為行政長官；縣有「尉」，掌治安；有「丞」，輔佐縣令或縣長管理倉儲、刑獄和文書。郡、縣的行政長官都由皇帝直接任免，體現了專制主義中央集權的精神。

漢初承秦制，只改郡守為太守，郡尉為都尉。諸侯王國，官制略如中央。漢武帝為了加強中央對地方的控制，將全國劃分為十三州（又稱為部），每州設一刺史，奉皇帝詔巡察郡、國。到了漢成帝時，曾改刺史為州牧，以後或者仍然叫做刺史，或者再改稱為州牧。但這時刺史或州牧只

第一編　治國之道：制度與政制的建立

是監察官，官階低於郡守；州（部）也是監察區，不是行政區。東漢末年，改刺史為州牧，居郡守之上，掌握一州的軍政大權，形同最高地方政權。

魏晉南北朝時期，地方政權基本上劃分為州、郡、縣三級。州的長官或稱州牧或稱刺史，主民政；縣的長官一律改稱為令。那時，有些外州刺史往往被加上「使持節都督某州軍事」或「假持節都督某州軍事」的頭銜，並加號「將軍」，權勢很大。

隋取消郡，只存州縣。隋末改州為郡，唐又改郡為州，都是兩級制。唐又置十個監察區叫「道」，每道派高級京官一人，先後稱黜陟使、按察使、採訪處置使等，掌監察州、縣官吏事，有權罷免或提升地方官吏。此外，隋唐時還合若干州為一軍區，長官在隋稱總管，在唐稱都督。後來唐在邊境軍區置節度使，都帶京官和御史大夫銜，集數州以至十餘州的軍政、民政、財政和監察諸權於一身，權勢很大。「安史之亂」後，節度使勢力擴大，割據獨立，世稱為「藩鎮」。

宋代削藩鎮，集權中央，節度使成為空銜，因地置不同名稱的州、府、軍、監，都有屬縣，仍然是二級制。州縣政務都由中央另派京官帶原銜出任，稱「知某州軍州事」（「州」指民政，「軍」指地方軍隊）、「知某縣事」，簡稱「知州」、「知縣」。

宋在兩級行政機構外，又設立稱為「路」的監察區。路有都轉運使，負責監察吏治和收納地方上繳中央的賦稅；有提點刑獄，稽考一路的民刑案件；有提舉司，長官稱「提舉某路常平公事」，管倉儲和茶鹽專賣；此外有經略安撫使或安撫使，掌一路的地方軍事，按例都以當路的知州或知府充任，實為一路的軍政長官。宋代一路設官分職很多，目的主要是為了分散權力，避免地方割據。

元代設州和縣。州上有「道」，一種道是掌軍政民政的宣慰使司，一種道是掌稽查司法的肅政廉訪司，基本上可以看作一級行政機構。道之上有行中書省，作為中央中書省的派出機構，權力很大。這樣，元代的地方官制就形成省、道、州、縣四級制。

明初改行中書省為承宣布政使司（習慣上仍稱為「省」），長官為布政使，掌民政和財政。此外，省級地方官署有提刑按察使司、都指揮使司，分掌刑獄和軍事，與承宣布政使司合稱「三司」。下有府或直隸州，長官為知府或知州；再下為縣或州（散州），長官為知縣或知州。這就正式形成地方政權的省、府（或直隸州）、縣（或散州）三級制。省府之間有「道」，道員由布政使僚屬參政、參議分理各道錢穀的稱「分守道」；由按察使的佐官副使、僉（ㄑㄧㄢ）事分理各道司法事務的稱「分巡道」，是一種監察性的小區。

明代由中央派監察御史到地方執行監察職權，稱「巡按某處監察御史」，簡稱「巡按」。後來有「巡撫」。巡區有的為一省，有的為幾省的邊區，使原來的布政使和提刑按察使幾乎成為屬員。再後來，為了軍事目的，地方上又有總督的設立，往往加銜兵部尚書或兵部侍郎以及都御史等名號。自從有了總督，巡撫又漸成為副手，有些地方甚至不設巡撫了。

清代的府州縣制與明略同。清在一些情況特殊的地方，主要是少數民族聚居地區，設「廳」。廳的行政級和州相似，有直隸廳和散廳，但直隸廳很少轄有屬縣。府以上的道依然保留，並成為一級行政機構，道員也成為專設實官。省級則由總督或巡撫綜理軍民要政，成為固定的「封疆大吏」；布政使名義仍然保留，但已成為總督或巡撫的屬員，專管稅收、民政，稱為藩臺；按察使管司法，稱為臬臺。巡撫轄一省，總督轄一省或二、三省。這就構成省、道、府（直隸州、直隸廳）、縣（散州、散廳）的

第一編　治國之道：制度與政制的建立

四級地方官制,甚至有五級的趨勢了。

總體說來,秦漢至明清地方官制的郡(州)縣二級變動不大。地方最高政權的名稱、組織、職掌等,則歷代很不相同,這是中央集權和地方分權矛盾的具體表現。

(陳繼珉)

古代選拔制度

在中國歷史上,剝削階級的國家選拔官吏,是從戰國時期開始的;春秋以前,是貴族世卿政治,做卿、大夫的都是世襲的貴族。

戰國時,世卿政治逐漸遭到破壞;也就是說,貴族照例做卿、大夫的世襲制度,逐漸被打破。這個變化是這樣來的:由於社會經濟的發展,國家政治機構和行政區域的擴大,也由於養尊處優的貴族們漸漸失去管理政治的能力,貴族卿、大夫的職務逐漸由他們手下的陪臣來執行,地方行政也多由他們的家臣來擔任。封建統治階級為了調解他們的內部矛盾,更好地加強他們對人民的統治,就逐漸打破了各級官吏的世襲制度,而採用選拔制度。商鞅在秦國的變法中把這個變化比較徹底地固定了下來。從此,中央政府和地方政府的官吏,都由國王從他認為有才能的人中選拔、任用。

秦朝以後,國家選拔官吏的辦法,各時代不同,大體上可以分為三個時期:

1. 兩漢時期。這時期國家選拔官吏的辦法,主要的是「察舉」和「徵辟」。在皇帝的命令下,中央政府的大官和地方政府的長官,都可以把他們認為有才能、有品德的人推薦給政府。這些被推薦的人,依他們的才

能、品德，有「孝悌」、「力田」、「秀才」、「賢良」、「方正」等名稱。後來地方推舉漸漸制度化，各郡依照人口多少按比例推舉不同數目的人，有一定規定。這種推舉人才的辦法，稱為「察舉」。除「察舉」之外，皇帝和中央公卿大臣還可以特別「徵」、「辟」有特殊名望和才能的人來做官。由皇帝提名的稱為「徵」，由公卿大臣提名的稱為「辟」。這種選拔人才的辦法，稱為「徵辟」。

從漢武帝起，國家設有專門研究儒家經典的博士官，博士官都有弟子，博士弟子經過考試及格，也可以做官。

另外，官吏子弟，可以依靠父親的功勳，庇蔭為「郎」（官名）；富家子弟，還可以用錢補官。

2. 魏晉南北朝時期。這時期國家選拔官吏的辦法，是所謂「九品中正制」。「中正」是官名，州郡設有大中正，縣有小中正。做這些大小中正的都是各地方在中央政府做大官的人。「九品」是區分被評選人的等級，共分上中下三等，上上、上中、上下、中上、中中、中下、下上、下中、下下九級，故稱「九品」。根據中正官的品評，來作為任用官吏的標準，這種制度在歷史上就被稱為九品中正制。這些大小中正們，定期把本地的人加上評語，評定等級，推薦給政府。

魏晉南北朝時期，世家豪族在政治上、社會上都有很大的勢力。在政府做官的多是世家豪族，做各地大小中正的也都是世家豪族，他們所推薦的人，能夠被列為上品的自然也都是世家豪族。在晉時，已經出現了這樣一句流行話，「上品無寒門，下品無勢族」。所以，這時期九品中正制只有為世家豪族階層服務和鞏固世家豪族政治地位的作用，實際上並不能選拔真正的人才參與政事。

第一編　治國之道：制度與政制的建立

3.隋唐至明清時期。這時期國家選拔官吏的辦法，主要的是科舉制。科舉制是隋朝時候創立的，唐初制度更加完備。唐代取人有三種，主要的是「鄉貢」，由州縣保送，所以唐代科舉也稱「貢舉」。除鄉貢之外，還有「生徒」和「制舉」。生徒是由學校保送的，制舉是皇帝特開制科考試以選拔「非常之才」的。參加貢舉的士子，先向州縣報名，州縣檢查合格後，由州貢於中央，稱為「貢士」或「舉人」。到京後，要分科考試。唐代以「明經」、「進士」兩科考的人最多。進士考試嚴格，武則天以後，特別重文辭，所以科舉中又以考進士為榮。

科舉制代替九品中正制，是由於階級鬥爭和社會發展的結果。門閥世族衰落，非貴族出身的新興地主階層興起，豪門世族在政治上獨占優勢的地位已經動搖，九品中正制也跟著倒臺。在這種情況下，靠考試成績、不靠門第的科舉制度才應時而起。九品中正制是以門第取人，取人的大權掌握在大小中正手裡；科舉制是以學業取人，取人的大權掌握在皇帝手裡。隋唐統一全國，中央政府的權力在不斷擴大、發展，科舉制就是適應中央集權的需求而產生的。這種制度一直實行到清朝末年，才為新式學堂所代替。

科舉制度一方面是統治者選拔官吏的一種途徑，另一方面也是封建專制政府牢籠知識分子使他們變成書呆子的一種手段。科舉的辦法越往後越煩瑣，到明清時，規定考試要用所謂「八股文」，考生只能按一定規格來寫文章，不準有絲毫發揮自己意見的餘地，以致一切聰明才能均被束縛。唐太宗有一句話最足以說明科舉制的這種作用：有一次唐太宗在宮門樓上，看見新進士們正低頭哈腰、小心規矩地排著隊走出來，便高興忘形地說：「天下英雄盡入吾彀（ㄍㄡˋ）中矣！（天下英雄盡入我的圈套了！）」

（何茲全）

科舉制度

中國古代科舉制度開始於隋朝。隋文帝開皇七年（西元587年），設立「秀才科」，叫各州每年選送三人，其中考取優秀的為秀才；隋煬帝時又建立「進士科」。這就是中國科舉考試的開端。唐朝考試科目增加，有「秀才」、「明經」、「進士」、「俊士」、「明法」、「明字」、「明算」等科（以後其他科目僅存空名，只有「進士科」成為科舉制度的唯一科目）；考試方法有「帖經」（只露出經書內容的某行，把上下文默填出來）、口試、詩賦等（其中詩文較重要，這和唐代詩歌盛行有關係）。武則天考閱武藝，又開始了武舉。

宋朝實行彌封卷；王安石時，停止詩賦，改考經義，叫考生各選《易》、《詩》、《書》、《周禮》、《禮記》一經，兼論《論語》、《孟子》。元朝規定，「四書」以朱熹的章句集注為主，從此考生答卷時就不能隨便發揮了。到了明清時代，對考生的束縛更為嚴緊，命題專用「五經」、「四書」的內容，答卷必須用古人的語氣說話，連文章的寫法也有一定的規格，字數也有一定的限制，這就是所謂「八股文」。

科舉制度從隋開始，中間經過不斷的發展、變化，到清光緒三十一年（1905年）廢止，在中國歷史上共實行了一千三百多年。

明清兩代，參加科舉考試的人，有秀才、舉人、進士、狀元、榜眼、探花、翰林等稱呼，根據對這些稱呼的理解，可以幫助我們更清楚地了解這時期科舉制度的大致輪廓。

原來，明清時代的科舉考試分為「院試」、「鄉試」和「會試」、「殿試」等幾級。

第一編　治國之道：制度與政制的建立

　　院試以前，還要經過兩道考試：即由知縣主持的「縣試」和由知府主持的「府試」。縣試及格的考府試，府試及格的才有資格參加上一級的院試。

　　院試由清政府中央任命的提督學政（簡稱「學政」、俗稱「學臺」）主持，分「歲試」和「科試」兩種。歲試的目的是考試「童生」（一般通例，凡應考者均稱「童生」）的學業，又稱「歲考」。童生經院試考試及格，即取得入學資格（俗稱「進學」），稱為「附學生員」（俗稱「秀才」）。科試的目的是在選送已入學的優等士子參加鄉試，又稱「科考」。院試在府城或直隸州的治所舉行。

　　比院試高一級的考試叫鄉試。鄉試在南京、北京和各省城舉行。鄉試三年一考，在子、午、卯、酉年（也有因皇帝生日、登極等慶典加試的，叫「恩科」），叫做「大比之年」。考期在農曆八月，故又稱「秋闈（ㄨㄟˊ，『闈』是考場的意思）」。鄉試的主持者稱「主考」，主考有正有副，正副主考都由皇帝任命。鄉試錄取的叫「舉人」，俗稱「孝廉」。鄉試考第一的叫做「解元」。

　　比鄉試再高一級的考試叫會試，在鄉試的次年（丑、未、辰、戌年）春天（初定為陰曆二月，後改為三月）舉行，故又稱「春闈」。考試地點在北京，由禮部主持，也稱「禮闈」。參加會試的是各省的舉人，考中的叫「貢士」（考第一的稱「會元」）。貢士再經過複試（一般不會有落第的），就可參加殿試。

　　殿試（也叫「廷試」）是在會試後由皇帝親自主持的一次考試。考期定在農曆四月，在太和殿舉行，考一場。殿試成績分三甲：一甲取三人，賜進士及第，第一名叫「狀元」（也叫「殿元」），第二名叫「榜眼」，第三名叫「探花」，合稱「三鼎甲」。二甲取若干人，賜進士出身，其中第一名叫「傳臚（ㄌㄨˊ）」。三甲取若干人，賜同進士出身。舉人經過會試及殿試

及格的都叫「進士」。讀書人考到進士就算考到了頭。

殿試揭曉時,在太和殿唱名,同時在長安街張掛榜文三天,「榜」用黃裱紙製成,稱金榜。唱名後,一甲三人出午門(其餘的進士由別門出宮),插花披紅,在鼓樂儀仗和彩旗護擁下,騎馬遊街,然後回到住所。第二天,皇帝賜給新進士宴席,俗稱「瓊林宴」。黃梅戲《女駙馬》裡有一段唱詞說:「我也曾赴過瓊林宴,我也曾打馬御街前⋯⋯」指的就是這些。

為了授給新進士官職,殿試後,還有一次「朝考」,按朝考的成績,結合殿試及複試的名次,然後由皇帝決定分別授予何種官職。一甲三名在殿試後立即授官,狀元授翰林院修撰,榜眼、探花授翰林院編修。二甲、三甲經朝考後,有的做翰林院的庶吉士,有的做主事、中書等京官,有的做知州、知縣等地方官。凡進士經過朝考授予庶吉士官的,均稱「翰林」。

(王克駿)

三教、九流

「三教」的說法起自三國時代,它指的是儒、釋、道三種教派。

本來,以孔子為創始人,後來又經孟子加以發揚的儒家學說,只是一種學術流派,並不是一種宗教。不過,從漢朝時候起,崇尚儒家的人,為了抬高孔子的地位,把儒家學說渲染得像宗教一樣,並且在祭孔的大典中,大量地加入了宗教的儀式,因此,到了三國時代,就有人把儒家學派當作一種宗教來看待了。

釋教是指釋迦牟尼創設的佛教。佛教起源於印度,大約在漢朝時候傳入中國。到三國時,信仰的人已經相當多,人們便把它和產生在中國的儒

第一編　治國之道：制度與政制的建立

教、道教相提並論，成為儒、釋、道三教。

道教是東漢時候創立的一種宗教，最初稱「太平清領道」。其中有一派叫做五斗米教（天師道），創始人是張道陵（道教中所稱的張天師）；另一派叫做太平道，可能也是太平清領道的一派，創始人就是領導東漢末年黃巾起義的張角。通道教的人講究煉丹修道，尋找長生不死之法，這是和佛教的出世思想最大的不同點。道教的教義原來並不含有反抗封建統治者的意圖，但是道教的組織卻常被農民階級利用來作為聯繫民眾發動起義的工具。在唐朝，由於統治階級的提倡，道教曾盛極一時。

「九流」的名稱要比「三教」的名稱出現得早些，在《漢書・藝文志》裡，就已經有了這個名詞。它指的是春秋戰國時代互相爭鳴的儒、墨、道、名、法、雜、農、陰陽、縱橫九種學術流派。

儒、墨、道、名、法、陰陽六家，「諸子百家」一篇中已經介紹過，不再重複。這裡我們只簡略談談雜、農、縱橫三家。

雜家的代表人物是戰國末年的秦相呂不韋。呂不韋門下有賓客三千，他集中眾賓客的智慧，在秦王嬴政（就是統一六國的秦始皇）即位八年後編出了一部有名的大書──《呂氏春秋》，分「十二紀」、「八覽」、「六論」，合共一百六十篇，二十餘萬字。這部書兼收並蓄了流行的各派學說，加以融會貫通，自成一家之言。大體上講，對於儒家和道家主要是採取盡量攝取的態度，對於墨家和法家則主要是採取批判的態度。它主張遵守儒家修身、齊家、治國、平天下的理論，重視道家的養身之道，反對墨家的「非樂」、「非攻」和法家的嚴刑峻法。它宣傳統一的思想，鼓吹儒家的「禪讓」之說。

農家的代表人物是戰國時期的楚國人許行。《呂氏春秋》卷第二十六中有〈上農〉、〈任地〉、〈辯土〉諸篇，也可看作是農家學說的一部分。農家學派講究農業生產技術，對於總結中國古代的農業經驗，曾有過一定的貢獻。

縱橫家的代表人物有蘇秦和張儀。他們講究縱橫捭闔（ㄅㄞˇ ㄏㄜˊ，分化或拉攏）的手段，或者輔助各國君主聯強攻弱，或者輔助各國君主抑強扶弱。為了統治階級的利益，他們的策略可以隨時根據形勢的變化而隨時改變。他們都是戰國時代著名的外交活動家。在《戰國策》一書裡，收錄了不少縱橫家遊說各國的說詞；這些說詞，反映了這一學派在當時的活躍情況。

（朱仲玉）

中國古代主要的農作物

古人很早就已開始種植各種作物。甲骨文中有禾、黍、稷、稻等字，後來在先秦古籍中又有了「五穀」、「百穀」等說法。

所謂「五穀」、「百穀」等究竟指的是哪些作物？這是一個一直沒有解決的問題。前人對此有過種種不同說法，直到今天，還沒有得出一致的結論。

如今我們能看到的、最古的記載有關農業的書，是戰國時代的著作《呂氏春秋》，其中講到了禾、黍、稻、麻、菽（ㄕㄨˊ，豆類）、麥。這是先秦時期人民種植的幾種最主要的作物。漢代的《氾（ㄈㄢˋ）勝之書》以及北魏賈思勰的《齊民要術》裡面所講到的各種作物，主要的仍然是這六種。從古代農書中的具體描寫可以斷定，禾就是現代人平常所說的「穀

037

第一編　治國之道：制度與政制的建立

子」（粟），它的粒實叫「小米」。那時，穀子是黃河流域人民的主要食糧；黍是釀酒的主要原料；麥和稻是供給貴族們食用的；豆類對缺少肉食的人民來說，是極好的副食品；麻則是一般人衣著的主要原料。由此看來，這六種作物之所以能成為中國古代種植對象的主體，絕不是偶然的。

穀原是各種穀類的統稱，它的品種很多。先秦時期，稷被視為穀物的代表，它和象徵土地的「社」合起來稱為「社稷」，成為國家的代稱。稷在如今北方許多地區俗稱為「穈（ㄇㄣˊ）子」，在西北和長城內外一帶種植特別普遍；這種作物耐旱保收，生長期較短是它的優點。據《齊民要術》上說，當時一般人把稷認作穀子，那可能是由於當時（南北朝時）長城以北的人大量移居中原，仍然保持了種稷的習慣；而黃河流域的人民長期過著朝不保夕的生活，也樂於跟著種植這種比較保收、早收的作物，因此便籠統地把稷叫成了穀子。不過稷的食用價值究竟抵不上穀子，故後來種植穀子的人比種植稷的人還是要多得多。

至於黍，單產本不是很高，作為經常性主食又不大適宜，又由於以後做酒的原料品種增多了，它的種植面積也就相對地減小了。清朝吳其濬（ㄐㄩㄣˋ）在他的《植物名實圖考》裡面說：「大凡北方之穀，種粱者什七，種黍者什二，種稷（ㄐㄧˋ）者什或不得一焉。」「粱」就是穀子，「稷」就是稷（穈子）；這裡說的這三種作物的播種比例，的確是很長時期內北方的基本情況。

稻在古代也有好多種，古書上也有種種不同的名稱。水稻的栽培是離不開水的，隨著中國人民對江南的開發，三國以後，在水源充足的長江流域及其以南的地區，水稻的種植得到了飛速發展。水稻本是高產作物，再加上一年兩熟以至三熟，所以它受到了農民的歡迎，成了南方人民的主要

中國古代主要的農作物

食糧。大約自五代以後，水稻的生產在全中國所占的地位，逐漸超過了穀子而躍居首位。此點只要從歷代漕（ㄘㄠˊ，利用水道轉運糧食）糧北運的發展情況就可看出。宋朝以後，長江流域幾乎成為唯一提供漕糧的地區，就是很好的證明。而所謂漕糧，指的也幾乎完全就是稻米。「蘇湖熟，天下足」或「湖廣熟，天下足」這一類諺語，便是這樣流行起來的。就全中國範圍而言，種植水稻的地區同時也就是農業最發達的地區，這樣說絲毫也沒有誇大的地方。

古人把大麥叫做「牟」，小麥叫做「來」。後者種得更多，尤其是冬小麥，古書上稱為「宿麥」，一直是受到重視的。麥的產區主要在北方，播種面積比不上穀子。長城內外一帶因為氣候關係，向來只種春小麥。西北和西南山區的人多栽種「青稞」，那是一種春性裸大麥品種。

豆類作物的品種也非常多，主要是供人食用。農民們把豆類製成各種副食品，其中最普通的一種是豆腐。

中國雖然很早就知道了養蠶繅絲，但是人民穿著的原料最初主要還是麻。直到元明時期，棉花的種植逐漸推廣，才代替了麻的地位。只有苧（ㄓㄨˋ）麻，因為是織造夏布的重要原料，所以在南方種得還不少。

現在中國北方農民仍然喜歡種高粱，這種作物在古代叫做「蜀黍」或「蜀秫（ㄕㄨˊ）」，南方人叫它「蘆穄」。它的種植開始得比較晚，《齊民要術》裡面所說的「秫」，似乎並不是指它。普遍種植高粱大約是在唐代以後。這種作物不擇地，不太需要施肥，抗旱、抗澇的能力較強，特別是它的高大的植株不但可以作為薪柴，又可充作農村的建築材料和製造各種用具的原料，秫米還可釀酒，因為這個緣故，它能成為一般農家常年生產計畫中幾乎不可缺少的栽培對象。

第一編　治國之道：制度與政制的建立

　　玉蜀黍是 16 世紀中葉從國外引種進來的，當時沒有受到重視，大約最初只種在瘠薄的田裡或山坡上，沒有能顯示出它的高產優點來。過了大約兩個世紀，到了清代中期，才開始被推廣起來。從那時起，它就成為乾旱地區最主要的種植對象之一，在一定程度上奪取了穀子的播種地域。

　　中國古代原來也有芋、山藥等薯類作物，只是都不占重要位置。甘薯是在明朝末期從海外傳進來的，比玉蜀黍還要晚些。

（王毓瑚）

四大發明

　　中國古代的「四大發明」是造紙術、印刷術、指南針和火藥。

　　紙出現以前，人們記事時，就把文字刻寫在龜甲、獸骨或竹片、木板上，可是這些東西太笨重，既不便於閱讀，更不便於攜帶。後來就有人把文字寫在絲帛上，但是絲帛價錢太高，一般人用不起。為了解決這些困難，人們終於發明了書寫文字最方便的材料 —— 紙。

　　提到紙，過去有許多人認為是東漢時蔡倫發明的，其實，在西漢年間就已經有了麻紙和絮紙。麻紙是用麻類纖維製造的，1957 年考古工作者在西安灞橋西漢前期的墳墓裡發現了這種紙的殘片，這可以算是世界上現存最早的紙了。絮紙是用製作絲綿時的副產品絲絮製造的，製造絲綿的時候，先把煮過的蠶繭放到竹席上，浸到水裡去，然後把蠶繭搗爛，其中完整的部分拿出來就是絲綿，破碎的部分，則緊緊地黏在竹席上，形成一層薄片，把它晒乾，取下來就可以在上面寫字，人們把這種薄片叫做絮紙。不過這兩種紙的產量都很少，還是不能滿足人們的需求。

四大發明

　　東漢和帝時，曾經領導工匠們為皇帝製造過各種器械的蔡倫，總結了前人造紙的經驗，在西元105年，以樹皮、麻頭、破布、漁網為原料造紙。這些原料都容易找到，價錢也很低廉，造紙過程比以前更為簡便，能夠大量生產。蔡倫所創造的造紙方法得到了普遍推廣。後來人們又進一步用竹子、蘆葦、稻草、木材等植物的纖維製造出各式各樣的紙，來滿足各種不同的需求。紙的發明和改進，為文化的發展創造了有利條件。

　　印刷術還沒有發明的時候，書籍都是人們一個字、一個字抄寫的。抄書不僅速度慢，而且容易出錯，為了克服這些困難，在唐朝前期，人們根據拓碑和印章的道理，創造了「雕版印刷」的方法：先在木板上刻出反體字，然後在上面塗墨，再把紙鋪在上面輕輕按壓，這樣木板上的字就印在紙上了。目前我們發現的最早的雕版印刷品是唐朝咸通九年（西元868年）刻印的一卷《金剛經》，這卷《金剛經》長達一丈六尺，上面不僅有字，而且有圖，刻印得非常精美。這說明，到唐朝後期，中國雕版印刷的技術已經達到很純熟的程度了。

　　雕版印刷比抄書要快得多，可是如果要印一部字數很多的書，仍然要花費很多時間，使用很多材料才能刻出一套板，而且只能印一種書，再印別的書還得重新刻板。北宋仁宗時候（西元1023年至1063年），富有創造精神的畢昇，經過苦心鑽研，發明了一種新的印刷方法——「活字印刷術」。他用很細的黏土，做成許多方形小泥塊，晒乾以後，在每個小泥塊上刻上一個反體字，然後用火燒硬，這就是「活字」。印書的時候，根據書籍內容的需求，把活字一行一行地排列起來，用蠟和竹松等東西，把排好的活字牢牢地黏在鐵板上，這就做成了「活字版」，這個活字版就同雕版一樣，可以用來印書了。印刷完畢，再把活字拆開保存起來，以備下次再排印其他書籍的時候使用。

第一編　治國之道：制度與政制的建立

　　活字印刷術的推行，大大地節省了用在刻板上的時間和材料，提高了書籍的生產速度。後來，活字的材料逐步改進，由泥活字發展到木活字、銅活字，近代又通行鉛活字。印刷術的發明和改進，推動了文化的傳播。

　　指南針是利用磁石的指極性製成的。據古書記載，人們在戰國時代就發現了磁石的指極性，並且把天然磁石思索成勺狀的「司南」，放在特製的「地盤」上，使它自由轉動，用勺把來指示南方。這可以算是世界上最早的指南儀器。但是，天然磁石容易喪失磁性，勺狀的司南指示方向也不夠準確。北宋時候，有人發明了人工磁鐵，它和磁石一樣具有指極的效能。最初，人們把人工磁鐵片做成魚的形狀，使它漂在水面，魚頭就會自動地向著南方；後來又經過許多人的不斷改進，把磁鐵片做成針的樣子，在它的中腰頂上一根小針，使它能夠靈活地旋轉，以便測定南北，這就成了指南針。

　　指南針發明以後，被利用在航海上，促進了海上交通的發展。宋朝的航船東到朝鮮、日本，南到南洋各地，並且與西亞、東亞許多國家建立了密切的貿易關係，這是與指南針的發明和使用分不開的。

　　在唐朝初年，人們就發明了火藥。古時候，有些人到深山裡去，打算利用各種礦物和植物配合起來燒煉「仙丹」和金銀，這些人被稱為「煉丹家」。煉丹家在製藥過程中發現：按照一定比例配合起來的硫黃、硝石和木炭，具有容易燃燒和容易爆炸的性質，燒煉時稍不小心，就會發生強烈的爆炸，發生熊熊的大火。因此，人們把這種容易著火的藥，叫做「火藥」。火藥就這樣被人製造出來了。唐朝末年，軍事家開始把火藥運用在戰爭中。宋朝時候，火藥的製造有了進一步發展，火藥的威力更加增強。

中國古代的「四大發明」，都先後傳入歐洲和世界各地，對世界文化的發展發揮了正向作用。

（宋生）

弓箭、弩

在中國古籍記載裡，認為弓箭是在傳說中的黃帝時代發明的。其實這一發明比黃帝時代要久遠得多，至少在中石器時期，我們的祖先就已經開始使用弓箭了。

在中國各地發現的新石器時代的各個文化遺址中，都發現了各式各樣製工精緻的箭鏃（ㄗㄨˊ，箭頭），而且數量也很多。這些箭鏃有用石材磨製的，有用獸骨或蚌殼磨成的。

箭鏃的形式不一：有扁平柳葉形的，有三稜尖錐形的，也有四稜形的，有的鏃尾帶鋌（ㄉㄧㄥˋ，箭頭裝入箭桿的部分），有的具有雙翼。另外，在代表北方草原地區的細石器文化遺址中，還有一些極為精緻的小石鏃，一般長不過兩公分左右，都是用質地堅硬、色澤優美的石髓、瑪瑙、碧玉等矽（ㄒㄧˋ）石類石材製成，顏色有紅、黃、灰褐、綠、乳白等多種，還有半透明的，顯得非常漂亮。以上這些發現，證明了新石器時代弓箭的運用已極為普遍。

弓箭的發明和使用，有很大的意義：它使狩獵的效果大為增加，為食物的獲得，帶來了一定的保證。

弓箭是一種利用彈力由弓、弦和箭組合而成的較複雜工具。拉開弓弦，使弓彎曲變形，把所施加的力儲存進去；再放開弓弦，給弓以恢復原

第一編　治國之道：制度與政制的建立

狀的機會，於是它就把儲存的力放了出去，這樣便產生了動能。利用這一動能，就能把扣在弦上的箭彈射到距離很遠的地方。因此，有人認為弓箭的使用，是人類懂得利用透過機械儲存起來的能量的第一個事例。

到了商代，人們已經知道大量使用青銅箭鏃，這種箭鏃常是一種有脊帶雙翼的形式。以後，銅鏃逐漸改進，殺傷力更強了。到戰國時，銅鏃的種類雖然很多，最主要的則是一種圓脊三翼的形式，三刃都很鋒利，往往在鏃尾帶有長鋌。戰國末期，鐵兵器出現，但因鏃的體積小，不容易鍛造，所以還是大量使用青銅鏃，不過箭鋌改為鐵鑄。漢代以後，鐵鏃的使用才日益廣泛。到南北朝以後，就再也看不到用銅來做箭鏃了。

造弓，很講究取材，既要堅韌，又要有彈力。據《考工記》記載，有七種材料可以做良弓，以柘（ㄓㄜˋ）樹木做的弓為上品，其次是檍（ㄧˋ）木、檿（ㄧㄢˇ）桑木、橘木等。後來做弓多用樺木，《武經總要》裡就有「黃樺弓」、「白樺弓」等名目。

弩（ㄋㄨˇ）的原理和弓相同，只是力量更強，發射更遠。大約在戰國時，就已經發明了弩。

弩在發射時，是先把弦張在扳機上，射時扣壓扳機，弦發箭出；這樣弦在扳機上可以有一定時間，能夠從容瞄準，射得更準。還有，弓只能用一個人兩膀的拉力，弩則可以用腳蹬等辦法，儲入更多的彈力，不但射得很遠，力量也很大，甚至還可以同時射出數目較多的箭。

根據考古發現的材料，得知漢代邊境防守用的兵器中，以弓、弩為主，尤以弩的使用更為普遍。當時最常用的叫「具弩」，射力有八種不同的強度，其中以六石弩最常見，大約可射二百六十公尺。

到了宋代，又使用一種威力強大的「神臂弓」，實際也是一種弩。在

曾公亮《武經總要》裡記錄了一些威力極大的「床子弩」，有「雙弓床弩」、「小合蟬弩」、「三弓床弩」等。這種「床弩」，是用幾張弓組合起來用絞車拉弦的，每一弩要用五人、七人到十餘人拉。最強大的「三弓床弩」，又名「八牛弩」，要用七十人到上百人才能張開；所用的箭，是木桿鐵羽，和槍一樣粗大。在攻城時，用這種箭按高低依次射入城牆上，進攻的戰士可以踏著露出的箭桿爬上城去，故又稱之為「踏橛（ㄐㄩㄝˊ）箭」。這種弩又可以在弦上安鐵斗，斗內放幾十支箭。這樣絞發一次，就可以射中幾十個敵人，威力很大。

（楊泓）

養蠶繅絲

養蠶繅絲是古人的偉大創造之一。

歷來，人們都把養蠶繅絲的發明歸功於傳說中的黃帝的妃子嫘（ㄌㄟˊ）祖。歷代相傳，說她曾經勸導人們種桑、養蠶，教會人們繅絲、織帛和製作衣裳。後來人們感激她，奉她為「先蠶」。實際上，養蠶繅絲和歷史上其他許多重人發明一樣，是千千萬萬人民智慧的結晶，單靠一個人的力量是不能完成的。

1926年，考古工作者在山西夏縣西陰村新石器時代遺址中，發現了半個繭殼。據研究，這個繭殼埋藏在坑的底部，那裡的土色沒有受擾的痕跡，不會是後來放入的；繭殼的斷面極其平直，不像是自然破損，顯然是經過人工割裂的。由此可見，我們祖先至少在四千多年以前，就懂得採集蠶繭來抽絲了。不過，那時究竟是利用野蠶繭抽絲，還是利用家蠶繭抽

第一編　治國之道：制度與政制的建立

絲？現在一時還難以做出肯定的結論。

在殷商時候的甲骨文裡，已有「桑」、「蠶」、「絲」、「帛」等字。特別值得提出的是，其中還有一塊把「桑」、「蠶」二字合刻在一起的甲骨片；「桑」字的字形好像用手摘桑葉的樣子，「蠶」字的字形好像蟲蠕動的形狀。桑、蠶緊密地連繫在一起，這表明，採桑是為了養蠶。這時，野蠶已變成家蠶，應該是無疑問的了。

隨著養蠶繅絲技術的進步，古人利用蠶絲製造出了各式各樣的絲織品。現在能看到的最古老的絲織品，是在殷墟武官村大墓和大司空村大墓發掘出來的殷商絹帛和它的殘跡。這塊絹帛雖然經過長期埋藏已經褪了色，但是它那細緻勻稱的紋理，卻顯示了當時絲織技術的一定水準。

周朝時，桑樹的種植非常普遍。《詩經》中有很多篇章都提到桑，如《詩經・魏風》的〈十畝之間〉篇寫道（本書所引《詩經》的白話翻譯，都是根據余冠英的《詩經選譯》）：

一塊桑地十畝大，採桑人兒都息下。

走啊，和你同回家。

桑樹連桑十畝外，採桑人兒閒下來。

走啊，和你在一塊。

有十畝大的桑田，許多人在一起採桑，說明蠶絲業在這個時期有了很大的發展。

另外，與絲織業有密切關係的染絲業，也在這時相應地發展起來。《詩經・豳（ㄅㄧㄣ）風・七月》篇說：

七月裡伯勞（一種鳥名）還在唱，八月裡績麻更要忙。

染出絲來有黑也有黃，硃紅色兒更漂亮，得給那公子做衣裳。

春秋戰國時代，沿海和長江中下游地區，都出產絲織品。齊國的「齊紈（ㄨㄢˊ）」和魯國的「魯縞（ㄍㄠˇ）」，尤為著名。齊紈、魯縞精細、輕薄，譽滿全國，行銷各地，很受歡迎。

漢朝時，絲織品有錦、繡、綾、羅、綺（ㄑㄧˇ）、紗等很多類別。根據文獻的記載和發現的實物來看，有些絲織品上還織有各種鳥獸、植物以及自然天象的花紋和多種多樣的幾何形圖案。有的上面除了花紋以外，還織有「延年益壽」、「長樂明光」等表示吉祥的文字。當時，漢政府在臨淄還設立有專門的組織，集中了很多織工，來為皇室製作各種名貴的絲織品。

絲織品一向是帝王、貴族們的主要衣著原料，歷代統治者為了滿足自己的貪欲，都非常重視蠶絲的生產。戰國時，孟子曾勸說梁惠王獎勵農民種桑。據《呂氏春秋》卷第二十六〈上農〉篇記載，古代后妃們每年都要舉行種桑、養蠶的儀式，以表示提倡蠶桑。秦漢以後，歷代統治者也都採取獎勵桑蠶的辦法。

養蠶繅絲業起源於中國，傳播於世界，它和古代四大發明一樣，也是對世界人類文明的重大貢獻之一。

（易惠中 宇生）

六畜

六畜是指豬、馬、牛、羊、雞、犬。原來這些都是野生動物，由於人們的長期飼養才逐漸成為家畜。

第一編　治國之道：制度與政制的建立

考古學家根據黃河中下游地區新石器時代遺址中出土的動物骨骼判斷：「仰韶文化」時期，人們已經馴化了豬和犬；稍後的「龍山文化」時期，人們又馴化了馬、牛、羊、雞。透過對殷商甲骨文的研究，我們知道，最遲在三千多年前，這六種動物就已完全成為家畜。

殷商時，奴隸餵養這些動物，除了滿足奴隸主對毛皮和食用的需求以外，還用來作為奴隸主祭祀的祭品和殉葬的用品。商代奴隸主用來殉葬的牲畜數量是很大的，有時一次便多達三、四百頭，顯然，這樣大的數目，如果光靠臨時獵取是很難辦到的。甲骨文中，有「牢」、「庠（ㄒㄧㄤˊ）」、「家」等字，字的寫法很像牛、羊、豕住在屋裡的樣子，說明當時已有了牛棚、羊欄、豬圈等專門飼養家畜的地方。

西周時，農業逐漸發達起來，但是畜牧業仍占相當重要的地位。據《楚辭・天問》篇記載，連周族的首領周文王，也曾披過蓑衣，拿過鞭子，做過牧人。《詩經・小雅・無羊》篇，有人認為是周宣王時的作品，它生動地描寫了當時畜牧業的情況：

誰說你家羊兒少，一群就是三百條。

誰說你家沒有牛，七尺黃牛九十頭。

你的羊兒都來了，羊兒犄角挨犄角。

你的牛兒都來了，牛兒都把耳朵搖。

春秋戰國時，販賣家畜也成了唯利是圖的商人們發財致富的途徑之一。春秋末期棄官經商的大商人陶朱公（范蠡）曾說：「子欲速富，當畜五牸（ㄗˋ）。」「五牸」就是牛、馬、豬、羊、驢五種家畜的母畜。

在畜牧業發展的過程中，人民累積了豐富的經驗，出現了很多養牲畜

的專家。如春秋時秦國的伯樂，就以相馬出名。據說他能根據馬的體形、外貌，一眼望去，就能評定出牠的好壞。有這樣一個故事：有一次，伯樂遇見一匹馬拖著一輛鹽車上高坡，累得汗流滿身，仍拖不上去；誰也不認為這是一匹好馬，可是伯樂卻斷定這是一匹千里馬。在他看來，這匹馬之所以連一輛鹽車都拖不動，不能怪馬不好，應該怪牠的主人對牠使用不當、愛護不夠。千里馬的特長是善於馳走，拖鹽車用不著跑得很快。假使好好地餵養牠、愛惜牠，使牠身強體壯，用牠來供騎乘，一定能發揮牠善於馳走的優點。後來事實果然證明，這是一匹千里馬。這個故事，一直被後世傳為美談；後世人常把有才能的人比作千里馬，把善於發現人才的人比作伯樂，比喻的根源就是由此而來的。

漢朝時，養羊能手卜式，和伯樂一樣，也是一個常被後人稱道的人物。據說他養羊十餘年，羊群由一百多隻繁殖到千餘隻，隻隻羊肥胖健壯。

飼養六畜與生產有密切的關係。其中尤以豬與人們生產、生活的關係更為密切。春秋戰國以來，人們對於豬糞肥的肥效作用，評價極高。豬糞肥一直是中國農村主要的肥料之一。豬早熟易肥，因而是人們的主要肉食對象之一。戰國時，孟子說過「一家人能養五隻母雞、兩頭母豬，老人們吃肉就不會發愁」這樣的話，可見自古以來，在農村養豬就是受到極人重視的。

馬能負重，挽力強，役用價值很高，所以以前被列為六畜之首。起初，人們用牠拉車；後來，被用來騎乘，牠在古代交通中占有很重要的地位。牛，力量大，耐力強，是農村中普遍飼養的役畜。大約自殷商時起，牠就被用來拉犁耕地。春秋時期，鐵犁的應用，大大提高了牛耕的作用。漢武

第一編　治國之道：制度與政制的建立

帝時，趙過改進了農具和耕作技術，大力推廣牛耕，使牛耕的方法傳播到邊疆地區。從此，牛便成為中國古代農村中最重要的役畜。羊、犬、雞也是古代農村中喜歡飼養的家畜。

（宋生　易惠中）

船舶

船舶的出現在中國是極久遠以前的事情。

最少在距今三千多年前的殷代，古人就已經用船隻裝運財貨到遠地進行貿易。在一件當時的青銅饕餮（傳說中的惡獸名）紋鼎裡，有個銘文，形象如同一個人前後都挑著貝站在一艘船上，船後面還有一隻手持槳划船，正是一個生動有力的證明。

春秋戰國時代，沿海的齊、燕、吳、越等國，都造船航海。齊景公曾乘船到海上遊玩，過了六個月還不想回家。西元前 485 年，吳國的徐承領兵由海上進攻齊國，說明當時沿海的航路一定非常通暢。不過那時船的樣子，我們還不十分清楚。河南汲縣山彪鎮戰國墓葬出土的「水陸攻戰紋銅鑑」上有乘船作戰的圖案，大致可以看出戰國時的小船樣子，船頭和船尾都向上起翹，船內立著三、四個佩劍的戰士，雙手握槳划船前進，圖形十分生動。

近年來，考古工作者發現了不少兩漢時期的船舶模型。長沙西漢墓裡發現的一艘木船，首尾微翹，船底呈弧形，上有三間艙房，兩側裝有舷（ㄒㄧㄢˊ）板，船上備有十六根長棹和一個刀形的舵。廣州是當時有名的港口，在這裡發現的船舶模型更多，其中有一艘木船，看樣子規模雖不

大，只有四槳一舵和兩間艙廬，可是有趣的是船上安放了五個木俑，做出操槳握舵駕船前進的姿態，為我們研究這一時期的船舶交通提供了非常具體的參考。另一艘東漢陶船，製作更精緻，上面設有拱券頂的前艙和幾間有起脊屋頂的座艙，船後還有一間望樓。船尾安有舵，船頭設有錨。這樣的大船，是可以出海的。看來這時的造船技術，較西漢時又前進了一步。

在古代，有的戰船的規模很大。漢武帝時，已能建造十丈多高的樓船。西晉初年，王濬建造巨大的戰艦，能載兩千多名戰士，艦上設有樓櫓、木城。隋朝的楊素，建造過名叫「五牙」的大艦，上有五層樓，共高一百多尺，船上前後左右都安裝著撞擊敵船用的「拍竿」，每根拍竿都有五十尺長。

專供統治階級享樂的遊艇，建造得華麗異常。漢成帝時，用沙棠木造船，並在船頭上裝飾著雲母，號稱「雲舟」。晉代大畫家顧愷之畫的〈洛神賦圖〉裡，有一艘兩層樓閣的大船，相當精美。隋煬帝巡遊江都，建造了好幾千艘船。據《大業雜記》記載，最大的龍舟高四十五尺，闊五十尺，長二百尺，有艙房四層，上一層有正殿、內殿、東西朝堂和寬闊的走廊；中間兩層共有一百六十個房間，都裝飾得金碧輝煌。此外，又有皇后乘坐的「翔螭（ㄔ，古代傳說中一種沒有角的龍）舟」，宮妃乘坐的「浮景舟」等，也都十分華美。船接著船，沿途排列了二百餘里。

除了用帆、槳的船外，晉朝的祖沖之發明了一種「千里船」，在試航時，日行數百里，可能就是一種用轉輪激水前進的「車船」。唐代的李皋，在洪州（今江西南昌）就造過有兩個踏輪的戰艦。這種車船，在宋代有了進一步發展，活躍於洞庭湖裡的楊么起義軍，就擁有許多精良的車船：小的四輪，大的十輪，最大的達到二十二輪。船上有兩重或三重的樓，裝有十多丈長的巨大拍竿，可以乘載上千人。

第一編　治國之道：制度與政制的建立

　　隋唐時代，專供漕運和經商的內河航船，一般載重量達到八、九千石左右，甚至還有更大的。據《國史補》記載，唐大曆、貞元年間（西元766年至804年），最大的俞大娘航船，養生、送死、婚嫁等事，都可在船上舉行，操駕的船工就有好幾百人之多。

　　最後，談一談古代的海船。據現有資料，可以肯定，至少在5世紀時，中國的商船便已經航行在東南亞一帶，並且開闢了中國和阿拉伯之間的航線，同時可能已經遠航到非洲了。唐宋以後，遠洋航行更是日漸頻繁，中國的商船一直活躍在太平洋、印度洋的廣大海面上。

　　根據北宋徐兢的記載，當時出洋的客舟長十餘丈，深三丈，闊兩丈五尺，能裝載兩千斛粟。船上主要的艙房有一丈多高；船底呈尖劈狀，便於破浪行駛。航行時主要靠風力，船上有兩根大桅桿，大檣（ㄑㄧㄤˊ）高十丈，頭檣高八丈。風正向時，張布帆五十幅；風向稍偏，則利用左右翼的「利篷帆」；大檣頂上還有十幅小帆，名叫「野狐帆」，在風息時使用。船上又安有十個櫓，以備進出港口或無風時使用。船上有正舵，還有副舵。每艘船上用的水手，約需六十人。

　　古代四大發明之一的指南針，這時也已應用於航海；船的首尾上都放有水上浮針，天氣陰暗時就用它來定南北方向。宋宣和元年（西元1119年）朱彧（ㄩˋ）寫的《萍洲可談》裡，也談到了當時廣州一些海船使用指南針的情形。

（楊泓）

瓷器

　　瓷器是中國古代的偉大發明之一，它是從陶器演變來的，由無釉陶、釉陶，以至於發展為成功的瓷器，是有極其悠久的歷史的。

　　「瓷」字在文獻上，最早見於晉朝呂忱著的《字林》。之後在潘岳的《笙賦》中，更出現了「縹（ㄆㄧㄠˇ）瓷」這樣的名詞。所謂「縹瓷」，就是淡青色的釉瓷。又晉人杜育的〈荈（ㄔㄨㄢˇ）賦〉中有「器擇陶揀，出自東甌」的話，東甌就是現在的浙江溫州，是當時燒造瓷器的地方。不過嚴格來說，這一時期還只能算是瓷器的過渡階段。到了唐代，才能說是真正燒造、使用了瓷器。

　　中國瓷器的發展是以「青瓷」為主流的，下面我們試從考古發掘的材料以及傳世的實物，略述它的起源和發展過程。

　　代表「仰韶文化」的彩陶，胎質堅細，器上有用赭、墨、紅、白等顏色塗繪成的多樣幾何形圖案花紋。1955年陝西西安半坡村出土的彩陶，上面還繪有魚、鹿等花紋。代表「龍山文化」的黑陶，胎質細膩，器壁很薄，表裡黑色，光亮有如塗漆。

　　1953年，考古工作者在河南鄭州二里崗發現了商代的釉陶器和一些碎片，它的骨胎堅硬，大部分是灰白色，類似「高嶺土」，只因加入了石英，所以器表不甚平整。器物上的釉色呈青綠色或青黃色，釉水雖薄，可是卻和胎骨結合緊密，燒製溫度都在一千度以上。這種釉陶器，既可以說是瓷器的雛形，也可以說是瓷器的祖先。當然，如果要拿它和後世成熟時期的瓷器相比，那還是相差很遠的。

第一編　治國之道：制度與政制的建立

　　1954 年，考古工作者在陝西長安斗門鎮、河南洛陽塔灣和江蘇丹徒煙墩山等處，都發現了西周時期的釉陶器；尤其是 1959 年在安徽屯溪市（今黃山市）出土的釉陶器數量更多，器形也多種多樣。西周釉陶的胎骨和釉色，一般與鄭州二里岡的商代釉陶器差不多，但是有它的特點。

　　在浙江紹興一帶，近幾十年來出土了大批戰國時期的釉陶器，釉色黃綠而透明，器形大都模仿銅器。

　　1923 年，在河南信陽播鼓臺發現了東漢永元十一年（西元 99 年）的古墓，出土了六件帶有青灰、青綠透明釉色的壺、洗、碗、杯等接近瓷質的器物。1954 年，河南洛陽東漢墓內出土一件四繫罐，淺青綠釉，胎堅而火候很高。這幾件器物，可以說是原始青瓷。

　　魏晉、南北朝時期，青瓷燒造的技巧，已有顯著的進步。1954 年，在南京市趙士岡發現了三國時吳國赤烏十四年（西元 251 年）的青瓷虎子（盛溺器）。1958 年，在南京市北京路又發現了吳國甘露元年（西元 265 年）款的青瓷熊燈，同時出土的還有一對青瓷臥羊，無論是在釉色還是造型上，都相當精美。1953 年，在江蘇宜興周處（死於晉元康九年，西元 299 年）墓內發現一批青瓷，內有一件薰爐，上部鏤空，頂有一立鳳紐，在造型方面達到了很高的水準。1956 年，在湖北武昌發掘的齊永明三年（西元 485 年）墓內，出土一件蓮花蓋尊，釉色潤澤勻整，造型也很美。以上這些青瓷，其燒造地區雖然不同，但都屬於南方青瓷系統。

　　1948 年，在河北景縣十八亂塚，發掘了北朝豪門世家的封氏墓群，出土了不少瓷器，多數都屬於青瓷。其中以雕鑲仰、復蓮大尊為代表品，釉色青綠，堆積釉厚處，明亮如玻璃，在造型釉色方面，都不同於南方青瓷。

　　從唐朝以至五代，越窰（浙江紹興、餘姚古稱越州，在這裡燒製青瓷

的窯，名為「越窯」）青瓷，達到了登峰造極的地步。燒製之精、圖案之美、數量之大，都大大超越了前代。當時越窯青瓷，不只遍及全中國，而且傳播到日本、印度、波斯以及埃及等國。

宋代時越窯雖然衰落下去，但卻出現了不少新窯，其中著名的如：龍泉窯（在浙江龍泉市）、哥窯（也在龍泉市），這是屬於南方系統的。屬於北方系統的則有官窯（這裡所說的是指北宋官窯，北宋官窯據文獻記載，說是在汴京燒造，不過至今在開封一帶尚未發現窯址）、耀州窯（在今陝西銅川）、汝窯（在今河南汝州市）。特別是汝窯產的瓷器，釉色勻淨，青色含粉，一般被公認是青瓷中最成功的產品。鈞窯（在今河南禹州市）也屬於北方青瓷系統，其燒製年代可能在北宋末，而盛極於金，是青瓷中最突出的一個品種：它不只是單純的一色青釉，有的呈現出鮮豔的紅斑，有的還通體呈現出潤澤燦爛的玫瑰紫色。

白釉瓷器，在隋代已大量生產；到了唐代，更加精良。北方邢窯（在今河北內丘縣）的出品，是唐代白瓷中的典型。宋代的定窯（在今河北曲陽縣）白瓷，在裝飾花紋上有印花、劃花、錐花等多種。明代永樂時在景德鎮燒製的半脫胎暗花甜白瓷器，精巧絕倫，達到了極高水準。

青花和彩瓷，在宋代已漸露頭角；到明代，則逐漸達到成熟。永樂、宣德時期的青花瓷，成化時期的五彩、鬥彩器，都可說是空前之作。清代康熙、雍正年間，又發明了粉彩，色調的深淺濃淡，可以運用自如，能在瓷器上繪製極為生動的各種題材的畫面。往後又發明了琺瑯彩，使器物上的畫面更加絢麗鮮豔，將中國的造瓷工藝進一步推到了古代的最高水準。

（楊宗榮）

第一編　治國之道：制度與政制的建立

磚瓦

　　古代建築開始使用磚瓦，是人們物質生活上的一大進步。當遠古社會發展到原始社會末期的時候，燒造陶器的技術雖然有所提高，但人們的住處仍舊是半露地面、半入土中的茅草房子。歷史上傳說夏禹所住的房子還是「茅茨（ㄘˊ，指用茅或葦蓋的屋頂）」，到了夏桀才有「瓦室」。

　　根據考古發掘的材料，知道瓦比磚出現的時間要早。近年在陝西岐山和西安的西周時期遺址中，都發現了板瓦。其製法是製成圓筒形的陶坯，然後剖開筒坯，入窯燒造。四剖為板瓦，對剖為筒瓦。古人稱剖瓦為「削」，削開後謂之「瓦解」。可見造瓦是從製陶手工業分化、發展出來的。

　　河北省易縣、山東省臨淄、河南省洛陽等地的戰國遺址中，曾有大量古瓦出土。有些筒瓦的前端，還帶有半圓形的「瓦當」，「瓦當」上凸印著獸紋、鳥紋、雲紋等圖案。易縣燕國下都遺址出土過一種大瓦，瓦身外面帶有黼黻（ㄈㄨˇ ㄈㄨˊ）紋裝飾，黼黻紋是古代絲織物的花紋，把這種紋飾用在瓦身，彷彿在瓦面上鋪開了一匹錦緞。

　　西周時期使用在屋頂上的板瓦，可能只有一層仰瓦。到了戰國時期，才出現了覆在兩行仰瓦之間的筒瓦。至於又長又寬的黼黻紋大瓦，推測它不是用在屋頂上，而是覆在牆頭上的，我們可以把它叫做「護牆瓦」。由於古代貴族們宮室住宅的圍牆都是版築的土牆，牆頂要有遮雨的設備，否則土牆容易坍毀，因而把一塊一塊的大瓦覆在牆頭，連接起來，不但可以遮風避雨，還可增加牆壁上面的裝飾。護牆瓦上有時還可嵌置一排山形的、帶有獸紋的陶欄杆，這也可以從易縣燕國下都遺址出土的實物中得到證明。現今，帶有欄杆的牆垣不多了，但是護牆瓦的設定，在北京故宮的

磚瓦

許多牆頭上還可看到。

「瓦當」是屋簷前面筒瓦的瓦頭，筒瓦有了瓦頭，可以防止風雨侵蝕屋簷。秦代以前的「瓦當」多為半圓形，秦代以後，由半圓形演變為圓形，並出現了一些帶有吉祥語句如「延年益壽」、「長生無極」和雲紋、神獸紋等圖案的「瓦當」。

唐宋以後，陶瓦被廣泛使用，有些宮殿寺廟建築，還用各色琉璃瓦覆頂，充分地體現了中國建築藝術的特色。

磚的出現，也是和燒陶分不開的。各地出土的最早的陶磚，有方形磚、曲形磚和空心磚。它們都是戰國時期的遺物。

最早的方形磚，和如今瓷磚的用法有些相似。在室內多用鋪墊地面或包鑲屋壁四周的下部。鋪地磚多素面無花紋，包鑲屋壁的磚多帶有幾何紋圖案。曲形磚長約一百公分，從一端看去很像曲尺的形狀，是專為包鑲建築臺階用的。每一個土階的上面、前面用一塊曲形磚覆蓋嚴密，對加固土階，作用很大。有些曲形磚的上面和前面，還有三角紋和山紋的圖案。空心磚多作長方形扁平狀，中空，長一百至一百五十公分，表面有鳥獸、紡織物等紋飾。古人常用空心磚代替石塊，砌成墓室，埋葬死者。我們把這種古墓叫「空心磚墓」。有的建築物也把空心磚代替階石使用。

由於早期陶磚的用法是包鑲牆壁或臺階，所以古人稱之為甓（ㄆㄧˋ，令甓或令壁）。

「磚」字出現較晚，東漢應劭的《風俗通義》中有「甃（ㄓㄡˋ，井壁），聚磚修井也」的記載。西晉時期的磚文上才見到「磚」字，如 1953 年江蘇省宜興西晉時期周處墓出土的陶磚，上面有「元康七年九月二十日陽羨所造，周前將軍磚」的字樣。當然，這一時期，「甓」字有人還在使用，如

057

第一編　治國之道：制度與政制的建立

「陶侃運甓」的故事（指陶侃運磚鍛鍊身體的事），就是一例。

從隋唐起，舉凡墓磚、倉磚、塔磚等，都自名為磚，「甓」字漸漸不為人所知了。

（史樹青）

漆器

漆是漆樹上分泌的一種液體，是製造漆器的主要原料。這種液體，初呈乳灰色，接觸空氣以後，因氧化作用，表面逐漸變成栗殼色，乾固以後，成黑褐色。漆本身具有高度的黏合性和防止水溼的效能。

中國用漆作為油漆，最早的文獻記載，見於《韓非子・十過篇》。據《周禮》的記載，周代民間產漆，須向國家繳納四分之一的賦稅。《史記》記載莊子曾做過漆園吏，可見戰國時期國家管理漆園的生產，還設有專官。

漆器的出現，與木器的防腐有密切關係。考古工作者在發掘河南安陽商代貴族墓的時候，常常發現漆器的殘痕。1950 年，考古工作者在安陽武官村發現了很多雕花木器的朱漆印痕，木器雖已腐朽無存，但印在土上的朱漆花紋，還很鮮豔。在安陽的西北崗，也發現過同樣印在泥土上的殘漆痕，從當時出土的情況來看，可能是漆鼓等物。商代還出現了青銅器鑲嵌松綠石的技術，松綠石就是用漆液黏附在青銅器上面的。

1958 年，湖北蘄春毛家咀出土一件西周早期的漆杯，在黑色和棕色的漆底上，繪有紅彩；紋飾可分四組，每組都由雲雷紋或迴紋構成帶狀，第二組中還繪有圓渦紋，每組紋飾之間都用紅色綵線間隔，製作十分精美。

煤石油

周代貴族的車馬飾物、兵甲弓矢，都用漆塗飾。在河南浚縣的周墓中，曾發現過西周時期的這類漆器。《春秋穀梁傳》中莊公二十二年有「丹桓公楹（一ㄥˊ，柱子）」的記載，這是當時貴族們用丹漆（朱漆）漆飾楹柱的例證。

19世紀中葉，河南信陽、湖南長沙等地，都發現了大量春秋、戰國時期的漆家具、生活用具、樂器、兵器附件等，種類繁多，紋飾工細，充分地說明了那時漆器手工藝的高度成就。這些漆器對戰國以後漆器的製作和繪畫藝術等方面的發展，有極大的啟迪和推動作用。

中國是世界上最早發現漆料和製作漆器的國家。人民在勞動生產中，很早就知道利用漆樹的汁液；古代的兗州和豫州，都是有名的產漆的地方。從《史記‧貨殖列傳》所記載的「陳夏千畝漆，與千戶侯等」一類漢代諺語中，可以知道漆樹的經濟價值自古就是很大的。

（史樹青）

煤石油

煤和石油是現代重要的熱力來源和工業原料，人民把它們應用到生活上和生產上的歷史久遠。

煤在古代叫「石涅」。中國最早的地理著作之一《山海經》，就明確地記載著「女床之山」、「女幾之山」都出產石涅。《山海經》的著作年代，目前還沒有定論，一般人認為可能是在戰國時候寫成的，到秦漢時候又做了增補。《山海經》的內容，雖然很多採自民間的地理傳說，帶有比較濃厚的神話色彩，但是它仍然在一定程度上反映了當時的情況，為我們了解古

代的山川形勢、物產分布和風俗習慣提供了不少有用的資料。據學者考證,「女幾之山」在現今四川雙流附近。由此可見,大約在戰國時候,至晚在秦漢時候,中國就發現了煤。

由於煤的顏色黝黑,人們曾經把它當作墨,用來寫字。明朝學者陶宗儀在《輟耕錄》一書中曾指出,古人「以石磨汁」而書,這種「石」就是煤。煤在古代又叫「石墨」(不是近代製鉛筆用的石墨),直到東漢末年,這種用來寫字的「石墨」,才逐漸被人造墨所代替。

人們很早就知道煤是可以燃燒的物質,並且很早就把它當作燃料來使用。1958 年,河南鞏義市鐵生溝的人民在當地發現了一處西漢末年的冶鐵遺址,在出土的實物中,最引人注意的是冶鐵燃料中,有煤塊和用煤末摻和黏土、石英製成的煤餅。考古學家們認為:煤用於冶煉比用於日常生活要晚一些,使用煤餅又要比使用煤塊晚一些;而鐵生溝冶鐵遺址不僅把煤用於冶煉,並且還知道製成煤餅,這說明在西漢末年以前,人民已經長時間將煤用做燃料。

東漢末年,煤的使用有了進一步發展。據記載,曹操在鄴縣(今河北臨漳縣西)修築了規模巨大的銅雀臺、金虎臺和冰井臺三處別墅。其中冰井臺有房屋一百四十間,臺上有冰室,冰室內有井,井深十五丈,井裡儲藏著數十萬斤煤。這段資料告訴我們,煤在那時候已經被大量使用了。

煤和木炭的顏色、用途相同,因此人們又把煤稱為「石炭」。據宋朝學者莊季裕在《雞肋編》中記載,北宋時,石炭代替木柴,已經成了汴都(河南開封)居民不可缺少的燃料。

石油在西漢時就被發現了。據《漢書・地理志》記載:上郡高奴縣的洧(ㄨㄟˇ)水,像油一樣,可以燃燒。上郡高奴縣就是現今陝西延長縣

釀酒

酒是由碳水化合物經過發酵作用而成的。澱粉雖是最常見的碳水化合物，卻不能直接與酵母菌產生反應，它必須經過水解作用變成麥芽糖或葡萄糖之後，才能發酵造酒。古人在很遠很遠的古代，就發明了一種酒麴；用酒麴造酒，可以將澱粉的糖化和酒化兩個步驟結合起來，同時進行。這在釀酒技術上，是一項極重要的發明。

秦漢以來的製麴技術，已有了很高的成就。大約在宋朝的時候，人民在發酵工藝方面又做出了重大的貢獻，這就是紅麴的發明。紅麴可以製豆腐乳、做紅酒，還可以作為烹調食物的調味品和食品的染色劑。製紅麴是很不容易的，因為紅麴是由一種高溫菌——「紅米黴」的作用產生的，而這種「紅米黴」的繁殖很慢，它在自然界裡很容易被繁殖迅速的其他黴類所壓倒；所以紅麴的發明，可以說是古代人民的一種天才創造。

酒麴的種類增多，酒的品種也隨之增多，如紹興黃酒、貴州茅臺酒、山西汾酒、四川大麴酒等。下面我們簡略談談這幾種名酒的歷史。

紹興黃酒是浙江紹興的特產，它的種類很多，「攤飯酒」是其中的代表。「攤飯酒」一般稱為「花雕」，含酒精在百分之十到十三。紹興酒的歷史據有人推測，可以上溯到戰國時代。不過，可靠的說法還是西元 6 世紀初。梁元帝蕭繹在他所著的《金樓子》一書中，曾敘述自己年輕時一面讀書，一面喝山陰甜酒的故事。那時的山陰就是現在的紹興。

茅臺酒、汾酒、大麴酒都是經過加熱蒸餾而得出的蒸餾酒，一般統稱為燒酒，或叫白乾酒。燒酒的酒精含量一般都在百分之六十以上。中國燒酒釀造的歷史的確切年代，由於目前資料不足，一時還很難考證。據研究化學史的學者講，四川燒酒的出現，最晚可能在唐朝。其根據是唐朝詩人白居易和雍陶的詩裡都提到了「燒酒」這樣的字句。如白居易詩「荔枝新熟雞冠色，燒酒初聞琥珀香」，雍陶詩「自到成都燒酒熟，不思身更入長

第一編　治國之道：制度與政制的建立

安」等句便是。白居易這兩句詩，是從他的四川忠州〈荔枝樓對酒〉詩裡摘出來的，詩中所反映的情況，當然指的是四川。雍陶這兩句詩，說的地點已經指明是成都，大麴酒的產地在瀘州，瀘州離成都並不太遠。由此可見，遠在唐朝的時候，在今四川地方，就能釀造像大麴酒那樣的燒酒了。

貴州的茅臺酒可能是吸取四川燒酒的經驗而發展起來的，它的歷史比大麴酒應該晚不了多少。

山西汾陽杏花村出產的汾酒，根據當地的傳說，其歷史之悠久，也可以上溯到唐朝。

（傅學卿）

糖

在先秦古書上，沒有「糖」這個字，只有「糖」的同義字或近義字，如餳（ㄒㄧㄥˊ）、飴（ㄧˊ）、餹（ㄊㄤˊ）等。雖然名字不同，實際上指的就是「糖」字。我們現在吃的糖，主要包括麥芽糖、蜂蜜和蔗糖等幾種。

麥芽糖是最容易製造的一種糖。植物種子（如大麥），在發芽過程中，會產生糖化酵素，這種糖化酵素，會把澱粉水解變成麥芽糖，稍微加工，即可食用。所以，它的產生歷史最早。常見的「關東糖」、「糖稀」、「軟飴」、「硬飴」、「灶糖」等，都屬於麥芽糖。根據學者研究，麥芽糖的歷史，可遠推到三千年前的周朝。在《詩經》中，就提到了「飴」字。

漢朝時，糖的製造，在品質上和製作技術上都達到了一定的水準。東漢的大學者鄭玄注解《詩經·周頌》裡「簫管備舉」一句中的「簫」字，說

是「如今賣餳者所吹也」。說明餳的製造和食用，在東漢年間就已經很普遍，以致有小販挑著它吹著簫沿街叫賣了。不過，關於製糖的方法，在當時的古籍裡還沒有記載。直到5世紀北魏賈思勰的《齊民要術》一書中，才較為詳細地描述了這種糖的製造方法；考證起來，和現今土法製造麥芽糖的方法大同小異。

蜂蜜在古時候有各式各樣的名字，如「石蜜」、「土蜜」、「木蜜」、「石飴」、「巖蜜」等。這是因為古時候人們看見蜂房造在石頭上、土洞裡、樹木上而誤以為蜂蜜也會各有不同，所以才叫出了不同的名稱。蜂蜜是天然產物，不須人工製造。很早以前，人們就知道採集蜂蜜來食用。據學者研究，春秋末期，諸侯之間，就有把蜂蜜作為禮品來贈送的。

《楚辭·招魂》中，有「蜜餌」這個名詞，「蜜餌」就是用蜂蜜和米粉做成的麵糰。可見人們早在春秋戰國時代，就已經知道利用蜂蜜了。用蜂蜜浸漬的食物是中國的特產，大約在三國時期就已經有了，因為在《三國志》的〈孫亮傳〉裡，有「蜜漬梅」的記載。古時的蜂蜜，都是由野生蜜蜂採集的，故產量有限，只有當人工養蜂盛行之後，蜂蜜的產量才大大增加。人工養蜂，有人研究，可能開始於晉朝。

蔗糖是最主要的食用糖，在現代化的糖業生產中，占據極重要的地位。中國南方各省，由於雨水充足，很適宜種植甘蔗。近千年來，甘蔗一直是中國南方重要的農作物之一。中國的甘蔗，種類很多，一般說來可分為三種：竹蔗、蚋蔗和紅蔗。竹蔗和蚋蔗多用來製造白糖、冰糖和紅糖；紅蔗因產量有限，雖含糖量較大，但一般不用於製糖，多用來生吃。中國種植甘蔗的歷史，由來已久，可能在戰國時代即已開始。

第一編　治國之道：制度與政制的建立

《楚辭‧招魂》裡，有「有柘（ㄓㄜˋ）漿些」的句子，這裡的「柘漿」，指的就是甘蔗汁。在《楚辭》裡，「柘」字同於「蔗」字。至於用甘蔗做原料來製糖的開始年代和發展歷史，古書記載多不一致，後世的看法也頗不統一。有人認為起源於漢朝，有人則認為開始於唐朝。化學史學者綜合研究了蔗糖的發展史，認為大約在東漢末年，中國南方的一些地方，已能製造蔗糖，只是技術水準還不高，品質還不夠好。到了唐朝，因學習了外國的製糖方法，提高了技術，蔗糖的生產才有了發展，才能製造出較純的白砂糖和冰糖，由此看來，中國的蔗糖製造，既有自己的發明創造，也吸取了外來的技術經驗。

（傅學卿）

茶

在中國，茶作為一種普遍飲料，比起酒來要晚得多。

先秦古籍，沒有「茶」字，只有「荼」（ㄊㄨˊ）字。「荼」是一種苦菜，也當「茶」字用。《爾雅‧釋木》篇說：「檟（ㄐㄧㄚˇ），苦荼。」「檟」指的就是茶。有的古書講，西漢以前，就已有《爾雅》這部書；還有的古書講，孔子在世，也見過《爾雅》。根據這些線索推測，可知百姓對於茶的認知，為時甚早。

有關飲茶的可靠記載，當在西漢時。司馬相如的《凡將篇》中有「荈（ㄔㄨㄢˇ）詫」二字，「荈詫」就是茶。王褒的〈僮約〉中提到了「武都（今甘肅隴南市武都區）買（當作賣）茶」的事，而武都就是當時中國最早的茶市場之一。

《三國志・韋矅傳》中有個故事：吳國皇帝孫皓每宴臣下，要強迫人喝酒，不管能喝不能喝，都以七升為限。韋矅的酒量不過二升，過此不能多飲；他每次參加宴會，孫皓特別寬免他，密賜茶給他，允許他以茶代酒。茶既然能作為酒的代替品，說明三國時飲茶已不是什麼稀罕的事。

魏晉南北朝時，一些皇親貴族、地主官僚、士大夫知識分子和高級僧侶等，都嗜好飲茶，有的甚至嗜之成癖。東晉權臣桓溫，招待賓客，不多備酒菜，主要用茶果。與桓溫同時的謝安，往訪吳興太守陸納，主人不預備酒食，只設定茶果款客。南朝和尚曇濟道人，在八公山煮茶敬奉新安王子鸞和豫章王子尚；子尚飲後讚不絕口，認為味美無比，有如甘露。

隨著飲茶風氣的盛行，這時期，反映茶的有關文學作品，也應時而興。晉杜育寫的〈荈賦〉和南朝文學家鮑令暉寫的〈香茗賦〉，就是詠茶的佳作。

唐朝時，飲茶風習，更為普遍。封演的《封氏聞見記》，比較生動地記載了這方面的情況。據該書講：「人自懷挾，到處煮飲，從此轉相仿效，遂成風俗……城市多開店鋪，煎茶賣之，不問道俗，投錢取飲。其茶自江、淮而來，舟車相繼，所在山積（意思說茶堆得像山一樣高）。」城市多開賣茶的店鋪，說明茶的消耗量增加，可以間接說明茶的生產和貿易的發達。這時，全中國產茶的地區，包括今湖北、湖南、浙江、江蘇、江西、安徽、福建、廣東、四川、貴州等省。江西的浮梁就是著名的茶的集散中心之一。

德宗貞元九年（西元793年），唐政府接受張滂的建議，徵收茶稅，每年收入四十萬貫。茶之有稅，從此開始。這時期，反映在文學作品中有關茶的詩文，比前更多，並且還出現了像陸羽《茶經》這樣重要的專著。《茶經》是中國古代茶史上一部很重要的作品，它比較全面系統地論述了從上

第一編　治國之道：制度與政制的建立

古到唐這一階段中國人民飲茶的歷史、製茶的方法和產茶的地區，對後世許多有關論茶的著作有相當大的影響。據《太平御覽》記載，陸羽從宋朝時起，就被人們尊之為「茶神」。

宋代人蔡君謨（又名蔡襄），是一位茶鑑賞專家，著有《茶錄》一書。他對於茶，具有豐富的學識，品茶的能力很高。據說有一年，福建建安能仁寺的和尚送給他一些精品茶，名叫「石岩白」，是寺裡自產的珍品。過了一年多以後，蔡襄回到京師開封，去拜訪朋友王禹玉；王禹玉用上好的茶招待他，他端著碗還沒有喝，只用鼻子聞了聞，就說：「這茶極像能仁寺的『石岩白』，你是怎麼得到的？」主人聽後，大加佩服，果然這茶也是能仁寺的和尚送的。

在宋代，名茶的品類很多，有「蜜雲龍」、「喬（ㄐㄩˋ）雲龍」、「龍團」、「勝雪」、「玉液長春」、「龍苑報春」、「萬春銀葉」等多種名稱，大約不下數十品。名茶種類的繁多，在一定程度上反映了製茶技術的進步。

元、明、清諸朝，飲茶的人，範圍比前越發廣泛。

元曲《玉壺春》中有這樣的話：「早晨起來七件事，柴、米、油、鹽、醬、醋、茶。」把茶和柴米油鹽等相提並論。元朝人喝茶，是直接用焙乾的茶葉煎煮的，這一點與唐宋時人喝茶不同。唐宋時人是先把茶葉碾成細末，再和上油膏或雜以米粉、山藥之類，然後製成茶團、茶餅，飲用時再弄碎煎煮。顯然，這樣製作不僅很費工夫，而且會大大損害茶葉的原有香味。用茶葉代替茶團、茶餅，表明製茶技術水準有了進一步的提高。

古代男女結婚，以茶為禮；明清兩代，承襲古制，女方接受男方的訂婚聘禮，還叫做「吃茶」。邊疆許多民族也有嗜茶的習慣，宋朝政府為了用茶交換他們的馬匹，特設有專門的機構──提舉茶馬司，來管理這項

工作。明清時,仍繼續這種茶馬的交易。透過這種交易,加強並發展了漢族和各民族之間經濟、文化的關係。由此看來,茶在這時期,不僅是人們日常生活飲料,而且是締結兩姓婚約和溝通民族和好的珍貴媒介。

（謝承仁　易惠中　傅學卿）

漢字

　　古時候,有人認為漢字是黃帝的史官倉頡創造的,所以長期流傳著「倉頡造字」的說法,這種傳說是不可靠的。文字是人們用以記錄語言的符號和交流思想的工具,它只有透過人民的長期社會實踐才能產生,單憑一個人的才能智慧是創造不了的。倉頡這個人,可能只是古代整理文字的一個代表人物。

　　文字產生以前,我們祖先曾經用圖畫來幫助記事,後來,這種圖畫越畫越簡單,就逐漸地脫離了具體事物的描繪,變成一種抽象的符號──象形文字了。象形文字就是最原始的文字。

　　中國最古老的漢字是商、周時代刻在龜甲、獸骨上的「甲骨文」和鑄在鍾、鼎等青銅器上的「鐘鼎文」（又叫做「金文」）,其中有很多字就是象形文字。象形文字筆畫複雜,不便於書寫,在兩千七百多年前周宣王的時候,太史籀（ㄓㄡˋ）對甲骨文和鐘鼎文進行了一次整齊劃一的工作,制定了「大篆」。這種字型後來通行於秦國。留存到現在的「石鼓文」（刻在十面像鼓一樣的石頭上的文字）,就是秦國所使用的「大篆」。

　　春秋戰國時候,諸侯割據,政權分裂,漢字的寫法很不一致。秦滅

第一編　治國之道：制度與政制的建立

六國以後，為便於政令的推行，在李斯的主持下，簡化了秦國的大篆，廢除了各國的異體字，漢字得到統一，人們把這種統一後的漢字叫做「小篆」。秦始皇曾用這種字型在很多地方刻石碑宣揚自己的「威德」，像「泰山刻石」和「琅琊臺刻石」，就是秦朝的遺物。

漢字經過周秦的兩次改革，有了比較固定的寫法，奠定了如今方塊字的基礎。

小篆的筆勢是圓轉的，書寫起來比較麻煩，所以秦朝時候一般人寫字多使用平直的畫筆，這樣一來，又形成了一種新字型，程邈適應人們的需求，把這種字型加以整理，就成為「隸書」。隸書到漢朝時候，經過文人的加工，增添了筆畫的波捺，就顯得工整又美觀了。漢靈帝熹平年間（西元172年至177年），有人用這種字型把《尚書》、《詩經》等書刻在四十多塊石碑上，供人們抄寫校對，成為有名的「熹平石經」。

為了提高寫字的速度，在漢朝又出現了「草書」和「行書」。草書的筆畫是連在一起的，往往隨著每個字的體勢一筆寫成，一般人難以辨認。行書的筆畫比較靈活自然，結構清晰，容易辨認，應用很廣。東漢時，張芝以草書聞名；東晉時，王羲之的行書達到了中國書法藝術的高峰，他們對後世的影響都很大。

現今我們普遍使用的楷書，也是在漢代產生的。楷書的字型端正，筆畫清楚，有「正書」、「真書」之稱。唐、宋至清，歷代統治者都把楷書規定為抄寫官府文書和科舉文章的正式字型，並且大加提倡，因之書法名家輩出，如唐朝的顏真卿、柳公權，宋朝的蘇軾、米芾和元朝的趙孟頫（ㄈㄨˇ）等人，在楷書藝術上都有很多創造。

印刷術發明以後，刻印書籍也多使用楷書。經過長期演變到明末清初逐漸出現了一種橫輕豎重的方塊字，可算是楷書的變體。由於它是從宋代刻書字型發展來的，所以人們稱它為「宋體字」。

（宋生）

少數民族文字

在中國，除了漢族創製的漢字以外，也有一些民族在很早以前就創製了自己的文字。在這些文字中，比較突出的有契丹族的契丹文、女真族的女真文、党項族的西夏文、突厥族的突厥文、回紇族的回紇文、藏族的藏文、蒙古族的蒙文和八思巴文、滿族的滿文等。

契丹文有大小字的區別。傳說大字創於遼太祖阿保機，而由他的從姪耶律魯和突呂不古二人襄贊作成。小字是阿保機的弟弟迭剌所創。現在已發現的有一千餘字（重文不在內），但能辨認的僅只數十字而已。契丹字大體上是採取漢字部首或者偏旁製成。書法上分篆書、正書、行書三種。這種文字一直應用到金初。

女真人本無文字，金政權建立之初還使用契丹文，以後才創造了自己的文字。女真文也分大小字。大字是金太宗命完顏希尹參照契丹文，根據漢字偏旁製成。小字是金熙宗時，即西元1138年時所創製。《女真譯語》等書中有專門記錄。這種文字直到元明各朝還在被一些地方使用。

西夏文按照史書的記載，是由西夏的建立者元昊所創製，以後又由野利仁榮加以改進而成。西夏文創製時，參照了漢字的構造，也是由部首與偏旁合成的，這種文字在14世紀中期還在某些地區被人應用。

第一編　治國之道：制度與政制的建立

　　突厥文的創作及早期的情況，還待研究。就目前所知，突厥文是一種拼音文字，字母一般為三十六個，有基本母音四個，子音三十二個。

　　回紇文是一種拼音文字，計有字母三十餘個，母音不多，而且多在應用中被省略，故不易辨別。用這種文字寫成的紙卷、碑刻，很多出土於新疆，如今它和突厥文一樣，只有少數專家才認得。

　　藏文產生於7世紀，也是一種拼音文字，共有三十個字母和四個母音符號。書寫有楷書及草書兩種。它的字義和文法，到11世紀後逐漸完善起來，它一直被藏族所應用。

　　蒙古族建國以前沒有文字，在與畏兀兒接觸後，始用畏兀兒字母（回紇文字母）拼寫自己的語言。忽必烈時，又命喇嘛八思巴依據藏文製成「蒙古新字」，即八思巴文。計有四十二個字母，包括母音十個，子音三十二個，但學習與應用都較難。西元1307年，喇嘛八合失又依據畏兀兒字母加以改進，這就基本上形成了現今使用的蒙古文。

　　滿族興起之初，曾一度借用蒙文，後在明萬曆二十七年（西元1599年），由額爾德尼、噶蓋等，參照蒙古文製成了一種滿族文字。一般稱它為「無圈點文字」或舊滿文。清太宗時，又經達海改進，便成為「有圈點文字」，即新滿文。滿文是一種拼音文字，有母音六個，子音十八個。

　　如今這些保存的文字紀錄，是研究中國古代各族人民的生產、生活以及民族間往來的重要史料。

（王恆傑）

文房四寶

「文房四寶」是指筆、墨、紙、硯。

毛筆的起源，很難考證。從前曾廣泛流傳「蒙恬造筆」的說法，許多人認為筆是秦國的大將蒙恬創造的。這種說法很不可靠。據專家研究，新石器時代彩陶上的花紋就是用毛筆描繪的，殷商時候甲骨上的文字，也有用毛筆書寫的痕跡。在古代文獻資料中，如《詩經‧靜女》篇中就有「貽我彤管」的句子，有人認為「彤管」就是一種紅管的毛筆。更重要的是實物的發現，1954年，考古工作者在湖南長沙左家公山的戰國墓穴中，挖掘出一套寫字工具，其中就有一支用上好兔箭毛製成的毛筆。可見，在秦以前，毛筆已經出現了，所謂「蒙恬造筆」，可能只是改進了毛筆的製造方法。

秦以後，毛筆的使用日益廣泛，毛筆的製造也愈加精良。三國的韋誕、唐朝的鐵頭、北宋的諸葛高，都是製筆的能手。據《清一統志》記載：元代湖州筆工馮應科、陸文寶精於製筆，他們的製筆技術世代相傳，不斷發展，「湖筆」的稱號聞名全國。至於湖筆究竟起源於何時，說法不一，有人認為是在元代，也有人認為是在南北朝時創始的。如果後一種說法可靠的話，那麼湖筆的歷史至今便已有一千多年了。

墨的產生，由來已久。東漢和帝時曾做過蘭臺令史的李尤認為：墨、硯這兩件東西與文字同始於黃帝時代。可是這種說法缺乏事實根據，難以令人相信。據《莊子》一書記載：宋元君養了許多有名無實的畫師，有一次宋元君召他們作畫，這些人突然遇到考驗，焦急萬分，一個個擠眉眨眼，不知所措，只是在那裡裝模作樣地「舐筆和墨」。這個故事表明，戰

第一編　治國之道：制度與政制的建立

國時候已經有墨，該是無疑問的了。古代製墨的原料和方法非常簡單，據說就是採取天然的礦物「石墨」稍稍加工而成。至於用松煙、油煙、漆煙和膠製成的墨，那是後來才出現的。

　　三國時著名的書法家皇象談到墨時，有「多膠黝黑」的話，而製筆能手韋誕所做的墨也很出名，有「一點似漆」的稱譽，可見墨的品質在三國時已經達到很高水準了。五代時，墨的製造獲得進一步發展。據明朝陶宗儀的《輟耕錄》記載：北方墨工奚廷珪和他的父親奚超南遷，見到歙州地方松樹很多，就定居下來製墨。由於他們不斷地鑽研、改進，所製的墨使用起來光澤如漆，受到南唐後主李煜的重視，奚超父子被封為墨官，並賜姓「李」。宋朝時，歙州改名徽州，製墨家潘谷所做的墨尤為精妙，「徽墨」這個名稱也就開始流傳下來了。

　　紙是中國古代的四大發明之一。從文獻資料和出土文物看，西漢時代中國已經有了麻紙和絮紙。到了東漢中葉，蔡倫總結了前人造紙的經驗，改進了造紙方法，紙的品質顯著提高。東漢末年，左伯在這個基礎上又有了新的創造，所做的紙更為精良，得到「妍妙輝光」的讚語。後來，造紙手工業在全中國普遍發展起來，造紙技術不斷提高，用以造紙的原料也愈來愈多，據宋朝蘇易簡的《文房四譜》記載：四川用麻、福建用嫩竹、北方用桑皮、浙江用麥稻稈、江蘇用繭、湖北用楮（ㄔㄨˇ），能做出各式各樣的紙，適應不同的需求。

　　最適合於書寫、繪畫的要算是宣紙了。宣紙產於涇縣，涇縣唐代屬宣州管轄。傳說，蔡倫死後，他的弟子孔丹由於懷念師傅，很想造一種特別好的紙為師傅畫像作為紀念，但沒有合適的原料，願望始終不能實現。後來，他看見倒在山溪裡的檀樹，因年深日久，被水浸泡得發白，受到很大

啟發，於是想到利用檀樹皮做紙，經過了多年的試驗，終於獲得成功。宣紙潔白、細密、柔韌，許多從中國古代留存到現在的文獻、書畫很多就是用宣紙抄寫、繪製的。

硯是研墨的工具。據《文房四譜》引伍緝之的《從征記》說，魯國孔子廟中有一石硯，製作古樸，是孔子生前所用的東西。由此可見，秦以前已經有硯了。漢朝時，硯的製作達到了很高的水準。1956年，考古工作者在安徽太和縣漢墓中發現了一些圓形石硯，其中就有一副硯製作得非常精美。整副的硯分蓋、底兩部分，硯蓋外面隆起的提梁，雕出兩條通體帶鱗互相纏繞的長身獸；硯底鼎立的三足，刻著三組熊狀的花紋；硯身披有各種美麗的紋飾。這不僅是一個合用的文房用品，還是一件很珍貴的藝術品。

魏晉南北朝時候，製硯的材料非常廣泛，除了一般的石硯以外，還有豪華的銀硯和特製的銅硯、鐵硯。到唐代，硯的種類更多，尤其是用漢未央宮瓦和魏銅雀臺瓦製成的瓦硯，以及用絳州（今山西新絳）汾河泥燒製的澄泥硯，特別名貴。宋朝時，石硯普遍流行起來，在各種石硯中，以端州（今廣東肇慶市端州區）地方出產的「端硯」最為人稱道。端硯在唐代已有製造，到宋朝始聞名全國。它的石質溫潤細膩，色澤凝重，紋彩典雅，一向被書畫家們視為珍寶。

古代有許多珍愛端硯的故事，至今傳為佳話。據記載，宋代大書法家米芾有一次到宮中為宋徽宗寫一御屏；寫完，徽宗看了讚嘆不已，米芾乘機請求徽宗將剛才用過的端硯賜給他，徽宗答應以後，他急忙把端硯揣在懷裡，弄得滿身墨汁淋漓，引得徽宗大笑不止。

（宋生　易惠中）

第一編　治國之道：制度與政制的建立

書

　　中國最古的書，是春秋戰國時代廣泛流傳的簡策和版牘。簡策是用竹片寫的書，版牘是用木板寫的書。「簡」是指一種寫字用的竹片，其長度有二尺四寸、一尺二寸、八寸等幾種。把許多「簡」編在一起叫做「策」，「策」也可以寫成「冊」。現今我們說書一冊、上冊、下冊的「冊」字，就是這樣來的。

　　「版」是指寫字用的木板，「牘」是指已經寫了字的木板。版牘一般是用來寫短文章的，往往一塊版牘就是一篇文章。這是它和簡策不同的地方。不過，在沒有竹子的地方，也有用木板做成簡策的。

　　簡策和版牘上的字是用毛筆寫上去的，寫錯了就用刀子削去。古書上說，孔子在編定《春秋》時，「筆則筆，削則削」，意思就是說，該加的就用毛筆加上去，該刪的就用刀子把它削掉。可以想見，古時寫一本書要比我們現今寫一本書困難得多。

　　比簡策和版牘稍晚一點的書是帛書，就是在用絲織成的帛上寫的書。在帛上寫書，可以按照文章的長短隨時剪斷，捲成一束。現今我們說書一卷、上卷、下卷的「卷」字，就是這樣來的。

　　東漢時，造紙術經過蔡倫的改進以後，用紙做成的書就大量出現了。不過，當時印刷術還沒有發明，一切書籍都還是手抄本。如果誰想要讀書，還得先從人家那裡把書借來，抄寫後才有書讀。這樣不僅很費時間，而且很容易抄錯。可見古人讀一本書，在物質條件上，比起我們現今來，不知要困難多少。

大約在唐朝中期，或者說在 9 世紀前半期，雕版印刷術發明後，用雕版印刷的書就出現了。現在已經發現的中國第一本印刷的書，就是在前面講到的唐懿宗咸通九年（西元 868 年）印刷的《金剛經》。但是，這本最早印刷的書——《金剛經》，現已不在中國，而是陳列於英國的博物館中。

（朱仲玉）

報紙

中國最早的報紙應該算唐朝時候的「邸報」。不過這是一種屬於政府公報性質的報紙，當然和現在的報紙性質還不完全相同。在《全唐詩話》中有這樣一段故事：有個叫做韓翃（ㄏㄨㄥˊ）的人，住在家裡沒有工作，有一天半夜，忽然有人來敲門賀喜，說他已經被委任為郎中的官了。韓翃感到很愕然，說：「你搞錯了，沒有這回事。」那人堅持道：「沒有錯，我明明看見『邸報』上有你的名字。」這裡所說的「邸報」，可以說就是一種報紙。

韓翃是唐朝代宗大曆年間（西元 766 年至 779 年）的一個著名詩人，由此看來，中國早在一千二百年前就已經有了報紙。

另外還有一個有關「邸報」的記載，比《全唐詩話》中提到的更早，這就是《孫樵集》中所說的「開元邸報」。孫樵是唐朝後期人，有一次，他找到了一些「邸報」，「邸報」中所記載的事情，都不是他生活著的那個時代的事情，據他考證，那是唐玄宗開元年間（西元 713 年至 741 年）的事情。據此，中國最早的報紙出現的年代就又比大曆年間提前了四、五十年。

（朱仲玉）

第一編　治國之道：制度與政制的建立

鍋灶

　　四、五十萬年以前，生活在北京西南周口店的「中國猿人」，就已經掌握了火；猿人洞中那常年不熄滅的火堆，就是最原始的爐灶。當然，當時還沒有什麼鍋子。

　　到了距現在四千多年以前的新石器時代，才出現了具有特定用途的「鍋」和「灶」。因為當時人類已經能製造各種適用的石製工具，發明了燒造陶器的技術，學會了養牲畜、種莊稼……隨著生產的發展，人類食物的品種日漸豐富，這樣就促進了炊事用具的發展，各式各樣的「鍋」、「灶」便逐漸地完善起來。

　　近幾年來，考古工作者發現了不少新石器時代的房屋遺址，屋子中間幾乎都在地上挖有灶坑。下面我們舉幾個例子：在陝西西安半坡村，幾乎掘出了「仰韶文化」的整個村落；在村落的房子裡，多半是在中間正對著門道的地方挖掘灶坑，做成一個淺淺的瓢形。在陝西西部寶雞北首嶺的「仰韶文化」遺址裡，也發現過同樣的房子，房子裡也有同樣設備的灶坑。再如河南陝縣廟底溝掘出的「仰韶文化」遺址裡的房子，也是對著門道設定灶坑──為一種圓形的豎穴，深到一公尺左右。從全中國各地的考古發現來看，當時差不多都把灶坑的位置安排在房屋的中心，這大約是既要利用灶坑中的火炊煮，又要利用它來取暖和照明的緣故。

　　在這樣原始的灶坑上做飯、燒水，如果要用鍋子就必須支架子或者把它吊起來，否則很不方便。所以當時人們用的「鍋」很特別，下面帶著三足，這樣放在灶坑上，才穩固；就算不放在灶坑上，只要在「鍋」下面燒上柴火，也可以烹煮食物。這些三足「鍋」的種類很多，其中一種叫鬲

（ㄉㄧˋ），它下面的三足是中空的，像三條尖口袋，煮東西時把東西倒進去，火在三條袋足的中間燒，裡面的東西很快就可以被煮好。另一種是「鼎」，是一種盆子或罐子樣的東西，下面帶著實心的三足，可以算是一個自己帶有鍋架子的「鍋」。以上兩種是古代人最常用的器物。鬲多用來煮飯，鼎大概常常用來煮肉、燒菜。現在做飯時蒸東西用籠屜，那時候用一種「甑（ㄗㄥˋ）」，是一個底部穿有許多孔的大盆子，把它放在鬲或鼎上用來蒸飯；後來乾脆把甑和鬲結合起來製成一個完整的器皿，叫做「甗」（ㄧㄢˇ），是專門蒸東西用的自帶蒸鍋的「籠屜」。

這時候所使用的各種「鍋」，都是用土燒成的陶器。由於所用陶土的質料和燒製時火候不一，有的呈紅色，有的呈黃色，也有的呈灰色或黑色等等。為了使燒製時陶胎內的水分容易逸去而避免產生裂紋，在製造陶胎時，往往攙入許多砂，有時也用蚌殼末、雲母屑等，在考古學上稱這樣的陶器叫「夾砂陶器」，它和現代的「砂鍋」差不多。到了青銅時代，一部分「鍋」雖然改鑄成銅質的了，但陶製的仍舊很流行；直到鐵器廣泛使用以後，這些陶質的「鍋子」才漸漸銷形滅跡。大約在漢代，一般人家普遍使用現在這樣高的爐灶，鬲、鼎等炊事用具不需要再帶上很長的足，於是便被改變成為沒有足的鍋了。

在新石器時代，除了固定挖在地上的灶坑外，還有一種用陶土燒成的輕便小爐灶，使用起來很方便。在廟底溝的「仰韶文化」遺物中，就有一種夾砂紅陶的灶。灶身像一個大的平底盆子，前面開著一個梯形的火門，灶下還有三個短足。灶口上部接近邊沿的內壁上，有三個凸瘤，正好承接著放在灶上的扁陶釜（鍋）。如果灶腔裡燒上火，釜裡就可以燒水或烹煮東西了。

（楊泓）

第一編　治國之道：制度與政制的建立

▎家具

　　在原始社會裡，人們過著最簡單的生活，當然談不到使用家具。當時人們休息是坐在地上或睡在地上的，因為地上很硬、很潮，坐時睡時總要鋪陳一些東西，比如植物的枝葉或是獸皮等等。當發明了編織技術以後，也自然會鋪陳席子。這種「席」，如果也可以算作家具的話，就是室內最古老的家具。在中國古代，有很長時間都保持著席地坐臥的習俗，一直到漢代，席還是最常用的家具，人們在日常生活中仍還離不開它。那時一般的席是蒲草織的，好一些的加上絹帛的邊緣，更貴重的還有用絲織的「繡茵」。

　　最早出現的家具還有床。殷代的甲骨文裡，就有「床」字的形象。1957年在河南信陽發掘的戰國時期的楚墓裡，有不少雕飾精美的漆、木家具——床、几、案等，這是中國現存的年代較早的一組木製家具實物。出土的木床長2.18公尺，寬1.39公尺，四周圍有欄杆，下面有六個足。床很矮，床足才高19公分。到漢代，床還是比較矮的。在漢代的畫像石和壁畫裡，常常有坐在床上的人物畫像，有的床就是一個矮平臺，有的下面有四足，它的用途和席一樣廣泛。

　　床上往往要張掛帳子，帳子的形制，一般多做成覆斗形狀。古詩〈孔雀東南飛〉中所說的「紅羅覆斗帳，四角垂香囊」的句子，指的就是這種形制的帳子。至於宮廷貴族們所用的帳子，自然就更加講究，裝飾也更為華美，帳頂往往飾有金蓮，四角裝有金龍口銜的彩色穗子。

　　席地而坐或坐在矮床上，如要飲食或書寫，就臨時放置案、几。案的形狀，就像一個大托盤，下面有足。有作圓形的，下面有三足；有作長方

形的，下面有四足。講究的案是漆案，四角有銅飾。案一般都不太大，很輕，也不太高，一般不過 20 公分。几是狹長形的，下面兩端裝足，在坐累了時可以倚伏在上面休息，稱為「憑几」。晉代以後，流行一種憑几，几面作圓曲形，下面有三個獸蹄狀的足，形式古樸、大方。

裝藏東西，一般用箱子，也有立櫃。河南陝縣的東漢墓裡，出土了一件綠釉陶櫃模型，是方形的，下面有四足，上面有可以打開的櫃門。

至於在室內作隔斷的，除了帷幔外，還有屏風，這種屏風多安設在床的後面和兩側。另外還有一種「步障」，用布帛製成，也作隔斷用。

魏晉以後，家具有了變化。這時，由於一般建築物加高了，所以室內的陳設也相應地加高。例如，晉代大畫家顧愷之畫的〈女史箴圖〉中，床的高度就和現代的差不多。另外，一些少數民族的用具也傳入中原地區，例如在漢朝末年，北方少數民族的「胡床」傳了進來，而且逐漸廣泛流行。這種「胡床」，大約就是以後的「交椅」一類的東西，可能就是椅子的前身。

最晚到唐代，出現了真正的椅子。1955 年在西安發現了唐玄宗的寵臣高力士之兄高元珪的墳墓，墓室正壁上的人畫像就是坐在椅子上的。敦煌的唐代壁畫裡，也畫有椅子。看來這時椅子的樣式結構還很古拙，都是仿效建築中大木作手法。同時由敦煌的唐代壁畫和傳世的唐代繪畫裡，可以看到當時已使用了桌子，有簡單的長方形板桌，也有製作精緻的長桌。除了桌、椅外，也還有方凳等物。

桌椅一出現，人們逐漸改變了席地坐臥的方式，改為坐椅子、凳子了，這樣也就引起了許多日常生活用具的變化，也引起了生活習俗方面的變革。從五代時南唐顧閎中繪的〈韓熙載夜宴圖〉中，可以看到當時的家具已很齊備，有椅子、鼓凳、桌子、矮几、大床、屏風等。但是這些家具還不像

現在的家具那樣,放置在室內一定的位置,而是用時放置,用畢即撤除。

到宋代,桌椅家具才普遍地使用起來。在河北鉅鹿縣宋城遺址中,掘出過北宋末年徽宗崇寧年間(西元1102年至1106年)的木製桌椅,這是很珍貴的發現,是中國現有的罕見的宋代實用木製家具。從宋代的繪畫及墓葬裡的壁畫和殉葬的家具模型來看,這時家具的品種已經顯著增多,除桌、椅以外,還有床、凳、屏風、高几、櫃、衣架、巾架、曲足盆架、鏡臺等;並且在製作上也有了不少變化,上面還出現了華美的雕花飾件。

(楊泓)

跪拜

在京劇中,老百姓見官得跪著,小官見大官得跪著,大官見皇帝也得跪著,跪之不足,有時還得拜上幾拜,好像人們長著膝蓋就是為著跪、拜似的,為什麼會有這種禮節呢?

根據古書的記載,我們知道,原來戲臺上的跪、拜,確實反映了古代人們的禮節。例如,清末大學士瞿鴻禨(ㄐㄧ)的日記裡,就記載著清朝的官員們和皇帝、皇太后談話的時候,都跪在地上,他們大多數人都年紀大了,聽覺不好,跪在後面的聽不清楚皇帝說什麼,就只好推推前邊跪的人,問到底說的是什麼。有的筆記還記著這些年老的大官,怕跪久了支持不住,特地在褲子中間加襯一些東西,名為護膝。而且,不只是宮廷、官府如此,民間也是這樣的,如蔡邕(ㄩㄥ)〈飲馬長城窟行〉:「長跪讀素書,書上竟何如?」古詩:「上山採蘼蕪,下山逢故夫。長跪問故夫,新人復何如?」《後漢書‧梁鴻傳》說,孟光嫁給梁鴻,帶了許多嫁妝,過門七

天，梁鴻不跟她說話，孟光就跪在床下請罪。〈孔雀東南飛〉：「府吏長跪答，伏維啟阿母。」可見婦女對男子、兒子對母親也是有長跪的禮節的。

這到底是什麼緣故呢？原來古代人是席地而坐的，那時候沒有椅子、桌子之類的家具，不管人們在社會上地位的高低，都只能在地上鋪一條席子，坐在地上。例如漢文帝和賈誼談話，談到夜半，談得很投機，文帝不覺前席，坐得靠近賈誼一些，聽取他的意見。至於三國時代管寧和華歆因為志趣不同，割席絕交，更是膾炙人口的故事。正因為人們日常生活，學習也罷，工作也罷，都是坐在地上的，所以跪、拜就成為表示禮節的方式了。

宋朝朱熹對坐、跪、拜之間的關係，有很好的說明。他說：古人坐著的時候，兩膝著地，腳掌朝上，身子坐在腳掌上。要和人打招呼──肅拜，就拱兩手到地；頓首呢，就把頭頓於手上；稽首則不用手，而以頭著地，這些禮節都是因為跪坐著而表示恭敬。至於跪和坐又有小小不同處：跪是膝著地，伸腰及股。坐呢？膝著地，以臀著腳掌。跪有危義，坐則稍安。

從朱子的這段話來看，宋朝人已經弄不清跪、坐、拜的由來了，所以朱熹得做這番考證。

有人不免提出疑問，人們都坐在地上，又怎麼能工作和吃飯呢？這也不必擔心，古人想出了辦法，製造了一種小几，放在席上，可用以寫字、吃飯。梁鴻吃飯的時候，孟光一切準備好了，舉案齊眉，把案舉高到齊眉毛，以表示在封建社會的男尊女卑制度下，妻子對丈夫的尊敬，這個案是很小很輕的，要不然，像現今一般桌子那樣大小，孟光就非是個大力士不可。

因為古代人們都是坐在地上的，所以就得講清潔衛生，要不然，一地

的灰塵，成天坐著，弄得很髒，成何體統？

到了漢朝後期，北方少數民族的一種家具——胡床，傳進來了，行軍時使用非常方便，曹操就曾坐在胡床上指揮過作戰。後來從胡床一變而為家庭使用的椅子，椅子高了，就得有較高的桌子，從此人們就離開了席子，不再席地而坐，改為坐椅子、凳子了。

人們的生活環境發生了很大的變化，但是，在席地而坐的時候所產生的反映封建等級制度和上下尊卑的禮節——跪和拜卻仍舊習慣性地繼承下來，並且從此坐和跪拜分了家，跪和拜失去了和生活方式的任何關聯，單純地成為表示敬意和等級差別的禮節了。

（吳晗）

穿衣打扮

商朝人多穿齊膝短衣，紮著褲腳。衣著材料除麻、葛外，已有十分細緻的紃（同「綢」字）子。奴隸主貴族的衣服上，多織繡花紋，連腰帶、衣領和袖口，也有花紋。貴族男子常戴帽子，有一種平頂式帽，到春秋戰國還流行；漢代的「平巾幘（ㄗㄜˊ）」，就是從它發展而來的。婦女多梳頂心髻，橫貫一支圓骨簪；有的還在頭頂兩旁斜插兩支頂端帶小鳥形的玉簪。大姑娘梳辮子，小孩子則梳兩個小丫角兒。男女貴族身上都佩玉，玉被琢成各種小動物形象，最常見的一種為玉魚。奴隸只能穿本色粗麻布或粗毛布衣服，光頭無髮，有的頭上包巾子，纏得高高的，和現代西南苗族人一樣。

到西周，統治階級穿衣服，日益講究寬大。周天子坐朝、敬天、辦婚

穿衣打扮

喪大事，衣服各不相同；由於迷信，出行還得按季節、定方向穿不同顏色的服裝，配上相宜顏色的車馬。穿皮毛也分等級，不能隨便。獵戶打得的珍貴的狐、獺（ㄊㄚˋ）、貂、鼠都得全部上繳，不能私下使用，也不許出賣。一般平民，年老的在名義上雖可穿衣，其實何嘗穿得起？也只能和奴隸一樣穿粗麻布或粗毛布短衣，極窮的只好穿草編的牛衣——即冬天蓋到牛身上的草編蓑衣！

春秋戰國時代，貴族的生活越加奢侈，穿的衣服更加華麗，佩的玉也越發精緻。劍是這個時期的新兵器，貴族為了自衛並表示闊氣，經常還得有一把鑲金嵌玉的寶劍，掛在腰間皮帶上。皮帶頭有用銅或骨、玉做成的帶鉤絆住，講究的帶鉤必用銀鑲金嵌玉做成，而且式樣很多。男子成年必戴冠。貴族的冠高高上聳，有的又和個倒覆的杯子相似（古代的杯子式樣多是橢圓形）。年輕婦女梳辮子，梳法多種多樣。有的婦女喜戴圓圈帽，還在頰邊點一簇胭脂點（聚成三角形），眉毛畫得濃濃的。女孩梳兩條大辮子，向兩邊分開；穿的衣長度齊膝，下沿折成荷葉邊。貴族男子流行八字鬚，兩角微微上翹。武士則喜留大毛鬍子。舞人無論男女，衣袖都極長。打獵人由於經常在叢林草澤中活動，衣褲特別緊小。

歷史上所說的「趙武靈王胡服騎射」，所謂「胡服」，究竟是什麼樣子？根據現存有關資料推斷，「胡服」的特徵約有四點：①衣長齊膝，袖子很小；②腰間束有附帶鉤的皮帶，可鬆可緊；③頭上戴一頂用毛氈或皮革做的尖尖帽，和餛飩差不多（後來人把它叫「渾脫帽」，到唐代還一度流行）；④腳上穿著短統皮靴。因為這樣裝束，騎在馬上作戰特別方便。

秦漢大一統局面出現後，衣服的式樣也比較統一起來。統治者戴的冠，前梁高聳，向後傾斜，中空如橋；梁分一梁、三梁、五梁幾種，上面另加金玉裝飾，表示爵位等級。凡是有官爵的人，無分男女，還得把一條

第一編　治國之道：制度與政制的建立

丈多長的絲絛（按品級顏色各不相同），摺疊起來掛在右腰邊，名叫「組綬（ㄕㄡˋ）」。貴族男子這時已改佩環刀，普通男子頭戴巾、幘。巾子多用來包裹頭髮，幘則如平頂帽，上加個「人」字形帽梁（不加帽梁就叫「平巾幘」）。漢代婦女已不再點三角形胭脂，但卻常用黛（青黑色的顏料）石畫眉毛；髻子向後梳成銀錠式，向上梳的多加假髮。年輕姑娘依舊梳辮子，也有鬆鬆綰（ㄨㄢˇ，盤繞起來打成結、扣）成一把，末後結成一小團，成個倒三角形的。這時期，最貴的衣服是白狐裘，春秋戰國時就已價值千金。最貴的衣料是錦繡，上面有各種山雲鳥獸花紋，比普通紬子貴二十倍。西北生產的細毛織物和西南生產的木棉布、細麻布，價格也和錦繡差不多，一匹要賣二兩金子。當然，這些材料只有貴族用得起，一般人民是連做夢也不敢想的。

　　魏晉以來，男子流行戴小冠，上下通行。「組綬」此時已名存實亡，玉珮制度也漸次失傳。貴族身邊的佩劍已改用木製，留個形式而已。紅紫錦繡雖然依舊代表富貴，但統治階級多喜歡穿淺素色衣服。帝王有時也戴白紗帽，一般官僚士大夫，多喜用白巾子裹頭。在東晉貴族統治下的南方，普通衣料是用麻、葛，有的地方用「蕉布」、「竹子布」、「藤布」；高級的衣料是絲麻混合織物「紫絲布」和「花練」（ㄕㄨ）。在諸羌胡族貴族統治下的北方，統治者還是喜歡穿紅著綠，先是短衣加披風，到北魏時改為寬袍大袖，唯帽子另做一紗籠套上，名叫「漆紗籠冠」。至於普通老百姓，無論南北，都是一樣，始終穿短衣——不過北方人穿上衣有翻領的，穿褲子有在膝下繫帶子的。這種裝束，直到唐代還通行於西北。特別是翻領上衣，幾乎成了唐代長安婦女最時髦的服裝式樣。

　　唐朝的服色，以柘黃為最高貴，紅紫為上，藍綠較次，黑褐最低，白無地位。由於名臣馬周的建議和閻立本的設計，唐朝恢復了帝王的冕服，

穿衣打扮

並制定了官服制度。官服除用不同顏色區分等級外，還用各種鳥銜各種花的圖案來表示不同的官階。通常服裝，則為黑紗幞（ㄆㄨˊ）頭，圓領小袖衣；紅皮帶（帶頭有等級之分），烏皮六合靴。幞頭後邊兩條帶子變化很多，或下垂，或上舉，或斜聳一旁，或交叉在後，起初為梭子式，繼而又為腰圓式……從五代起，這兩條翅子始平直分向兩邊，宋代在這個基礎上加以改進，便成了紗帽的定型樣式。不當權的地主階級及所謂隱逸、野老，多穿合領寬邊衣，一般稱為「直掇」。平民或僕役多戴尖氈帽，穿麻練鞋，且多把衣服撩起一角紮在腰間。婦女騎馬出行，必戴「帷帽」，帽形如斗笠，前垂一片網簾（中唐以後此帽即少用）。女子的衣裙早期瘦而長，裙繫在胸上；髮髻向上高聳，髮間插些小梳子，多的有五、六把；面部化妝多在眉心貼個星點，眉旁各畫一彎月牙。這時，中原一帶的婦女喜著西域裝，穿翻領小袖上衣，條紋褲，軟錦蠻靴；有些婦女還喜梳蠻鬟椎髻，嘴唇塗上烏膏，著吐蕃裝束。這時期，流行一種半袖短外褂，叫做「半臂」，清代的馬褂和背心，都是由它發展而來的。

　　趙匡胤「黃袍加身」，做了宋朝的開國皇帝，重定衣服制度，衣帶的等級就有二十八種之多。黃袍成了帝王的專用品，其他任何人都不許穿，穿了就算犯罪。規定的官服，有各種不同花色。每遇大朝會或重要節日，王公大臣們必須按照各自的品級，穿上各種錦袍。皇帝身邊的御林軍，也分穿不同花紋的染織繡衣。宮廷內更加奢侈，衣服、椅披、椅墊，都繡滿花紋，甚至綴上珍珠。皇后的鳳冠大大的，上面滿是珠寶，並且還有用金銀絲盤成整出王母獻壽的故事的，等於把一臺戲搬到了頭上。貴族婦女的髮髻和花冠，都以「大」為時髦，發上插的白角梳子有大到一尺二寸的。貴族婦女的便服流行瘦長，一種罩在裙子外面，類似現代小袖對襟褂子式的大衣甚流行。衣著的配色，打破了唐代以紅紫、藍綠為主色的習慣，採

第一編　治國之道：制度與政制的建立

用了各種間色，粉紫、黝紫、蔥白、銀灰、沉香色等，配合使用，色調顯得十分鮮明；衣著的花紋，也由比較呆板的唐式圖案改成了寫生的折枝花樣。男子官服仍是大袖寬袍，紗帽的兩翅平直向兩旁分升，這時已成定型。便服還是小袖圓領如唐式，但腳下多改穿絲鞋。退休在野的官僚，多穿「直掇」式衫子，戴方整高巾（又名「東坡巾」或「高士巾」，明代還流行）。棉布已逐漸增多，南方還有黃草布，受人重視。公差、僕役，多戴曲翅幞頭，衣服還相當長，常撩起一角紮在腰帶間。農民、手工業者、船伕，衣服越來越短，真正成了短衣漢子。

契丹、党項、女真族先後建立了遼、西夏、金政權，他們的生活習慣保留了濃厚的游牧民族的特色，在穿戴上和漢人不大相同。契丹、女真男子，一般多穿過膝小袖衣，長筒靴子，佩豹皮弓囊。契丹人有的披髮垂肩。女真人則多剃去頂髮，留髮一圈結成兩個小辮子，下垂耳後。党項男子多穿團花錦袍，戴氈帽，腰間束唐式帶子，上掛小刀、小火石等用物。女真婦女衣小袖左衽（衣襟）長衫，繫一絲帶，腰身小而下襬寬；戴尖頂錦帽，腦後垂兩根帶子。党項婦女多穿繡花翻領長袍。後來，由於遼、金統治者採用了宋代服制，所以契丹、女真族的裝束和漢族的裝束區別日益減少。緞也多是南方織的。

元朝的官服用龍蟒緞衣，等級的區別在龍爪的多少，爪分三、四、五不等，有法律規定，不許亂用。明清兩代還依舊這樣。在元代，便服還採用唐宋式樣。一般人家居，衣多敞領露胸；出門則戴盔式折邊帽或四楞帽，帽子用細藤編成。蒙古族男子多把頂髮當額下垂一小綹，如小桃子式，餘髮分編成兩個大辮，繞成兩個大環，垂在耳後。貴族婦女必戴姑姑冠；冠用青紅絨錦做成，上綴珠玉，高約一尺，向前上聳，和直頸鵝頭相似。平民婦女或奴婢，多頭梳頂心髻，身穿黑褐色粗布、絹合領左衽袍子。長江

穿衣打扮

上游已大量種植棉花,織成棉布。

明代,皇帝穿龍袍。大臣穿繡有「蟒」、「鬥牛」、「飛魚」等花紋的袍服,各按品級,不得隨便。一般官服多為本色雲緞,前胸後背各綴一塊彩繡「補子」(官品不同,「補子」的彩繡也不同)。有品級的大官腰帶間垂一長長絲絛,下面懸個四寸長像牙牌,作為入宮憑證。冬天上朝,必戴皮毛暖耳。普通衣服式樣還多繼承宋、元遺制,變化不大。這時結衣還用帶子,不用鈕扣。男子頭上戴的巾,有一種像一塊瓦式,名「純陽巾」,明太祖定名為「四方平定巾」,讀書人多戴它;另有一種帽子,用六片材料拼成,取名「六合一統帽」(喻意全國統一),小商販和市民多戴它。婦女平時在家,常戴遮眉勒條;冬天有事出門,則戴「昭君套」式的皮風帽。女子有穿長背心的,這種背心樣式和兵士的罩甲相近,故又叫「比甲」或「馬甲」。

清代的服裝打扮,不同於明代。明朝的男子一律蓄髮綰髻,衣著講究寬大,大體衣寬四尺,袖寬二尺,穿大統襪、淺面鞋;而清代的男子,則剃髮垂辮(剃去周圍的頭髮,把頂髮編成辮子垂在背後),箭衣馬蹄袖,深鞋緊襪。清代官員服用石青玄青緞子、寧、紗,做外褂,前後開衩,胸、背各綴「補子」(比明代的「補子」小一些)一方(只有親王、郡王才能用圓形),上繡各種禽獸花紋,文官繡鳥,武官繡獸,隨品級各有不同:一品文官繡仙鶴,武官繡麒麟;一品文官繡錦雞,武官繡獅子;二品文官繡孔雀,武官繡豹子;四品文官繡雲雀,武官繡老虎;五品文官繡白鷳(ㄒㄧㄢˊ),武官繡熊……一般人戴的帽子有素冠、氈帽、便帽等幾種。便帽即小帽,六瓣合縫,上綴一帽疙瘩,俗名西瓜皮帽。官員的禮帽分「暖帽」(冬天戴)、「涼帽」(夏天戴)兩種,上面都有「頂子」,隨著品級不同,所戴的「頂子」顏色和質料也不同:一品官為紅寶石頂,二品官為紅

第一編　治國之道：制度與政制的建立

珊瑚頂，三品官為亮藍寶石頂，四品官為暗藍寶石頂，五品官為亮白水晶頂……帽後都拖著一把孔雀翎，普通的無花紋，高級官僚的孔雀翎上才有「眼」，分一眼、二眼、三眼，眼多表示尊貴。只有親王或對統治階級特別有功勳的大臣才被賞戴三眼花翎。平民婦女服裝，康熙、雍正時，時興小袖、小雲肩，還近明式；乾隆以後，袖口日寬，有的竟肥大到一尺多，衣服漸變寬變短。到晚清，城市婦女才不穿裙，但上衣的領子轉高到一寸以上。男子服式，袖管、腰身日益窄小，所謂京樣衫子，把一身裹得極緊，加上高領子、琵琶襟子、寬邊大花坎肩，頭戴瓜皮小帽，手拿一根京八寸小煙管，算是當時的時髦打扮。一般地主、商人和城市裡有錢的市民，很多就是這樣的裝束。

（沈文）

▋音樂

　　商代的樂器現在出土的已經很多，有磬、鐘、鼓、鐸、鈴、塤（ㄒㄩㄣ）等，大概都是商代後期的遺物。其中最大、最完整的一件是1950年在河南安陽殷墟武官村大墓出土的大石磬，質地細膩，上面刻著精美的虎形。商代已有「編磬」、「編鐘」——把音高不同的磬或鐘分別編排在一起。河南輝縣出土的陶塤能發十一個不同的音。甲骨文中有「龠（ㄩㄝˋ）」字，就字形看（指甲骨文字形，下同），像原始的「排簫」；又有「樂」（樂）字，就字形看，像木架上張著絲絃，因此有人認為它原來就是一種樂器。可以推斷，商代的音樂已經相當發達，還有了一定的樂律知識。

　　在商代，已經有了職業樂人（其中大部分是奴隸身分）。這種樂人，

世世代代從事音樂工作，他們吸收和總結百姓在音樂活動方面的知識和經驗，對於音樂藝術的提高，發揮了很大作用。人們在長期的音樂實踐中探索到一些規律，因而導致音樂理論的形成；有了音樂理論，便更促進了音樂的發展。

音樂來自民間，是人民的辛勤勞動和無窮智慧，孕育出音樂的菁英華彩。社會不斷地發展，人民生活不斷地發生變化，新的音樂也就不斷地湧現出來。

第一次大規模地蒐集整理民間音樂開始於西周時期，到春秋時期告一段落。當時經過選擇整理的一部分歌詞，流傳到現今，稱為《詩經》。《詩經》中的作品，一部分是貴族的樂歌，大部分是各地的民歌。民歌中有砍伐檀樹的勞動者在詛咒不勞而獲的貴族，逃亡的人把統治者比作貪得無厭的大老鼠，從這裡，我們聽到了被壓迫者反抗的號角聲。

西周時期已經有「十二律」和「五聲」的知識。「十二律」相當於西洋音樂的音名，代表十二個不同的標準音高。「五聲」指宮、商、角、徵（ㄓˇ）、羽，代表音階，相當於西洋音樂的唱名。「五聲」之外，加上「變徵」、「變宮」，稱為「七聲」。

戰國時代，楚國的音樂興盛起來。詩人屈原蒐集民歌進行加工，並以民歌為基礎，創作新的詩篇，充滿了熱愛祖國和人民的熱情。

楚國的音樂到西漢初年，仍然流行，當時稱為「楚聲」。漢武帝設立了一個音樂管理機構──樂府，廣泛地蒐集各地的民歌，加以整理。樂府曲大體上可以分為兩類，即「鼓吹曲」和「相和歌」。「鼓吹曲」是軍隊、儀仗隊和隆重的典禮上所用的音樂，「相和歌」是一般的流行歌曲。東漢繼續蒐集整理民間音樂，現在流傳下來的漢樂府詩大部分是東漢的作品。

第一編　治國之道：制度與政制的建立

　　三國曹魏時期,「相和歌」中的三調發展起來,「瑟調以角為主,清調以商為主,平調以宮為主」。三調之中,「清調以商為主」,舉「清商」以代表三調,所以稱為「清商三調」。魏國設定「清商署」,掌管流行的樂舞。西晉繼承了曹魏的音樂,音樂官署中也有「清商署」。魏晉「清商署」雖然由「清商三調」得名,但所演奏的音樂不會只限於「清商三調」,也必然吸收了當時的民歌,這些民歌大都出於北方各地區。

　　西晉滅亡後,晉元帝南渡,建立東晉政權。以「清商三調」為主的北方音樂,隨著東晉政權到了江南,對南方的音樂必然有所影響。東晉之後,南方歷宋、齊、梁、陳四朝,統稱為南朝,國都都設在建康(今南京)。南朝的「新聲」大體上包括「江南吳歌」和「荊楚西曲」兩大類。前者是今江蘇一帶的民歌,後者是今湖南、湖北一帶的民歌(因為這一帶在建康的西方,所以稱為「西曲」)。

　　晉室南渡後的北方,「清商三調」等樂曲仍然流行於民間。北魏蒐集漢、魏以來的「相和歌」、「清商三調」,南朝的「吳歌」和「西曲」,以及雜舞曲等,統稱為「清商樂」。「清商樂」或稱「清樂」,成為漢代以來中原及南方各地傳統音樂的總名稱。這個時期,北方的音樂仍然是以漢族音樂為基本,由於時代的進展、民族的遷徙雜居,西域音樂陸續地傳進來,正在醞釀一種融合各種因素的新音樂。所謂西域音樂,是指中國西部少數民族和中亞等地的音樂而言。

　　隋朝繼承了南朝和北朝的文化。隋文帝時,由於準備整理音樂,曾引起對於音樂問題的一場爭論。參加爭論的大致分為三派:一、顏之推、蘇夔(ㄎㄨㄟˊ)、何妥等排斥西域音樂,主張完全採用中原舊樂。二、鄭譯主張採用龜(ㄑㄧㄡ)茲(今新疆庫車)琵琶七調的樂律,傾向西域音樂。

三、萬寶常主張以中原音樂為基本而吸收西域音樂。萬寶常的老師是祖珽（ㄊㄧㄥˇ），祖珽在北齊，他的父親祖瑩在北魏，都整理過音樂。祖珽說祖瑩整理音樂的原則是「華戎兼採」。這次爭論繼續了好幾年。歷史證明，音樂的發展走的是「華戎兼採」的道路。

隋文帝設定「七部樂」，隋煬帝改為「九部樂」；「七部樂」或「九部樂」都是宮廷宴會時表演的節目。

唐代沿用隋代「九部樂」。到唐太宗貞觀十四年（西元 640 年）改為「十部樂」。其後，宮廷宴會又改用「坐部伎（通技，技藝）」和「立部伎」。「坐部伎」在堂上坐著演奏，「立部伎」在堂下站著演奏，節目都是融合各民族、各地區的音樂因素而創造的大型樂舞。唐玄宗開元二年（西元 714 年），設立內、外教坊。教坊是為封建統治階級享樂而設定的，但也是蒐集樂舞並安置訓練樂工的地方，同時也是傳播樂舞的地方。當時著名的歌唱家李龜年和舞蹈家公孫大娘都是教坊的成員。

唐代的樂曲大體上可以分為兩類：一般的樂曲稱為「雜曲子」，具有一定規模的、結構複雜的大型樂曲稱為「大曲」。樂人往往選擇整齊的五言或七言詩配在樂曲裡唱，詩人為樂曲作的歌詞也都是五、七言詩（個別樂曲也有六言歌詞）；但後來也有人逐漸試驗著依照樂曲的節拍而填寫歌詞，句子或長或短，當時稱為「曲詞」或「曲子詞」，這就是「詞」體的開端。詞體中雖然還保存著一部分齊言詩的形式，但畢竟占少數。

北宋在音樂史上顯示出一個新階段：唐代以前，蒐集整理音樂的工作掌握在官府手裡；從北宋起，民間藝人的音樂和戲劇活動日漸加強，而官府管理音樂的力量日漸削弱。汴京（開封）的民間藝人已經有了固定的表演地方，叫做「瓦子」。瓦子裡又分各種戲場，叫做「勾欄」。瓦子成了公

共娛樂場合，非常熱鬧。南宋的首都臨安（杭州）已有許多民間藝人團體，稱為「社」，如「緋雲社」、「遏雲社」等。規模大的社擁有三百多人。兩宋時代，填詞唱詞成了時代的風尚。在南宋偏安江南的時候，金統治下的北方地區，一方面繼承了一部分北宋音樂，另一方面又產生了許多新的民間樂曲。

北宋出現了「雜劇」和「諸宮調」。用大曲的曲調演唱故事，逐漸形成雜劇。採用許多宮調不同的樂曲，分為若干組（每組宮調相同），來演唱故事，這種音樂形式稱諸宮調。諸宮調運用起來極為靈活，而且聽眾也不會感覺單調，比用大曲又進了一步。南宋初年，宋雜劇及諸宮調和今浙江溫州一帶的民間歌曲相結合，演變成「溫州雜劇」，也稱「南戲」或「戲文」。金代董解元著的《西廂記》就是諸宮調體的代表作。

元代，北方民族又有遷徙流動，外國人遷入中國的也很多，因此中國音樂又增添了新的成分。宋金以來流傳在北方的宋雜劇及諸宮調和北方的民間歌曲相結合，演變成「北劇」，即元雜劇。除了雜劇之外，還湧現了許多新民歌，歷史上稱為「散曲」。散曲包括「小令」和「套數」兩類。小令即只曲，套數由同一宮調的若干只曲組合而成。當時由於戲劇盛行，許多樂曲和舞蹈都被吸收在戲劇裡，音樂和戲劇分不開。此後在城市裡，單獨演奏樂曲或表演舞蹈的機會就相對地減少了，這種情況到了明清時代更為顯著。

明代，各地區由民間歌舞發展而成的地方戲也都興盛起來。這時不但劇種多，而且戲劇——特別是南戲的規模也達到成熟階段。宋元南戲流傳到江西弋（一ˋ）陽一帶，和當地的民間樂曲結合，產生了「弋陽腔」；南戲流傳到江蘇崑山一帶，和當地的樂曲結合，產生了「崑山腔」（崑曲）。明末清初，弋陽腔和崑曲最為盛行。

明神宗萬曆二十四年（西元1596年），朱載堉（ㄩˇ）發明了「十二平均律」，比德國人威克麥斯特（Werckmeister）的同樣發明，約早一百年。萬曆二十八年（西元1600年）義大利人利瑪竇（Matteo Ricci）來中國傳教，帶來了「七十二絃琴」（鋼琴），並寫成《西琴曲意》八章，但這時歐洲音樂對中國沒有產生什麼影響。

清代乾隆中期（18世紀中葉）以後，崑曲漸衰，而所謂「亂彈」者代之而興。「亂彈」即指京腔、秦腔、弋陽腔、梆子腔、羅羅腔、二黃腔等，這些腔調裡集中了不少優秀的民間樂曲。明清兩代的樂譜保留下來的很多，而且有許多樂曲依然流傳在民間。

清代宮廷宴樂中除了主要的樂舞之外，還先後吸收了邊疆地區和鄰國的樂舞八種：「瓦爾喀樂」（吉林東部女真族中的一個部落）、「朝鮮樂」、「蒙古樂」、「回部樂」（新疆）、「番子樂」（西藏）、「廓爾喀樂」（尼泊爾）、「緬甸樂」、「安南樂」（越南）。

（陰法魯）

舞蹈

中國舞蹈的起源，就考古發掘的材料推斷，當不後於新石器時代。

據史書上講，夏朝時，祀神之舞，已很發達。

殷墟出土的實物證明，在商朝，舞蹈已有樂器伴奏。考古工作者在殷墟土層中曾發現過印在泥土上的漆鼓花紋，說明殷代已經有了鼓。古語說「鼓之舞之」，鼓是一種舞蹈伴奏樂器，由於鼓的存在，可以推知舞的存在。在殷墟發現的大石磬，也是舞蹈伴奏樂器。《尚書》上說，「擊石拊（ㄈ

第一編　治國之道：制度與政制的建立

ㄨˇ，擊、拍）石，百獸率舞」，這兩句話描寫的是古代人在狩獵之後，模仿百獸的動作，隨著敲擊的石磬節拍而起舞的一種情景。大概原始的「擬獸舞」，就是這樣產生的。

到周代，有了「文舞」和「武舞」的區別。文舞和武舞的起源，都與人類的勞動生活有關。文舞手執羽（鳥羽之類）旄（ㄇㄠˊ，牛尾之類），是表演漁獵時代原始人類獵得獵物後抒發愉快心情的一種舞蹈；武舞是表演原始社會的人類與野獸或與敵人鬥爭前的準備動作，以及獲勝後如何表示歡樂的一種舞蹈。這種舞，最看重步伐一致。「鬥獸舞」也是武舞的一種，在周朝的銅器獵壺上，在漢朝的石刻劃中，還可以看到以這種鬥獸為題材的藝術形象。

古代舞蹈，到漢朝有了很大發展。漢武帝時，漢政府設有專門收集整理音樂歌舞的總機構──樂府。模仿獸類的擬獸舞，漢代仍然流行，東漢人張衡的〈西京賦〉中就有關於這種舞蹈的描寫。漢代常見的舞蹈，有「長袖舞」、「折腰舞」、「槃舞」、「巾舞」等多種。

長袖舞和折腰舞在秦以前就已經有了。河南洛陽金村戰國古墓中曾出土過雕刻一對長袖舞女的玉珮。安徽壽縣戰國楚墓中也發現過相類的玉製舞女。在湖南長沙的楚國墓裡，曾發掘出一具上面繪有樂舞的漆奩（ㄌㄧㄢˊ，婦女梳妝用的脂粉盒子），奩上的舞女像也是長袖。古代諺語說「楚王好細腰」，《楚辭》說「小腰秀頸」，腰細能增加舞的輕盈姿態，戰國時楚國宮廷中細腰舞十分流行。漢朝的長袖舞、折腰舞，就是繼承了楚國的舞蹈藝術而發展起來的。漢畫中所表現的舞蹈女子，多是長袖細腰，有的舞女腰身甚至纖細到能向後蜷曲成環狀。東漢傅毅〈舞賦〉中所講的「體如遊龍，袖如素蜺（ㄋㄧˊ，與『霓』字意義相同）」，形容的正是這種長袖

細腰的舞姿。據《西京雜記》說，漢高祖劉邦的戚夫人擅長跳翹（ㄑㄧㄠˊ，舉起的意思）袖折腰之舞。什麼叫翹袖折腰舞？據《漢書‧張良傳》記載，有一次劉邦對戚夫人說：「妳為我跳楚舞，我為妳唱楚歌。」由此可見，所謂翹袖折腰舞，原來就是楚國宮廷中流行的長袖細腰舞。

槃舞是在槃鼓上跳舞。表演這種舞時，先在地上布置槃鼓（多用七個），然後舞人在鼓上跳舞。從漢朝到六朝，此舞一直很受歡迎。漢武梁祠石刻中，有舞人倒立舞於槃鼓上的畫像，大概描繪的就是這種槃舞。

巾舞是持巾而舞，《宋書》說這種舞又名「公莫舞」。表演巾舞時，常連帶表演「白紵（ㄓㄨˋ）舞」。巾舞和白紵舞可能是一種同類的舞蹈。漢鏡銘文中有「舞白紵（一種類似麻的植物，纖維可織布）」。這樣的話，大概白紵舞也興起於漢代。

此外，漢代還有鞞（ㄅㄧㄥˇ）舞，不知起源於何時。鞞舞在南朝梁的名為鞞扇舞，舞者手執鞞扇，以助舞姿的蹁躚。至今流行在淮河流域一帶的花鼓燈舞和流行在雲南一帶的花燈戲，舞人也是以手巾與扇子作為不可少的舞具，可能就是古代巾舞和鞞舞遺風的流傳。

魏晉時代，設立樂府以收集整理民間歌舞，情況沒有太大的改變。西晉亡後，晉統治者南遷，建立東晉政權，北方歸各少數民族貴族統治；由於南北政治、經濟發展的不同，文化生活和風習好尚的不同，因此南北的舞蹈藝術也便各有不同。

南北朝時，舞蹈藝術有了新的發展。

在南朝，樂舞藝術一方面繼承了魏晉以來北方樂舞的傳統，另一方面又吸取了江南地區民間樂舞的精華。這時期，流行在南方的舞蹈主要是雅舞和雜舞。雅舞的表演是在統治階級祭祀天地祖先的場合，雜舞的表演是

第一編　治國之道：制度與政制的建立

在一般宴會的場合。另外，這個時期在南方流行的「西曲歌」與「子夜吳歌」，其中也包括不少舞曲。西曲歌指的是傳播在今河南、湖北、湖南一帶的民歌。《古今樂錄》講，西曲歌有三十四曲，其中有十六曲為舞曲。這十六曲是：〈石城樂〉、〈烏夜啼〉、〈莫愁樂〉、〈估客樂〉、〈襄陽樂〉、〈三洲樂〉、〈襄陽蹋銅蹄〉、〈採桑度〉、〈江陵樂〉、〈青驄白馬〉、〈共戲樂〉、〈安東平〉、〈那呵灘〉、〈孟珠〉、〈翳（一ˋ）樂〉、〈壽陽樂〉。十六曲中有不少是女子的情歌，可以推知這種舞必為女舞。西曲歌舞不是單人舞，而是隊舞，原為十六人，到梁代減為八人。子夜吳歌是晉朝時吳（今江蘇省）地女子子夜所作的情歌，也可作為舞曲，在民間流傳很廣。六朝和唐朝人的詩中，常把〈子夜歌〉和「前溪舞」連類並舉，前溪舞是晉朝吳興（在今浙江省）人沈充創作的一種舞蹈，在民間流傳也很廣。

在北朝，自北魏以來，即盛行鮮卑「北歌」：〈慕容可汗〉、〈吐谷渾〉、〈部落稽〉、〈鉅鹿公主〉、〈白淨王太子〉。北齊時，胡舞漸流行，其中有一種安樂舞，行列方正像城郭，是一種大型舞，北周把它叫做城舞，舞者八十人，舞時都罩上木製的彩繪獸面具，披著假髮，穿戴著皮襖、皮帽。如今，在西藏的跳神舞中，我們還彷彿能看到這種舞蹈的風姿。在這時期，今新疆一帶以及新疆以西的中亞地區，有不少樂工、舞人挾著自己精湛的技藝，先後東來；中原的人民，喜好他們的藝術，並且努力學習他們的藝術。在各族人民的長期文化交流中，中亞樂舞、新疆樂舞和中原地區原有樂舞相結合，另形成一種具有新風格的樂舞；這種樂舞，為以後隋的「九部樂」和唐的「十部樂」開闢了先路。尤可注意的是，這時期在北方出現了一些帶有情節性的舞蹈，如《舊唐書‧樂志》和《樂府雜錄》等書所記的「踏搖娘（《樂府雜錄》作『蘇中郎』）」、「蘭陵王」、「撥頭」、「蘇幕

遮」等舞便是。這些新舞的出現，更使中原地區的原有樂舞增添了生命的活力。

唐代，中國的封建文化發展到一個高峰，藝術的各方面，都取得很高成就。唐代的舞蹈，融合了國內各民族和印度、波斯等民族的舞蹈藝術，孕育發展，又有了新的創造。唐太宗設定的「十部樂」（包括舞），就是集當時樂舞之大成。唐玄宗時，新創製的「霓裳羽衣舞」曲，在樂舞藝術上達到了很高的水準。安史之亂後，唐代的樂舞日漸衰落，「十部樂」也因政治上的劇烈動盪而散亡。五代十國時期，樂舞的興盛和繁榮，始終趕不上唐朝。

宋代繼承唐代的「大曲」，並加以發展，於是宋代的歌舞劇開始登場。宋代的大曲，有歌有舞，歌舞相間進行，而且按照「歌者不舞，舞者不歌」之例，歌人與舞人分司其事，此點與明以後的崑曲及各地方戲唱做兼能者有很大不同。大曲的演奏，大體可分三部分：「散序」、「排遍」、「入破」。演奏前兩部分，舞者不出場，至「入破」，演奏到達高潮，羯鼓、蠻鼓、大鼓與各種管絃樂齊奏，舞者入場，隨著音樂的節拍，婆娑起舞。

宋代大曲屬於舞曲者，有「採蓮舞」、「柘枝舞」、「花舞」、「劍舞」、「漁父舞」等多種。採蓮舞和柘枝舞都是五人隊舞，舞者多為女童。舞時有分作五方（東、南、西、北、中）的，有轉作一行的，也有分為雙行的。宋代的著名文人如鄭僅、晁（ㄔㄠˊ）補之、秦觀、毛滂、洪適等，都有舞曲留世；文人們大量作舞曲，可見宋代的樂舞一定很興盛。宋代有些舞曲，不僅帶有故事情節，而且兼有賓白（歌唱之間的說白。兩人對語叫「賓」，一人自語叫「白」）、唸、唱。這種舞曲，為後世金代院本（劇本）與元代雜劇奠定了基礎。

第一編　治國之道：制度與政制的建立

　　明清時代，舞蹈藝術融合於戲劇的表演中，成為正式的歌舞劇，盛行於南北各大都市。

（常任俠）

第二編

文化之脈：古代社會的知識與技藝

　　本編講了兩次鴉片戰爭期間的歷史。第一次鴉片戰爭表示著中國近代史的開端，中國開始進入主權受限與制度未現代化的社會結構。列強的侵略激發了人民的反侵略抗爭。太平天國運動的失敗使全中國的革命形勢走向低潮，第二次鴉片戰爭後，中國社會的半殖民地化進一步加深。

第二編　文化之脈：古代社會的知識與技藝

▋中國近代史的開端

　　中國近代史是從西元 1840 年開始的，在這以前，中國社會是一個封建社會；在這以後，中國社會發生了一個很大的變化，一步一步地變成了傳統體制與外來勢力交錯的半封建社會。

　　西元 1840 年這一年，英國發動了侵略中國的「鴉片戰爭」，在這次戰爭以後，列強又接連不斷地發動了很多次侵略中國的戰爭，像西元 1857 年的英法聯軍戰爭、西元 1884 年的中法戰爭、西元 1894 年的中日戰爭、1900 年的英、美、德、法、俄、日、意、奧八國聯軍對中國的戰爭等等。這些侵略者在用戰爭打敗中國之後，強迫中國簽訂了許多不平等條約，侵占了中國許多領土，取得了很多經濟、政治和軍事的特權，任意在中國駐紮軍隊，創辦工廠、銀行，控制中國的海關、對外貿易、通商口岸，隨便傳教、辦報紙、辦學校以及進行其他文化侵略等等。

　　為了壓制人民的反抗，侵略者還勾結中國封建統治者，使中國的封建地主階級變為他們統治中國的支柱。就這樣，中國從一個獨立的國家，逐步地變成了一個半殖民地的國家。

　　在中國的封建社會中，小農業和手工業相結合的自給自足的經濟占主要地位。那時，農民不但生產自己需要的農產品，還生產自己需要的大部分手工業品，商品經濟是不發達的。鴉片戰爭以後，封建經濟在外國資本主義的衝擊下，受到了破壞，農民和手工業者大批地破產，商品經濟有了發展；在封建經濟受到破壞的同時，又出現了一種新的經濟關係，就是資本主義的經濟關係。

鴉片戰爭

　　隨著資本主義經濟的產生和初步發展，中國社會裡除了原先的地主階級和農民階級之外，又出現了兩個新的階級：資產階級和無產階級。中國社會已經不是一個完整的封建社會，而是半封建社會了。可是，列強侵略中國的目的，是要把中國變成一個殖民地，而不是要把中國變成一個資本主義的國家。列強勾結封建勢力，極力壓迫和阻礙中國資本主義的發展。所以這時在中國社會裡，地主階級對農民的封建剝削仍然留存著，封建生產關係仍舊占著顯著的優勢。在列強和封建勢力的雙重壓迫下，中國的經濟和政治始終得不到發展和進步，人民，尤其是農民，一天天更加貧困。他們過著飢寒交迫的生活，政治上沒有絲毫的權利。

　　鴉片戰爭以後的中國，就是這樣從一個獨立自主的封建國家，變成了中國封建勢力統治下的主權受限與制度未現代化的社會結構，並且一天天走上了殖民地化的道路。

　　從外國侵略者向中國發動武裝進攻的時候起，中國人民也同時開始了反抗外國侵略者及封建勢力的抗爭。鴉片戰爭、太平天國運動、中法戰爭、中日戰爭、戊戌變法、義和團運動以及辛亥革命，都是中國近代史上反抗外國侵略的抗爭。

（汝豐）

鴉片戰爭

　　在 19 世紀初期，英國是當時世界上最發達的資本主義國家。英國工商階級不但剝削和壓迫本國人民，而且透過種種卑鄙惡毒的手段，剝削和壓迫經濟落後的國家的人民。他們占有很多殖民地，是殖民主義侵略強盜。

第二編　文化之脈：古代社會的知識與技藝

　　英國資本主義發展越快，英國國內被剝削的人民就越貧困。生產出來的大量商品賣不出去，經濟上就出現了危機。這種經濟危機，從西元 1825 年開始，幾乎每隔八年到十二年就要發生一次，這對英國工商階級而言是非常嚴重的威脅。在這種情況下，他們迫切地需要在國外擴大商品推銷市場，掠奪新的殖民地。地大物博、人口眾多的中國，就成為英國侵略者眼中一塊鮮美的肥肉。

　　早在清朝乾隆五十八年（西元 1793 年），英國就曾經派了一個名叫馬戛爾尼（George Macartney）的特使到中國來，他向中國政府提出了開放通商口岸、割讓島嶼、減低關稅等要求，企圖打開中國的大門。這些要求遭到了拒絕。此後，在嘉慶二十一年（西元 1816 年），英國又派了一個名叫阿美士德（William Pitt Amherst）的人來到中國，重彈二十多年前馬加爾尼的老調，也同樣被拒絕了。

　　英國侵略者耍「文」的花招沒有行通，又使出了「武」的手段。早在西元 1808 年，英國政府就曾經把十三艘兵艦開到中國廣東海面，劫掠澳門，闖入虎門，後來被中國水師擊退。阿美士德到中國來的時候，護送他的英國艦隊也曾經在廣東海面轟擊中國炮臺和船隻。道光十二年（西元 1832 年），英國東印度公司的僱員、在中國刺探情報的傳教士郭實獵（Karl Gützlaff），甚至揚言「全中國的一千隻師船，不堪一只兵艦的一擊」。到了西元 1833 年，英國派出的第一任駐華商務監督律勞卑（William Napier）到達中國，竟指揮兵艦侵入虎門要塞，發炮攻擊，由於中國軍隊的反擊，他才狼狽退出。

　　各式各樣的辦法都試過了，但中國的門戶還沒有被打開。怎麼辦呢？英國最後利用鴉片來作為掠奪和侵略中國的工具，把鴉片運到中國大量推銷。西元 1800 年，輸入中國的鴉片是 4,570 箱，到了西元 1838 年，也就

鴉片戰爭

是鴉片戰爭爆發前兩年，已經激增到 40,200 箱了。這樣，英國得到了驚人的暴利，而中國人民則受到了鴉片帶來的嚴重禍害。

鴉片是一種毒品，俗名大煙，它含有大量嗎啡和尼古丁，毒性很強，會使吸食者受到嚴重的摧殘。吸食鴉片的人，中了毒以後，慢慢就變得身體虛弱，骨瘦如柴，精神萎靡；而且吸了就會上癮，一旦不吸，就渾身癱軟，涕淚橫流，像生了重病一樣。所以，英國在中國大量推銷鴉片，一方面利用這種毒品殘害人民的身體健康；另一方面勾引吸食者上癮，不斷增大銷售量，來攫取暴利。結果，不但使得中國人民日益衰弱和貧困，城市工商業和農村生產力遭到很大的破壞，並使中國的貨幣（白銀）大量地外流，國家的財政經濟也出現了嚴重的危機。這種情況，引起了人民對鴉片貿易的激烈反對，清朝統治者為了維護自己的封建統治利益，才被迫進行了反對鴉片的抗爭。

西元 1838 年底，清朝政府任命林則徐為欽差大臣到廣州禁煙。林則徐禁煙十分堅決，他在人民的支持下，查繳和燒毀了運到中國的鴉片，並且要外國侵略者保證永遠不再販賣鴉片。鴉片貿易是英國侵略中國的重要手段，又是英國政府財政收入的重要來源，中國嚴禁鴉片，沉重地打擊了他們。他們不肯善罷甘休，在千方百計地破壞禁煙失敗後，就不顧一切地使用武力來實行侵略了。西元 1840 年 6 月，大批英國軍隊開到了中國，發動了武裝進攻。為了保衛國家民族利益，林則徐在民眾的支持下奮起抵抗，中英戰爭就這樣爆發了。這次戰爭從西元 1840 年 6 月開始，到西元 1842 年 8 月結束。因為戰爭的爆發是由鴉片問題直接引起的，所以叫做鴉片戰爭。

當時的清朝封建統治者極端腐朽，他們被外國侵略者的洋槍大砲嚇破了膽，最後向外國侵略者投降求和。清朝政府還和英國侵略者簽訂了《南

第二編　文化之脈：古代社會的知識與技藝

京條約》，出賣了國家的主權和利益。從此以後，中國人民在外國侵略者和本國封建勢力的雙重壓迫之下，災難更加深重了。

（汝豐）

林則徐虎門銷煙

　　林則徐（西元 1785 年至 1850 年）是鴉片戰爭時期反抗外國侵略的英雄。他是福建侯官（今閩侯）人，為官清廉，辦事公正認真，深得老百姓的愛戴。

　　西元 1837 年至 1838 年他擔任湖廣總督時（總督是清朝的地方政府最高長官。湖廣總督管轄湖北、湖南兩省），正是英國侵略者肆無忌憚地在中國販賣鴉片的時候，鴉片貿易不但遍及沿海各省，就連在湖北、湖南這樣的內地省分也非常猖獗。煙毒氾濫的禍害使人怵目驚心。當時人民強烈地要求嚴禁鴉片，清朝政府中的一部分官員，也紛紛提出禁煙的主張，林則徐就是其中最著名的一個。他在他所管轄的湖北、湖南兩省雷厲風行地實行禁煙，大大地打擊了吸毒者和販毒者，得到了老百姓的熱烈擁護。

　　但是，禁煙並不是一件簡單的事情，這是一場尖銳複雜的反侵略抗爭。它不僅受到英國侵略者的抗拒和破壞，還受到許多當權的大官僚的反對和阻撓。林則徐和許多主張禁煙的官員一起，與反對禁煙的官僚集團進行了抗爭。他大聲疾呼：「如果不把鴉片嚴加禁絕，將來國家不但無人可以當兵，也將無錢維持財政開支。」林則徐是從維護封建統治利益出發而說這些話的；禁煙的主張反映了人民的需求，因而深得人心。清朝皇帝也不能不考慮，如果不禁鴉片，那麼皇帝的寶座也將被鴉片沖垮，最後，不

得不接受林則徐的主張,並且任命他為欽差大臣,到廣州禁煙。

　　林則徐深知在滿朝貪汙腐敗的一片黑暗之中,禁煙會遇到很大的困難,但他向自己的師友們表示:「禍福死生,早已置之度外」,定要盡一切努力,為國家除掉鴉片這一毒患。

　　道光十九年正月(西元 1839 年 3 月),林則徐到達廣州,以禁煙為中心的反侵略抗爭,從此進入了更加尖銳的新階段。

　　廣州是外國侵略者進行販毒活動的中心,反對鴉片的抗爭也最強烈。西元 1838 年底,廣州當局曾經處決了一個中國的鴉片販子,當時英美煙販糾眾阻攔,從事破壞,激起了人民的憤怒,有一萬多人舉行了示威,並且用石塊把這些侵略分子趕走了。民眾高昂的反抗精神,對林則徐是巨大的鼓舞。他到了廣州後,鄭重地向外國侵略者宣布了自己堅定不移的禁煙決心。他說:「鴉片一天不禁絕,我就一天不回去,一定要全始全終,絕不半途而廢。」

　　在禁煙抗爭中,林則徐做了很仔細的調查和準備工作。到廣州以前,他對廣東鴉片走私的地點及鴉片販子的姓名,都已大致調查清楚。到廣州後,他一面加緊整頓防務,一面嚴辦煙犯。他向外國煙販宣布,必須在三天內把鴉片全部交出,並且要寫下永遠不再販煙的書面保證,否則,查出來了,不但鴉片全部沒收,販毒者也要依法處死。英國商務監督查理・義律(Charles Elliot)還特別趕到廣州,親自策劃破壞。林則徐看穿了他們的陰謀,採取了斷然措施。他一方面立即把企圖潛逃的英國最大的鴉片販子蘭斯祿・顛地(Lancelot Dent)截回,另一方面又派兵把外國毒販的大本營──商館封鎖,把商館與海上的交通也截斷,還派水師在海面巡邏,嚴密監視外國船隻的行動。同時,他又嚴峻地宣布外國侵略者違抗了禁煙

命令,再一次通知他們把鴉片全部交出,否則就立即依法懲辦。

在林則徐的堅持下,外國侵略者被迫交出了兩萬多箱鴉片,一共重2,376,254斤。西元1839年6月3日,林則徐下令把這些鴉片集中在虎門海灘銷毀,一連燒了二十多天,才把所有的鴉片全部燒毀。這就是驚天動地的壯舉「虎門銷煙」。

但是英國人不甘心。在進行了種種破壞和挑釁失敗後,他們就不顧一切地採取武裝侵略的手段了。

西元1840年6月,英國派出的艦隊到達廣州海面,向中國軍隊發動了進攻,鴉片戰爭爆發了。

在洋槍洋炮面前,林則徐承受著嚴峻的考驗。他並沒有被侵略者的武力嚇倒。在戰爭爆發前,他一直認真備戰,嚴密防守。這時,他又在各個要塞增添兵力,加強守衛,並且坐鎮虎門,親自指揮。他看到人們反侵略的意志十分堅定,相信「民心可用」,因此,他不但把沿海村莊的老百姓組織起來,加以訓練,而且公開宣布,在外國侵略者進犯時,「准許人人持刀痛殺」,這就大大地鼓舞了人們奮起抗戰的熱情,也使他自己得到了最廣泛、最有力的支持。

正是這樣,進犯廣東的英軍在愛國軍民的銅牆鐵壁面前,一點辦法也沒有,到處碰得頭破血流。特別是沿海漁民組成的突擊隊,常常趁月黑潮退,出其不意地乘著小船,用火箭、火罐、噴筒等火攻,使英軍吃盡了苦頭。他們只好每天東漂西泊,不定行蹤,夜裡也不敢停下來,怕突然被火船襲擊。最後,他們看到在廣東占不到便宜,只好放棄進攻廣東,而去侵犯福建、浙江。

可是，腐朽的清朝統治階級，不信任和支持林則徐這樣的愛國者。當英軍沿海北上，一直打到天津海口後，他們被洋槍洋炮嚇破了膽，原來反對禁煙、主張妥協投降的那些反革命大官僚又重新囂張起來，硬說英軍的進攻，是林則徐禁煙闖下的大禍，只有懲辦林則徐，才能避免戰禍等等。這時，昏庸無能的道光皇帝也嚇壞了，竟不分青紅皂白，革除林則徐的官職，把主張投降妥協的直隸（今河北省）總督琦善，派去代替林則徐。鴉片戰爭終於因為清朝政府的腐敗和妥協而失敗。

（汝豐）

關天培、陳化成

關天培和陳化成都是當兵出身的清軍名將，在鴉片戰爭中，他們都在抵抗外國侵略者的戰爭中壯烈犧牲，在中國近代反侵略抗爭中，用自己的鮮血，寫下了悲壯的一頁。

關天培是江蘇淮安府山陽縣（今江蘇淮安）人。西元1834年（道光十四年），他調任廣東水師提督（統轄全省海軍的長官）。當時，外國侵略者在廣東的挑釁活動日漸頻繁，中國已經面臨著日漸嚴重的武裝威脅。關天培知道自己的任務十分艱鉅，臨行前，他先把妻子、母親都送回故鄉，自己隻身赴任，下定決心應付任何事變。

到達廣州後，他便積極地整頓海防、加修工事、勤練士兵，從不鬆懈，廣東的防務大大加強了。在鴉片戰爭爆發前，英國侵略者屢次進行武裝挑釁，都遭到了有力的反擊，歸於失敗。

第二編　文化之脈：古代社會的知識與技藝

　　在抵抗外國侵略者的作戰中，關天培總是身先士卒，英勇奮戰。特別是在西元 1839 年 11 月 3 日的「穿鼻之戰」中，英國軍艦集中火力向他的坐船轟擊，一時硝煙瀰漫，水浪如柱，但關天培毫不畏懼，仍然挺立桅前，揮刀督戰。甚至敵人的砲彈打壞了船桅，他被桅木的破片所傷，還是奮不顧身地指揮部下發炮還擊。經過兩小時的激烈作戰，打得敵人紛紛落水，裝有大砲二十尊的英艦「海阿新」號，也受了重傷，最後只好狠狠逃走。

　　鴉片戰爭開始時，林則徐、關天培等堅決抵抗，英軍在廣東的進攻並未得逞。但是後來浙江定海失陷，英艦北駛，清朝統治者害怕起來，走上了投降的道路。林則徐被革掉了職務，投降派的琦善反而得到了重用。自此以後，局勢就發生了變化。

　　琦善是徹徹底底的保守派，他以新任欽差大臣的身分到了廣州以後，一意主和。為了求和，他竟在軍事上實行撤防，把兵船裁減了三分之二，又把海口內的木排鐵鏈等防禦設備大部分拆除，至於招募來的漁民丁勇，他乾脆全部解散了。像虎門這樣的咽喉要地，則只留下了幾百人駐守。在這種情況下，廣東的形勢已是危如累卵，而琦善卻還以為只要答應割地賠款，就可以換來「太平統治」。

　　就在琦善做著「太平」夢的時候，英國的軍艦在西元 1841 年 1 月 7 日，突然進攻沙角、大角兩炮臺。炮臺守將陳連升等率領士兵英勇死戰，但是琦善不發援兵，最後陳連升壯烈犧牲，炮臺也落入了敵手。從此，虎門要塞洞開，英軍長驅直入。

　　西元 1841 年 2 月 25 日，英軍大舉進攻虎門。這時，虎門只有少數兵力分守各個炮臺，防守力量不足。關天培一面堅守，一面派人到廣州向琦

善痛哭求援，很多官員也都全力懇求，但琦善仍然無動於衷，完全不理。關天培在求援落空的情況下，自知寡不敵眾，於是，抱著必死決心，率領僅有的微弱兵力，頑強奮戰。

第二天，英軍發動了更大規模的攻勢。他們集中了猛烈的炮火，瘋狂地向關天培坐鎮的靖遠炮臺轟擊，戰鬥異常激烈。當天下午，琦善仍然不發援兵，關天培的部下大半都已經英勇犧牲了，他自己負傷十幾處，鮮血淋漓，連衣甲都已溼透，但他仍然激勵士兵，奮力苦戰，自己還親自發炮還擊。這時，英軍已經攻下另外兩座炮臺，繞道由背面攻上來，他毫不退縮，拔出戰刀與敵人白刃相接，浴血死戰。最後，敵人的一枚砲彈打來，這位六十二歲的老英雄，在抗擊外國侵略者的作戰中壯烈犧牲了。

陳化成也是清軍中英勇善戰的老將，他是福建同安人。西元1840年鴉片戰爭爆發時，他已經年近七十，從福建調任江南提督，駐防在上海附近的吳淞。他治軍很嚴，但非常愛護士兵。他的作戰經驗很豐富，每戰必奮勇當先，對敵人毫不容情，所以敵人都很害怕他，把他看作「陳老虎」。

西元1842年5月，英軍攻陷浙江省的海防重鎮乍浦，吳淞受到嚴重威脅。陳化成召集部下宣布抗敵決心，他說：「我自從參軍入伍，已近五十年，出生入死，難以數計。人人都有一死，為國而死，死亦何妨？只要我們沒有怕死的心，那麼敵人就不能不被消滅。」他又說：「敵人依恃的不過是炮而已，但我們同樣可以用炮來制服他。西臺發炮，東臺響應，敵人顧此失彼，勝利必屬於我們。」將士們在他的激勵之下，一個個鬥志昂揚，下定決心誓死痛擊膽敢來犯的侵略強盜。

西元1842年6月上旬，英國大批軍艦集結吳淞口，準備發動大規模的進攻。這時，清朝另一個投降派兩江總督牛鑑非常害怕，竟親自去見陳

第二編　文化之脈：古代社會的知識與技藝

化成，說英國軍隊銳不可當，不如準備財禮迎接犒賞，妥協了事。陳化成聽到這種投降論調，非常憤慨，他表示絕不放棄戰鬥。

6月16日，英國軍艦發起了猛烈的攻擊。陳化成親自駐守吳淞西炮臺指揮作戰。戰鬥中，全體官兵英勇殺敵，擊毀了敵艦兩艘。

就在這時，原來畏敵如虎的牛鑑知道打了勝仗，又耀武揚威地擺起全副儀仗出城觀戰，英軍發現目標，就用大砲猛轟，牛鑑一聽炮響，嚇得一下子逃跑了。後來英軍打到南京，也正是他首先出面接洽投降，接著由耆（ㄑㄧˊ）英和伊里布接受了侵略者的全部條件，簽訂了屈辱的《南京條約》。

牛鑑的逃跑，嚴重地影響了軍心，駐守吳淞東炮臺的指揮官也跟著逃跑了，陣地最終被敵人占領。陳化成失去了呼應，而敵人的炮火這時更加猛烈。但是，陳化成仍然堅守陣地，寸步不移。他鎮靜如常地指揮守軍作戰，連續擊傷幾艘敵艦。英軍見久攻不下，改由側面攻擊，這時陳化成已經身受重傷，仍忍痛親自發炮轟擊敵人。等到側攻的英軍登上炮臺，陳化成雖然中彈倒地，仍然奮起拔刀肉搏。但是，由於受傷太重，無力再戰，終於光榮地犧牲了。臨死之前，他還在用微弱的氣力低聲叫著：「不要怕！發炮！」

（汝豐）

三元里人民的抗英作戰

三元里前聲若雷，千眾萬眾同時來，
因義生憤憤生勇，眾民合力強敵摧。

三元里人民的抗英作戰

家室田廬須保衛，不待鼓聲群作氣，

婦女齊心亦健兒，犁鋤在手皆兵器。

在第一次鴉片戰爭時，廣州附近以三元里為中心的一百零三鄉人民，勇敢地與英軍抗爭，上面的詩，就是當時詩人張維屏對這次作戰的描寫和頌讚。

西元1841年5月（道光二十一年四月）英軍逼近廣州城，駐在廣州的靖逆將軍奕山，異常恐慌，派人出城向英軍接洽投降，英軍勒索了六百萬元贖城費，還逼迫清軍退出廣州六十里，才肯撤兵。奕山答應了侵略者的條件，訂立了投降條約。百姓對清朝官僚的無恥投降非常不滿，而英軍又在廣州城外恣意橫行，無惡不作，這就更加激起了人民的憤怒。

5月29日，英軍闖到三元里，搶掠耕牛，姦淫婦女。人民奮起抗擊，消滅了十幾名侵略軍。次日，抗爭進入高潮，三元里和附近各鄉民眾大約五、六千人，拿著長矛大刀和農具，舉起三元古廟的三星旗，浩浩蕩蕩地向英軍占據的四方炮臺進攻。侵略者沒有料到會受到赤手空拳的老百姓的攻擊，當他們被震天動地的怒吼驚醒，看到漫山遍野都是手持刀矛鋤耙的人群，才知道大事不好，嚇得不知所措，急急忙忙派出大隊人馬下山反撲。他們以為自己有洋槍大砲，只要衝了下來，就能把民眾嚇跑。但機智勇敢的三元里人民打了一陣以後，就邊戰邊走，把英國侵略軍引到三元里的牛欄崗一帶團團圍住。

英軍看形勢不利，拔腳想跑。但是，鼓角齊鳴，殺聲震天，四面八方都是憤怒的中國百姓，他們已經插翅難逃了。這時，聞聲趕來的民眾越聚越多，成千上萬人，難以計數，連婦女兒童也都出來參戰助威。中午，恰好雷雨大作，敵人的火藥完全淋溼，洋槍失去作用。英軍被大雨淋得像落

第二編　文化之脈：古代社會的知識與技藝

湯雞一樣，外邊有群眾的包圍，地下又滿是泥水，又餓又冷，進退不得。有的伏在瓜棚架下面，渾身發抖，有的丟下洋槍，叩頭流血求饒，「乞命之聲震山谷」。相反，三元里鄉民的鬥志更加激昂，情緒更加高漲，他們精神抖擻，越戰越勇。直到當天下午黃昏時分，雨越下越大，天也黑了，英軍才連爬帶滾，摸著黑逃了回去。這一天，三元里人民依靠原始的武器，打死了二百多名英國官兵，還繳獲了大批武器，取得了巨大的勝利。

牛欄崗的勝利，進一步鼓舞了人們的鬥志。第二天一清早，就有兩萬多人高舉著旗幟奔向四方炮臺，把敵人密密麻麻地包圍起來。英國強盜知道突圍沒有用，只好向腐朽的清朝政府求救。果然，一求就靈，奕山正害怕百姓壞了他的投降大事，馬上派廣州知府余保純，前來替英軍解圍。余保純忘記了平日知府的威風，徒步到三元里，向人民鞠躬作揖，替英軍討饒，忽而懇求，忽而恐嚇。但群眾仍堅持不散，余保純又去威脅參加鬥爭的士紳（舊社會稱地方上有勢力有名望的地主或退職的官僚為士紳），這些人在他的恐嚇下開始動搖，群眾的情緒受到影響，終於陸陸續續散開了。這一場轟轟烈烈的抗爭，不但得不到清朝統治者的支持，反而被他們破壞斷送了。

（魯素）

《南京條約》

西元 1842 年，英國艦隊開進長江，先後攻占吳淞、上海、鎮江，並進圍南京。清政府在侵略者的這種凶焰面前嚇破了膽，下定決心更加公開地走向和百姓堅決抵抗相反的道路，向侵略者屈膝投降，並簽訂了中國近

《南京條約》

代史上第一個不平等條約 —— 中英《江寧條約》。江寧就是現在的南京，所以《江寧條約》也叫《南京條約》。

　　《南京條約》共有十三款，主要有以下幾條：①中國割讓香港島。從此以後，香港就成為英國的軍事和商業基地。②中國開放廣州、廈門、福州、寧波、上海五處為通商口岸；在這些通商口岸，英國可以派駐領事等官。這樣，封建中國的門戶被打開了。③中國賠款兩千一百萬銀圓。④中國抽收進出口貨的稅率，要「秉公議定」。這就是協定關稅的開始，有了協定關稅的特權，英國可以在中國市場上大量出售商品，來排擠中國的手工業生產，控制中國的市場，並且可以從中國掠取大量廉價的原料。⑤英國商人在各口岸可以自由地和中國商人交易，不受任何限制。從此英國商人可以自由地和中國商人接觸，選擇和培養他們的代理人。

　　西元1843年，英國政府又強迫清政府訂立了中英《五口通商章程》和《五口通商附黏善後條款》（《虎門條約》）作為《南京條約》的附約，其中除了具體地規定了《南京條約》的一些細則外，還增加了一些新條款，主要有：①領事裁判權，規定凡英國人和中國人交涉詞訟，「其英人如何科罪，由英國議定章程法律，發給管事官照辦」。這就是說英國人在中國犯罪，不受中國法律制裁。②片面的最惠國條款，規定中國政府「將來設有新恩施及各國，應準英人一體均霑」。根據這個條例，任何侵略者在中國獲得特權，英國同樣可以享受。

　　總之，《南京條約》是中國近代歷史上第一個不平等條約，從此，中國喪失了獨立國家的地位。

（美珍）

第二編　文化之脈：古代社會的知識與技藝

▎《望廈條約》

　　19世紀初期，美國的經濟發展雖然還遠遠不能和英國相比，甚至比法國也落後得多。但是，美國侵略中國和其他亞洲國家的活動卻十分積極。

　　和英國一樣，美國早就把鴉片作為侵略和掠奪中國的主要工具。英國煙販在中國大規模販毒的同時，美國煙販的活動也十分猖獗。當時在廣州的美商，除了一家例外，其餘全部經營鴉片貿易。從嘉慶十一年到道光十四年（西元1806年至1834年），僅僅根據海關報告，美國煙販從土耳其運入廣州的鴉片就有8,901箱。實際上，美國煙販販運鴉片主要是依靠走私，因此，他們運到中國的鴉片要比上述的數量多得多。只是由於英國壟斷了印度這樣一個鴉片的最大產地，所以美國當時在對華鴉片貿易中，才僅次於英國而居第二位。

　　在鴉片走私活動中，美國毒販的手段並不比英國遜色。美國煙販的販毒船隻，常常懸掛著美國國旗作為掩護，或者把大批鴉片裝到棺材裡，冒稱船上水手的死屍，抬到陸上發售。甚至特別製造一種船隻，叫做「鴉片飛剪號」，實行武裝走私。這種特製的走私船隻，行駛迅速，武裝齊全。有一個美國人描寫一艘叫做「安特洛甫號」的這種「飛剪號」船說：「每一邊裝置大砲兩座，船中裝置湯姆炮一座，船桅四面滿列長槍，船艙內有大箱，貯備大量手槍及刀劍。」當碰到中國的緝私船時，「鴉片飛剪號」就公開進行武裝對抗。

　　在鴉片戰爭時期，美國雖然由於力量不足，沒有直接參加武裝侵略，但是，從一開始，他們就積極支持英國發動侵略戰爭，成為英國侵略者有力的幫凶。

《望廈條約》

　　還在鴉片戰爭爆發之前，美國商人就曾經積極幫助英國侵略者破壞中國的禁煙運動。英國商務監督查理·義律在虎門銷煙後敢於長期禁止英商具結進港，主要就是倚仗美國商人的幫助。當時美商代運、代銷、代購，包辦了英國在華的進出口商務，使得英國對華貿易並未因為拒絕進港而受到任何影響，因此義律才能有恃無恐，肆無忌憚地進行頑抗。他曾親自對美國旗昌洋行（當時美國煙販在中國最大的一個販毒組織）經理福士（Forbes）表示：如果沒有美國商人幫忙，他早就會為了貿易利益而具結進港了。

　　美國傳教士十分積極地參加了這場侵略活動，他們乘坐販運鴉片的「飛剪號」來到中國，把殺人不見血的毒品，說成就像在愉快的野餐中飲一杯甜酒一樣。其目的無非是要在鴉片的麻醉之外，再加上一種精神的麻醉。

　　西元1839年，有一個在廣州活動的美國醫生彼得·伯駕（Peter Parker）還寫信給林則徐，勸林則徐「不要動武」，忘記「過去的一切仇恨」。鴉片戰爭爆發後，他們又極力為英國侵略者辯護，曾經擔任美國總統的約翰·亞當斯（John Adams）在西元1841年發表演說，認為英國發動侵略戰爭是完全正當的。

　　美國之所以極力充當英國的幫凶，根本目的是企圖透過這次戰爭，趁火打劫，攫取侵略特權。早在西元1839年5月，在廣州的美國商人看到英國發動侵略戰爭已不可避免，就曾經上書美國政府，要求立即聯合英、法等國採取行動，以便「中國如果有好處給了別國」時，「美國也可以同樣得到好處」。所以，《南京條約》簽訂後，美國看見英國得到了那麼多的利益，非常眼紅，立刻利用清朝政府戰敗的懼外心理，從事訛詐和勒索。

　　西元1843年5月，美國政府派顧盛為專使，統率戰艦三艘，前來脅

第二編　文化之脈：古代社會的知識與技藝

迫中國訂約。西元1844年2月，顧盛到達澳門，就威脅說美國艦隊正源源而來，如果清政府不接受美國的要求，就「有使中國人民再嘗戰禍之必要」。清政府被美國的戰爭威脅所嚇倒，西元1844年7月3日，派耆英和顧盛在澳門附近的望廈村，簽訂了美國侵略中國的第一個不平等條約——中美《望廈條約》。

中美《望廈條約》共34款，除包括了中英《南京條約》所載的特權外，還增加了許多新條款，主要內容有下面四點：

1. 肯定了「利益均霑」的原則。在《望廈條約》中規定，中國如果給其他侵略者任何特權和利益，美國要「一體均霑」，也就是說，美國也可以取得同樣的一份。這就等於從清政府手裡拿到了一張無限期出賣中國主權的支票，美國可以任意取得所有侵略者在中國所取得的特權和利益。此後，其他侵略者紛紛要求給予「利益均霑」的特權，「利益均霑」成為各國侵略者侵略中國的共同基礎，中國成為各國侵略者共同宰割的對象。

2. 剝奪了中國的關稅主權。《南京條約》規定海關稅則由中英「秉公議定」，《望廈條約》就更進一步規定，中國海關稅則的改變，要得到美國領事的允許。從此，外國領事掌握了中國海關稅率改變的大權。正是這樣，整個19世紀，外國貨物進口，都按照值百抽五，或低於值百抽五的稅率納稅，一直沒有改變，大大有利於侵略者對中國的經濟掠奪。

3. 徹底地破壞了中國司法主權。《望廈條約》把訂約國人不受中國法律制裁的領事裁判權的範圍，由刑事擴大到民事，由五口擴大到其他各地，由有約國人擴大到無約國人，徹底地破壞了中國的司法主權。美國和其他國家的侵略分子，在領事庇護下，可以為所欲為，不受中國法律的制裁。

4. 進一步地破壞了中國領海主權。《望廈條約》以前，只有外國兵艦

可以在五個通商口岸停泊。《望廈條約》把商船也包括在內,從此,外國的兵艦、商船可以在中國的通商口岸橫衝直撞。

總之,《望廈條約》比《南京條約》更進一步地破壞了中國的主權和獨立,帶來了更深重的災難。

(楊遵道)

拜上帝會

「拜上帝會」是由太平天國農民革命運動的傑出領袖洪秀全所創立的一個革命農民組織。這個組織,在宣傳革命思想、動員和團結農民以及後來促進革命戰爭的發展方面,有著極其重大的作用。

早在鴉片戰爭以前,由於嚴重的土地兼併和貧富的日益懸殊,地主階級和農民階級間的矛盾就已相當尖銳。鴉片戰爭後,一方面,封建統治者為了支出大量戰費和賠款,大大加重了對人民的剝削;另一方面,外國侵略者利用特權,無情地吸吮著人民的膏血。人民啼飢號寒,掙扎在死亡的邊緣。他們為了生存,就只有抗爭,而鴉片戰爭中清朝所暴露出來的武裝力量的腐敗情形,又加強了人民的勇氣和信心。所以,鴉片戰爭後,全中國各地的反封建抗爭漸趨高漲。據不完全統計,在西元1843年到1850年間,規模較大的群眾起義和騷動事件,就有七十多起,幾乎遍及各省。特別是廣東、廣西、湖南一帶,由於受到鴉片戰爭的直接影響,社會動盪特別劇烈,所以階級鬥爭也最為尖銳。但是,遍布這些地區的農民抗爭,由於缺乏嚴密的組織和統一的領導,各自為戰,所以往往是「隨起隨滅,隨滅隨起」。

第二編　文化之脈：古代社會的知識與技藝

　　抗爭的發展需要建立一個農民的革命組織，「拜上帝會」就在這種形勢下產生了。

　　「拜上帝會」的創始人洪秀全，是廣東花縣（今廣州花都區）人。西元 1814 年 1 月 11 日出生於一個中農的家庭，父兄都以耕田謀生。秀全七歲入私塾讀書，聰穎異常，五、六年間，就能熟讀「四書」、「五經」。後來又自讀中國史籍，但不久即因家境貧困而輟學，在家幫助父兄耕田。隨後他受聘為本村塾師。洪秀全自幼生長在農村，又直接參加過農業勞動，因而對農民的痛苦和需求有較多的了解。他從十六歲起，屢次赴廣州應試，都沒有考中，很受刺激；在鴉片戰爭中，他親眼看到清政府的腐朽無能和廣州人民英勇抗英的力量。這一切，促使他逐漸產生了反清革命的思想。

　　西元 1843 年，洪秀全最後一次去廣州應試，又沒有考取。回家以後，他偶然翻看了一本前幾年去廣州應試時得到的書——《勸世良言》，在這本宣傳基督教的小冊子上，得到了啟示，他覺得可以利用其中所說的一些宗教形式來開展革命活動。於是，他自稱是天父耶和華之子，基督之弟，下凡拯救世人，創立了「拜上帝會」。

　　最早參加「拜上帝會」的是馮雲山，他是洪秀全的同鄉，是「拜上帝會」的得力的組織者和宣傳者。最初，他們兩人在家附近各村鎮間活動，吸收會眾。道光二十四年（西元 1844 年），洪秀全和馮雲山遠出到廣西貴縣（今貴港市）傳教。不久，洪秀全回花縣，馮雲山繼續在廣西桂平縣（今桂平市）的紫荊山區進行宣傳組織活動。

　　回到花縣的洪秀全，在西元 1845 年至 1847 年間，著述了《原道救世歌》、《原道醒世訓》、《原道覺世訓》等作品，進一步闡述了「拜上帝會」的教義。在這些作品中，洪秀全利用了基督教的一神教思想，宣布只有真神「皇上帝」是天下最高的主宰，而地主階級在精神上統治農民的一切神

仙菩薩、妖魔鬼怪，都只是「閻羅妖」的化身。洪秀全號召人民獨拜真神皇上帝，擊滅閻羅妖。實際上這是用宗教的語言號召農民進行反對封建剝削和壓迫的抗爭。

洪秀全在作品中，還巧妙地把原始基督教義和樸素的平等、平均思想結合起來，提出了「天下多男子，盡是兄弟之輩；天下多女子，盡是姊妹之群」的平等主張。他宣布人們在上帝面前是一律平等的，號召人們去改變極不平等的現實世界，為實現「天下一家，共享太平」的理想社會而鬥爭。洪秀全在宗教外衣下所提出的反封建的革命思想，在百餘年前，對長期受著殘酷的封建剝削和壓迫的中國農民來說，正是他們夢寐以求的理想，因此「拜上帝會」很快便成為組織農民進行反封建抗爭的有力武器。當西元1847年洪秀全到達紫荊山區時，「拜上帝會」已擁有成員三千餘人。

「拜上帝會」的成員在洪秀全、馮雲山等領導下，同當地的地主武裝團練展開了鬥爭。西元1851年1月11日，終於爆發了金田起義，開始了太平天國運動。

（馬汝珩）

金田起義

金田村位於廣西桂平紫荊山南麓，這個地方萬峰重疊，形勢險要。太平天國運動就是在這裡爆發的。

洪秀全、馮雲山等在廣東花縣創立了拜上帝會之後，先後在廣東、廣西許多地方，特別是在紫荊山地區的農民和手工業工人中間，進行了長期的革命宣傳和組織活動。後來成為太平天國重要領袖的楊秀清、蕭朝貴、

石達開等相繼加入，拜上帝會的革命力量迅速發展壯大。洪秀全等祕密地建立了軍隊，製造了軍械，籌備了軍費，規定了紀律，一支革命隊伍逐漸形成了，金田村成為鞏固的革命據點。

在這期間，拜上帝會與地主武裝——團練以及清軍屢次發生衝突。武裝起義已漸趨成熟，洪秀全就向各地拜上帝會成員釋出了向金田村團營（集中）的命令。先後到達金田的有一萬餘人，男女都有，其中以農民為最多，其次是手工業工人，也有一部分遊民、知識分子和個別的地主、商人。在這些人中，以漢族為多數，同時也包括不少壯族、瑤族、苗族等少數民族。這是一支以農民為主體的，有不同階層、不同民族參加的革命武裝。

當拜上帝會會眾向金田集中時，金田村的形勢十分緊張，拜上帝會和團練、清軍的衝突更加尖銳頻繁。洪秀全、馮雲山為了避免清軍的追蹤，躲到離金田百里以外的平南縣花洲胡以晃家中，不料被清方偵知，清朝軍隊包圍了花洲。團聚在金田村的拜上帝會會眾得訊，在楊秀清等率領下前往營救，一戰大敗清軍，迎接洪秀全等回到金田。

於是就在洪秀全誕辰那天，即道光三十年十二月初十（西元 1851 年 1 月 11 日）正式宣布起義，建號太平天國，這就是歷史上有名的金田起義。

金田起義後，太平軍在金田村附近勇猛頑強地作戰，屢次挫敗了在兵力上占優勢的清軍，於咸豐元年閏八月初一（西元 1851 年 9 月 25 日）占領了永安州城（今蒙山縣）。洪秀全在金田起義後不久已稱天王，攻下永安後，又封楊秀清為東王，蕭朝貴為西王，馮雲山為南王，韋昌輝為北王，石達開為翼王，太平天國建立了一個比較穩固的領導核心；同時又訂立了各種制度，揭發了暗藏在隊伍中的奸細，進一步鞏固了力量。

金田起義

太平軍所發動的武裝鬥爭，在清廷方面引起了很大震動，他們調集了大批軍隊，對太平軍圍堵追襲，企圖儘早把它扼殺在搖籃之中。這些軍隊雖然兵員多、武器好、糧食足，但是士氣低落，紀律鬆弛，將帥間矛盾重重，戰力很差。

西元1852年4月初，太平軍又突破了清軍的包圍，長驅北上。6月克全州，入湖南。9月太平軍猛攻長沙不克，轉道益陽、岳州，向湖北挺進。西元1853年1月，太平軍占領了湖北省城武昌。

太平軍在湖南、湖北進軍途中，一方面和清軍殊死戰鬥，另一方面殺逐官吏和土豪劣紳，焚毀田契債券，對封建統治秩序進行革命的掃蕩；同時把財物散給貧民。因此，各地貧苦民眾紛紛參軍，革命隊伍迅速擴大，太平軍剛進入湖南時，不過五、六千人，但占領武昌後，太平軍的隊伍已增加了許多倍。可惜太平天國的兩個重要領導者——南王馮雲山和西王蕭朝貴先後在全州、長沙壯烈犧牲。

太平軍占領武昌後，即乘勝前進，順長江東下，水陸併發，清軍望風披靡，不戰而潰。太平軍克九江，下安慶，取蕪湖，西元1853年3月19日，一舉攻克了江南第一大城市——南京。

太平天國在攻下南京以前，沒有固定的根據地，攻下南京後，正式在這裡定都，把南京改名為「大京」。從這個時候起，直到西元1864年7月19日天京陷落止，這裡就一直成為太平天國的政治中心。

（張革非）

第二編　文化之脈：古代社會的知識與技藝

《天朝田畝制度》

太平天國在定都天京以後，頒布了《天朝田畝制度》，它是太平天國進行革命和建國的綱領。

《天朝田畝制度》集中反映了中國封建時代被壓迫、剝削的農民階級的需求。規定一切土地財產都不應該私有，在這個原則之下，地主階級的私有土地被沒收，分配給農民耕種。《天朝田畝制度》規定：「天下田，天下人同耕」，將所有土地按好壞和產量分為九等，按人口多寡和勞力強弱，平均分配。婦女也可以和男子一樣分到土地。

《天朝田畝制度》還規定，每家種桑織布，養雞養豬，每二十五家設定木匠、石匠等做副業和手工業生產。每年全部收成除留給自用外，其餘都歸國庫，個人不得私有。婚喪嫁娶由國庫開支，老幼無依的人由國家撫養，豐荒相濟，彼此幫助，建立一個「有田同耕，有飯同食，有衣同穿，有錢同使，無處不均勻，無人不飽暖」的人間樂園。

《天朝田畝制度》又規定兵民合一的社會組織和守土鄉官制，它的內容是：以家庭為基本組織細胞，每二十五家為一個單位，設一兩司馬，四兩司馬設一卒長，五卒長設一旅帥，五旅帥設一師帥，五師帥設一軍帥，一軍共一萬三千一百五十六家，每年每家出一人為伍卒，戰時殺敵，平時為農。軍帥以下稱鄉官，軍帥以上設監軍、總制，稱守土官。

按照這種組織制度，每二十五家自成一個獨立的政治、經濟的基層單位，統轄於兩司馬之下。兩司馬的權力很廣泛，從組織生產到居民消費，以及軍事、民政、財經、司法、教育、禮儀、宗教無所不管。其中特別規定：「力農者有賞，惰農者有罰」，獎勵好好生產和安定社會秩序。兩司馬

的權力雖然很廣泛，但規定有嚴密的保舉升貶制度，以杜絕有人從中弄權作惡。好官可以隨時提升，壞官也可以及時撤掉。

這些都是太平天國農民軍在《天朝田畝制度》中所規定的革命和建國的綱領。這個綱領有著徹底地反對封建制度的革命意義，它激發了農民革命。許多農民不交租或少交地租給地主，這在一定程度上打擊了封建勢力，並使農民不同程度地得到了一些好處。但是《天朝田畝制度》企圖廢除私有財產，取消商品流通，這在當時生產力還很落後的情況下，是一種不切實際的空想，不符合當時歷史發展需求，因此也行不通。《天朝田畝制度》所規定的平分土地的辦法，在當時也沒有實行。

（張革非）

太平天國的北伐

咸豐三年四月（西元 1853 年 5 月）初，由李開芳、林鳳祥等率領的兩萬餘名太平軍從揚州出發，太平天國史上的北伐戰爭正式開始。

北伐軍在初期進軍非常順利，幾個月內，經安徽、進河南、渡黃河，轉入山西，折而進至直隸（河北），勢如破竹，銳不可當。可惜在渡黃河的時候，由於船少人多，一個星期才渡過一萬多人，還有三分之一的軍隊在南岸受到清軍阻擊，只得退回天京。北伐軍沒有全軍渡河，這在一定程度上削弱了戰力。

西元 1853 年 10 月底，北伐軍以迅雷不及掩耳的速度，克靜海、獨流，前鋒進抵天津西南數十里的楊柳青，北京大震。清朝皇帝把財物都運往熱河，準備逃跑。大小官員紛紛出城逃避，北京亂成一團。在這生死存

亡關頭，封建統治者調集了最精銳的軍隊，前往防堵北伐軍。天津地區的地主富商，也自動組織起團練武裝，以阻擋北伐軍的進攻。

這時正是隆冬季節，北方天寒地凍，太平軍缺乏寒衣糧草，為北伐軍增加了很大的困難。西元1854年年初，北伐軍進攻天津不下，便南下阜城，等待天京的援軍。

北伐軍在天津受挫的消息傳到天京，天京方面就積極抽調兵力，組織援軍。北伐援軍於西元1854年2月4日從安慶出發，3月在豐工搶渡黃河，進入山東境內。山東當時災情嚴重，饑民遍野，太平軍經過這裡，民眾紛紛參加進來，這就大大增強了北伐援軍的力量。4月間，他們就攻下了山東北部重鎮臨清州，這裡離阜城只有二百多里，兩軍的會師已是指日可望了。可惜援軍沒有能繼續北上和北伐軍會合。

清軍撤出臨清時，燒毀了所有不能劫走的糧草，這時又包圍臨清，斷絕了城中的接濟。北伐援軍中新參加的民眾大都沒有受到嚴格的整頓訓練，更缺乏革命的教育和鍛鍊。許多新兵到了臨清州，見到大軍糧草一時接濟不上，竟然動搖起來，紀律鬆弛，紛紛逃散。北伐援軍的領導者和太平軍的老戰士屢加勸阻也約束無效，隊伍一時陷入紊亂狀態。在這種情況下，北伐援軍只好撤出臨清。在撤退的路上，援軍曾經一度打敗追擊的清軍，但是後來終於被清軍各個擊破。

當北伐援軍到達臨清州的消息傳來，李開芳、林鳳祥等非常高興。他們組織兵力於西元1854年5月初從阜城突圍到達直隸東光之東西連鎮，並決定由林鳳祥留守連鎮，李開芳率馬隊二千多人進入山東高唐州迎接援軍。李開芳到這裡才知道北伐援軍已經失敗。他們不但得不到支援，反而使林、李兩軍從此分開，各自孤軍作戰，力量更加單薄。但是林鳳祥仍然

率領幾千太平軍和清軍展開無數次血戰，堅守連鎮十一個月。清將僧格林沁在連鎮周圍四十里築圍牆，挖深壕，包圍連鎮，又挖開河水灌入城內。太平軍彈盡糧絕，最後吃樹皮以充飢。在這極端困苦的情況下，他們仍然堅貞不屈，戰鬥到底。

西元 1855 年 3 月，林鳳祥率餘部突圍，不幸被俘，被敵人用極刑殺害。臨刑時，他怒目看傷處，滿懷著深仇大恨，英勇就義。李開芳在高唐州也一直堅決抵抗清軍的圍攻，後來突圍到茌平縣的馮官屯。清軍在攻破連鎮後，便集中全力進攻馮官屯。僧格林沁又用老辦法引運河水灌入城內，李開芳在突圍中被捕，西元 1855 年 6 月在北京英勇就義。臨死之時，他「笑語如常，旁若無人」，異常從容鎮定。與此同時，北伐軍全體將士也都壯烈犧牲，北伐戰爭終於失敗了。

北伐軍經歷了江蘇、安徽、河南、山西、直隸、山東六省，在沒有根據地和缺乏糧食軍火的情況下，轉戰幾千里，連克州縣數十個，給清朝統治以嚴重打擊，也為長江流域太平軍的活動創造了有利條件。最後，北伐軍以極微薄的兵力，堅守孤城達一年之久，才在戰到最後一人的情形下宣告失敗。

（美珍）

▎楊韋事件

咸豐六年（西元 1856 年），太平天國定都天京已經三年，這時期，太平軍一方面舉行了西征、北伐，繼續向前推進革命；另一方面立法建制，安定社會秩序，鞏固革命政權，革命形勢是大好的。但是，農民階級的許

第二編　文化之脈：古代社會的知識與技藝

多弱點在革命勝利時期也愈來愈顯露出來了，如保守、狹隘、自私等觀念反映到政治作風上，就發展為鬧宗派、鬧個人權威等傾向。同時，隨著革命形勢的發展，有不少地主、商人等被捲到革命隊伍中來，這些人有的是暗藏的反革命奸細；有的是政治野心家、投機分子；有的則伺機從中破壞革命，奪取革命果實。太平天國領導者沒有能力解決這一系列問題，反而在革命大好時機，爆發了領導集團之間爭奪權力的派別爭鬥，這個爭鬥最後導致領導集團的公開分裂，這就是發生西元1856年9月的「楊韋事件」。

這時期太平天國的領導核心除了天王洪秀全外，還有東王楊秀清、北王韋昌輝、翼王石達開、燕王秦日綱、豫王胡以晃等。他們在革命初起時，能團結一致。但到天京後，就逐漸有了變化。天王洪秀全後來就逐漸沉醉於豪華的宮廷生活，很少過問政事，軍政大權都掌握在東王楊秀清手中。楊秀清出身於極貧苦的僱工家庭，從小就成了孤兒，隨伯父在紫荊山區種山燒炭過日子，為人剛強有膽識，常常領導人們反抗貪官汙吏的勒索，成為燒炭工人的領袖，後來參加了拜上帝會，共謀革命。楊秀清有著卓越的軍事和政治才能，他對於太平天國革命曾經有過很大的貢獻。自從他被封為東王後，他就成為實際領導太平天國革命事業的最高指揮。

太平天國之所以能有那樣巨大的發展，楊秀清的領導曾經發揮過重大的作用。但是，農民、小手工業者的狹隘性和宗派傾向，使得即使像楊秀清這樣的英雄人物，也難於擺脫這種階級的局限性。定都天京後，他逐漸驕傲自滿起來，看不起洪秀全，甚至假借天父下凡附在他身上的名義要杖責洪秀全，對其他各王也加以排擠，隨意斥責，對部下嚴刑苛罰，引起天王和許多將領的不滿。這些情形都被北王韋昌輝看在眼裡。韋昌輝出身於地主富商家庭，他在家鄉的時候，因受到當地大地主官吏的壓制排擠，無

法立足，才參加了太平天國革命。這時，他表面上對楊秀清表示特別恭順，卻早已拉攏了一批不滿楊秀清的諸王和高級將領，密謀伺機殺死楊秀清，篡奪革命政權。

西元1856年夏天，正當革命在軍事上達到全盛的時候，楊秀清決定逼迫洪秀全讓位，要求洪秀全封他為「萬歲」。洪秀全表面上答應了，卻立即祕密派人召回在江西督師的韋昌輝、在武昌督師的石達開和在丹陽督師的秦日綱，準備對付楊秀清。韋昌輝一接到命令，認為時機已到，立即率心腹部隊三千人趕回天京。

西元1856年9月2日深夜，韋昌輝到達天京，立即包圍了東王府，殺死了楊秀清及其全家。此後又借搜捕「東黨」為名，乘機擴大事變，繼續捕殺了兩萬多名優秀的革命幹部。天京城內人心惶惶，造成了一種恐怖局面。

10月間，正在武昌督師的石達開聽到消息，連忙趕回天京，責備韋昌輝不該濫殺無辜。可是韋昌輝竟又想殺死石達開，石達開只好半夜縋城逃出天京，結果石達開在京的全家老小都被殺害了。韋昌輝這種極端殘暴的行為，引起了太平軍全體官兵和百姓的憤慨。

11月間，石達開在安慶起兵，要求洪秀全順從民意殺死韋昌輝。洪秀全被迫殺死韋昌輝，同時殺死了秦日綱、胡以晄等二百多人。韋昌輝在天京將近三個月的恐怖統治這才算結束了。

經過這場大屠殺，太平天國的許多優秀革命幹部犧牲了，太平軍的實力大受損傷，太平天國革命形勢從此逆轉，開始由勝利發展走向停滯和衰落。

（美珍）

第二編　文化之脈：古代社會的知識與技藝

▎石達開

　　石達開（西元 1830 年至 1863 年），廣西貴縣（今貴港市）人。他很早就參加了拜上帝會，在貴縣地區積極開展革命宣傳和組織工作。金田起義時，他帶領一支擁有三千多名武裝齊全、訓練有素的隊伍加入了太平軍，成為太平軍的主力部隊。金田起義後，石達開一直和蕭朝貴帶領著先鋒隊在最前線作戰。兩個人都以勇猛無敵著稱，軍功卓著。

　　天王洪秀全在永安封王時，年僅二十歲的石達開便被封為翼王，成為革命領袖之一。咸豐二年七月（西元 1852 年 9 月），蕭朝貴在作戰中不幸犧牲，從此先鋒隊的總指揮就由石達開擔任。他率領大軍沿江東下，破漢陽，下武昌，攻安慶，克南京，大小數百戰，每戰必勝，為全軍的勝利前進打開了通道。這些勝利的取得，根本原因固然是太平軍全體將士英勇奮戰的結果，但是作為軍事指揮員的石達開在革命戰爭中所鍛鍊出來的卓越軍事才能，也應該是一個重要的因素。石達開在指揮作戰的時候，善於審度軍情敵勢，正確制定作戰策略，採用機動靈活的戰術，避敵鋒芒，攻敵弱點，出奇制勝，所以戰果輝煌。

　　太平天國定都天京後，石達開又親率大軍西征，西征的目的是收復太平軍在進攻南京時放棄的長江上游各地，以便擴展太平天國占領區，更好地鞏固天京。

　　西元 1854 年，石達開帶領太平軍在安徽一舉克復了二十二個州縣，擴大了太平天國在安徽的地方政權。

　　西元 1855 年 1 月，由曾國藩率領的反革命湘軍圍攻九江。為了和反革命爭奪長江上游，石達開又奉命率軍西上。

石達開進駐湖口指揮時,先扼守據點,堅壁高壘,不和敵人決戰。一到晚上則虛聲恫嚇,騷擾敵人。如此月餘,弄得湘軍求戰不得而又疲憊不堪。於是石達開故意撤開湖口守兵,把一部分湘軍水師誘入湖內,然後封鎖湖口。湘軍水師被截成兩段後,太平軍再用小船火攻外江的湘軍水師,取得了湖口九江大捷。石達開乘勝西進,又一次攻克了武漢。

西元1855年10月,湘軍兵力集中於武漢外圍,攻打武漢,江西敵人防守空虛。於是石達開採取了攻江西以救武昌的策略,率大軍從湖北進入江西,連克袁州、瑞州、臨江、吉安等地,迫使曾國藩退入南昌困守。江西十三府中的八府五十餘州縣都落入了太平軍手中,圍困武昌的湘軍也不戰自潰了。

足智多謀的石達開,就用這種靈活多變的指揮,給了反革命軍隊以沉重的打擊。敵人對石達開,真是聞風喪膽,畏忌異常。石達開不愧是太平天國的第一等軍事人才。

西元1856年9月間,「楊韋事件」發生,不久,洪秀全下令殺死了韋昌輝,石達開回到天京。當時「全朝同舉翼王提理政務」,並且「大家喜其義氣,推為義王」。石達開的輔政,深得全體軍民的衷心擁戴。可是洪秀全猜疑、不肯信任他,並且封了自己的兄弟洪仁達、洪仁發為王來牽制他、排擠他。在這種情況下,石達開便於西元1857年5月負氣出走,離開天京,帶領了一大批軍隊,脫離太平天國的領導遠征四川去了。石達開的出走雖然起因於受到洪秀全的猜忌和排擠,但這種不顧大局、離心離德的行動,分散了力量,帶給革命巨大損失。

石達開雖然很有才幹,但一旦離開了革命中心,獨樹一幟,孤軍作戰,常常陷入糧彈不繼、軍心渙散的局面中,作戰也就難免常常失利。他

第二編　文化之脈：古代社會的知識與技藝

的軍隊先後轉戰於江西、浙江、福建、湖南、廣西、湖北、貴州等省，直到同治二年（西元 1863 年）才到雲南邊境，折入四川。5 月，石達開率軍到大渡河邊紫打地（今安順場），未及渡河，即為清軍圍住。

這裡地勢險惡，前有大渡河，左有松林河。石達開的軍隊陷入了絕境，數次突圍，都未能成功，堅持了二十餘日，軍隊傷亡很重。在這種情況下，石達開竟幻想犧牲一己，換取封建統治者對於他部下將士的寬宥，便將自己捆綁起來，到清營中去。但對方不會放過任何機會，最終殘殺石達開軍隊兩千餘人全部，石達開也於西元 1863 年 6 月 25 日在成都被殺。

（美珍）

曾國藩、湘軍

太平天國以天京為中心，占領了長江流域許多重要城鎮和地區，摧毀了這些地區的封建政權，沉重地打擊了封建勢力，整個清朝的封建統治有搖搖欲墜之勢。在這尖銳的階級鬥爭的形勢下，整個地主階級都動員起來，一致對付革命農民。但是，原來主要是掌握在滿族地主手中的清朝常備軍——八旗軍和綠營兵，這時已腐朽不堪，幾乎完全喪失了戰力，在太平軍的打擊下，七零八落，屢戰屢敗。因此，清朝政府便不得不更多地依靠漢族地主的力量，號召各個地方的「士紳」，自行組織地主武裝——團練，就地抵抗農民革命軍。曾國藩就是在這種情勢下，以辦團練為名，得到了重用。

曾國藩（西元 1811 年至 1872 年），湖南湘鄉人。出身於地主家庭，從小深受封建教育。道光十八年（西元 1838 年），他考中進士，後來拜在穆

彰阿的門下,到道光末年已升官為禮部侍郎。咸豐三年(西元1853年),曾國藩因喪母在家,這時正是太平軍出廣西經湖南、湖北向南京進軍的時候,清政府任命他幫助湖南巡撫督辦團練。曾國藩全力從事這項事業。在鎮壓農民起義中,因為他殺人殺得太多,像剃頭髮一樣,所以人們把他叫做「曾剃頭」。他自己也曾向皇帝表白說,為了反革命事業,即使「身得殘忍嚴酷之名,亦不敢辭」。

曾國藩在團練的基礎上建立了「湘軍」。湘軍士兵以營官自招為原則,每個營只服從營官一人,全軍只服從曾國藩,就這樣形成了一種嚴密的隸屬關係。

西元1854年2月,湘軍練成了一支包括陸軍和水師的一萬七千餘人的隊伍。於是曾國藩便正式出師與太平軍作戰。他釋出了「討粵匪檄文」,號召為保衛「孔孟聖道」、保衛清朝封建統治而戰。但缺乏作戰經驗的湘軍,在太平軍的打擊下,連遭慘敗。湘軍的重要將領塔齊布、羅澤南等先後被擊斃,水師戰船也不斷潰敗,損失極重。曾國藩又驚又急,曾三次要投水尋死,都被隨從救回。一直到太平天國發生內訌,力量削弱,湘軍才逃過覆滅的危險,獲得了重整力量的機會。

湘軍雖然一開始出師不利,但是曾國藩的立場卻毫不動搖。他重新整頓軍隊,繼續和太平軍戰鬥。

西元1860年,清朝政府任命曾國藩為兩江總督,統轄江蘇、安徽、江西、浙江四省軍務。曾國藩得到了清朝政府的倚重,掌握了軍政大權,發揮了高超的才能,把國內封建勢力和外國勢力聯合起來,先後奪回了太平天國占領的長江流域的許多重要城市,最後終於在西元1864年攻陷了太平天國首都天京。天京陷落,素稱富庶的天京,變成了一片瓦礫。

(張革非)

第二編　文化之脈：古代社會的知識與技藝

▎陳玉成、李秀成

　　楊韋事件後，楊秀清被殺，石達開出走，一時形成了「朝中無將，國內無人」的危急局面。把革命危局支撐下來、擔負起太平天國後期的主要軍事重任的是兩個青年將領，英王陳玉成（西元 1837 年至 1862 年）和忠王李秀成（西元 1823 年至 1864 年）。

　　陳玉成，廣西藤縣人，貧僱農出身。他十四歲跟隨叔父陳承到金田村參加了太平軍，十八歲就帶兵在前線作戰，勇猛善戰，為太平天國革命立過不少功勞。咸豐六年正月（西元 1856 年 2 月），鎮江被圍，他被派去援救。他乘坐一條小船，衝破密密包圍的清軍水師，和鎮江守將吳如孝會合起來內外夾攻，把清軍打得大敗，解除了鎮江的危局。

　　楊韋事件後，陳玉成毅然承擔起革命的重擔。他聯合李秀成軍先後打垮了湘軍精銳李續賓部，擊潰了清朝江北、江南兩大營，穩定了長江上游的戰局，解除了天京的危機。西元 1859 年，天王因他戰功卓著，封他為英王。

　　西元 1860 年，曾國藩在做了長期的準備之後，調出他的主要兵力大舉進攻安慶。安慶是保衛天京的一個極為重要的軍事據點。陳玉成為了打破湘軍對安慶的圍困，決定先進攻武昌，直搗湘軍的後方，以便迫使包圍安慶的湘軍回救武昌，使安慶之圍不攻自破。

　　西元 1861 年，陳玉成率大軍從安徽的霍山向湖北挺進，經過十二天的日夜行軍和作戰，迫近武昌。武昌城內催促包圍安慶的湘軍回軍救援，陳玉成解救安慶的計畫即將實現。英軍在這種形勢下出面干涉，阻止太平軍進攻武昌。結果太平軍停止了向武昌的進軍，外國侵略者的干涉拯救了

武昌,也幫助了包圍安慶的湘軍。安慶的形勢越來越緊張,湘軍日夜圍攻,陳玉成千里奔波,三次浴血苦戰,救援安慶,都因眾寡不敵,沒有成功。

西元1861年9月初,安慶失守。陳玉成退守到壽州時,由於叛徒苗沛霖出賣,被捕。同治元年五月初八(西元1862年6月4日)他在河南延津被殺,犧牲時才二十六歲。

李秀成和陳玉成同鄉,出生在一個極其貧苦的農民家庭,常常過著挨餓受凍的日子。西元1851年9月,太平軍路過藤縣時,他全家都參加了革命。李秀成是一位天才的軍事家和政治家。西元1853年秋天,他跟隨翼王石達開西征,在安徽根據地,他一面帶兵英勇作戰,取得很大勝利;一面輔佐石達開整頓地方政事,幫助人民恢復生產、安定生活,民眾都很愛戴他。

楊韋事件以後,他和陳玉成共同擔負起革命重擔,成為太平天國後期的兩大軍事支柱。西元1857年後,他一直和陳玉成並肩作戰,奔走長江南北,打擊清軍,收復失地。西元1860年(咸豐十年)春,在攻破江南大營後,他乘勝率軍東進,連克常州、無錫、蘇州、嘉興,把江蘇省、浙江省的大部分地區變成支撐後期太平天國革命的主要根據地。李秀成又在各地建立地方政權,救濟難民;頒發田憑,把無主土地交給佃戶;減輕稅收,扶植工商業;鎮壓反革命叛亂,穩定地方秩序,這些措施得到了民眾的熱烈擁護。

西元1858年年底,滁州守將李昭壽和江浦守將薛之元相繼叛變投敵,天京受困。李秀成知道後,急忙趕回天京,鎮守浦口,他極力扼住天京北岸的門戶,防止敵人襲擊。叛徒李昭壽派人送信給李秀成,企圖誘使

李秀成投降清朝，恰巧天王派侍衛查營，送信人被侍衛捕獲。天王見信，對李秀成產生了懷疑，下令斷絕天京和浦口間的交通，不準李秀成的官兵來往天京。李秀成保衛天京的決心並沒有因此動搖，他仍然堅守職位，注視著敵人的動靜。經過二十多天的考察，天王終於認知到李秀成的忠誠，深受感動，就用黃緞親寫「萬古忠義」四字賜給李秀成，並封他為忠王。

西元1860年後，李秀成又親率大軍和英法美外國侵略軍展開多次的激烈作戰，每戰必勝，殺死殺傷大量敵人，繳獲大批洋槍洋炮。

陳玉成犧牲後，曾國荃的湘軍順江直下，包圍天京，外國侵略軍不斷增援幫助清軍，攻打江浙根據地。在中外勢力聯合進攻下，革命形勢急轉直下，江浙戰場相繼瓦解，李秀成雖然晝夜奔波，努力挽救，還是無力從根本上扭轉局勢。

西元1864年6月，洪秀全逝世。7月，天京陷落，李秀成辭別了老母妻兒，帶著洪秀全的兒子突圍出走，不幸在天京東南的荒山中，為清軍所俘。這年（同治三年）8月7日，李秀成被封建統治者殺害。

（美珍）

太平軍大敗「洋槍隊」

西元1860年（咸豐十年）5月，太平軍打破了清軍包圍天京的所謂「江南大營」，接著就乘勝東進。在傑出的軍事將領李秀成的指揮下，不到五十天的時間便攻克丹陽、常州、蘇州、嘉定、青浦等重要城鎮，兵鋒直指上海。這時防守上海的清軍只有兩千多人，太平軍大兵壓境，使得中外反革命派大為恐慌。聚集在上海的地主、官僚、買辦們，透過上海地方的

太平軍大敗「洋槍隊」

封建官吏，勾結外國侵略者，共同對付農民革命軍。在美國駐上海領事的授意之下，以美國雷德里克‧湯森德‧華爾（Frederick Townsend Ward）為首，募集了一批包括美、英、法、德、意等國的士兵，組織了一支以中國的地主富商出錢、外國侵略者出槍出人的國際反革命武裝——「洋槍隊」。

「洋槍隊」組成以後，就立即向正往上海前進的太平軍進攻。西元1860年8月，華爾帶領「洋槍隊」進攻青浦的太平軍，但「第一仗就被太平軍打得大敗」。據李秀成敘述，這一仗「殺死鬼兵六、七百人，得其洋槍二千餘條，得其大砲十餘條，得洋莊（一種舊式洋砲）一百餘口，得其舟隻數百餘條」。華爾本人也受了重傷，只得狼狽地逃回上海。

外國侵略者並不甘心於失敗，他們又招募了一批中外亡命之徒，把「洋槍隊」擴大到五千餘人。西元1862年1月，李秀成第二次進攻上海，上海人民紛紛起來響應太平軍。這次，英國海軍司令何伯（James Hope）、法國海軍司令卜羅德（Auguste Léopold Protet）公開出來組織侵略聯軍，並且把李鴻章的軍隊運到上海來配合「洋槍隊」向太平軍大舉反撲。

在高橋一戰中，太平軍將士們頑強地抗擊著反革命武裝，幾乎抓住了何伯和華爾。英國駐上海的領事麥華陀（Walter Henry Medhurst）報告說：「幸而那個地方有一隻小船，他們得以乘船逃走，不然，一定被太平軍捉去了」。

據記載，高橋之戰中，「洋槍隊」便「第一件事即縱兵搶劫」。這些侵略強盜「拿取銀子多到不能不拋棄一部分，士兵們拿取之物超過他們所能攜帶的」。他們野蠻地燒殺姦淫，「洋槍隊」的領袖華爾就曾親手把捉到的太平軍「斬首開膛」，清朝封建統治者卻對他們感激涕零，竟賞華爾參將

第二編　文化之脈：古代社會的知識與技藝

銜，並且把「洋槍隊」改名為「常勝軍」。

西元 1862 年 5 月，李秀成親率大軍第三次進攻上海。5 月 17 日，太平軍與侵略軍會戰於太倉城下，當天未分勝負。第二天，又「開兵大戰」，結果又將侵略軍打得大敗。侵略軍被斬的有幾百人，逃走落水而死的有千餘人，被繳獲大砲洋槍不計其數。在戰鬥中，太平軍還活捉了華爾的副手法爾思德（Edward Forrester）。太平軍愈戰愈強，大軍直抵上海城郊的徐家匯、虹橋、法華鎮等處。英法干涉軍從此龜縮在上海城內，不敢再出來迎戰。李秀成說：「那時洋鬼並不敢與我見仗，戰則即敗。」曾國藩在給皇帝的奏摺中也不得不承認，「夷人之畏長毛（長毛是對太平軍的侮稱）亦與我同，委而去之，真情畢露。」不久，在浙東戰場上，太平軍打死了華爾。

手執土槍刀矛的太平軍抗擊裝備著最新式洋槍洋炮的外國侵略軍，並且取得了勝利。而當李秀成大敗「洋槍隊」，包圍了上海城的時候，天京正十分危急，李秀成不得不回援天京，侵略軍才得到死裡逃生的機會。

（美珍）

〈資政新篇〉

〈資政新篇〉是太平天國干王洪仁玕的作品。洪仁玕（西元 1822 年至 1864 年）是洪秀全的族弟，他是拜上帝會最早的信徒之一。金田起義的時候，他來不及趕去參加，之後清政府要緝捕洪氏家族，他不能在原籍安居，遂逃往香港。在香港，他與外國傳教士有較多的接觸，受到了一些西方資本主義的思想影響。咸豐四年（西元 1854 年），他跑到上海，企圖奔赴天

京，因為蘇、常一帶道路被清軍阻隔，未能如願，只得又回到香港。西元1858年6月，他又喬裝成商人離開香港，從廣州經江西，於次年4月到達天京。洪秀全見到他非常高興，十分器重他，不久封他為干王，總理全國政事。

洪仁玕在當時是個思想比較新穎、知識比較豐富的人物。他在總理太平天國政事後，勵精圖治，整頓綱紀，並向洪秀全提出了一個帶有資本主義色彩的革新政治、發展工商業的綱領，這就是〈資政新篇〉。其主要內容包括政治和經濟兩個方面：在政治方面，他提出加強統一領導，使「權歸於一」；興鄉官，設鄉兵，健全地方政權和地方武裝；創辦新聞事業，設立不受一般官吏節制的「新聞官」和意見箱藉以溝通民眾的意見，使「上下通情」；興辦醫院、跛盲聾啞院、鰥（ㄍㄨㄢ）寡孤獨院等社會福利事業；成立士民公會以拯困扶危，以及辦理教育等主張。在經濟方面，他提出興辦近代工礦交通企業：開礦山，辦工廠，設郵局，開銀行，發行紙幣，仿造火輪車、輪船，獎勵創造發明等。此外，還主張與外國自由通商，平等往來。除這些建設性的主張之外，〈資政新篇〉還提出了一些革除弊政的方案，如反對貪汙舞弊，取締迷信、溺嬰或販賣子女，禁止吸食鴉片和遊手好閒等。

從〈資政新篇〉的內容中可以看出：洪仁玕想在太平天國農民革命中實行一些資本主義性質的措施，這對當時中國的封建社會來說，是有進步意義的。但是，一方面，由於洪仁玕長期脫離了革命的實踐，對農民和革命運動的迫切需求缺乏了解，所以〈資政新篇〉裡沒有觸及一個最根本的問題——土地問題；另一方面，由於中國這時還沒有出現資本主義和資產階級，還缺少實現〈資政新篇〉中提出的各種政策的社會條件和階級基礎，無法被民眾所接受，因此沒有產生什麼實際效果。

第二編　文化之脈：古代社會的知識與技藝

　　天京失陷時，洪仁玕正在安徽，在這裡，他會合了洪秀全之子，並前往浙江，西元 1864 年 9 月折往江西。10 月 9 日，洪仁玕被清軍襲擊俘獲。11 月 23 日在南昌英勇就義。死前，他慷慨地說：「得失生死，付之於天。文天祥就是我的榜樣！」

（美珍）

小刀會

　　以前，貧苦的民眾為了反抗統治階級的壓迫，為了患難時的互相援助，常常進行祕密結社。小刀會就是祕密結社的一種，它是勢力很大的天地會的一個支派。據傳是在道光二十九年（西元 1849 年）於廈門創立的，後來在廣州、上海、寧波等地發展組織，參加者大多是農民、手工業工人、水手、失業勞動者和遊民。

　　太平天國革命的勝利發展，鼓舞著各地人民。小刀會也在太平軍的影響下發動了武裝起義，其中規模最大、堅持最久的是上海的小刀會起義。

　　咸豐三年八月初五（西元 1853 年 9 月 7 日），在太平軍定都天京後不久，上海的小刀會在劉麗川的領導下發動了武裝起義。起義軍殺死了上海知縣袁祖德，活捉了上海道台吳健彰，迅速地占領了上海城。

　　這一次起義組織得很好。起義以後，小刀會立即釋出告示，一面指斥清政府的罪惡，一面申明紀律，安定社會秩序。很多民眾熱烈地參加隊伍，沒有武器，就「削竹為槍，斬木為兵」，很快就發展到一萬多人。起義的第二天，上海附近青浦、嘉定等地的農民領袖周立春又帶領四千人趕來參加戰鬥，聲勢更為壯大。起義的群眾頭裹紅巾，身披紅帶，手執紅

旗，上海變成了一座紅色城市。

上海小刀會起義給了清政府沉重的打擊，清政府只得從原來包圍天京的江南大營中抽調軍隊，前往鎮壓。但是，清軍包圍了上海城一年多，發動了無數次的攻城戰，都被起義軍擊退了。後來起義軍糧盡彈絕，甚至「所有貓狗及昆蟲都被吃光」。清軍想趁此機會，引誘起義軍投降。小刀會殺死了前來誘降的人，毫不妥協。

這時，外國侵略者便公開干涉革命。首先，法國領事要求小刀會撤離上海。當這個無理要求被拒絕後，英、法、美三國便聯合起來，在上海城與租界之間，築造圍牆，以切斷小刀會的給養。最後，外國侵略者的軍隊更直接地以軍艦大砲向起義軍進攻。起義軍堅決回擊。在一次戰鬥中，「當場有法軍十三人陣亡，另有三十餘人受傷」。

小刀會的領導者劉麗川曾數次派人向太平天國報告起義經過，並表示願意接受太平天國的領導，共同作戰。但此時太平軍戰事緊張，沒有力量東顧，小刀會只能孤軍奮戰。西元1855年2月17日，這支起義軍終於在中外的聯合武裝進攻下失敗。上海城失陷，劉麗川犧牲。小刀會的餘部在潘金珠率領下轉戰到達天京，參加了太平軍，繼續作戰。

除了上海以外，福建的小刀會也於西元1853年5月在黃位、黃得美等領導下發動了武裝鬥爭，並且曾占領了廈門等重要城市，直至西元1858年才被鎮壓下去。

（文海）

第二編　文化之脈：古代社會的知識與技藝

大成國

　　在太平天國革命發生後的第四年，即咸豐四年（西元 1854 年），兩廣（廣東、廣西）地區的人民在天地會領導下發動了一次規模巨大的反清革命運動，建立了「大成國」。

　　「大成國」反清起義的火把最先從廣東佛山鎮燃起，不久便蔓延到兩廣各地，主要領袖是陳開和李文茂。陳開是廣東佛山鎮人，出身於貧苦家庭。他曾替人打工度日，又曾當過船工，是天地會的一名領袖。西元 1854 年 7 月，陳開和其他一些天地會領袖在佛山鎮率眾起義。起義群眾以「紅巾為識」，因此被反革命辱罵為「紅巾賊」或「紅頭賊」。起義發動後，很快就占據了佛山鎮，並得到了李文茂領導的另一支天地會起義軍的響應。

　　李文茂，廣東鶴山人，是當時粵劇的著名藝人，天地會中有名的拳師。陳開在佛山率眾起義後，李文茂便領導眾人在廣州的北郊佛嶺舉起了義旗，響應陳開起義軍。

　　起義的形勢發展得異常迅速，不到十天的時間，起義軍就打下了「西至梧州，北至韶州，東至惠、潮，南至高廉」的十幾個州縣。陳、李兩支起義軍圍攻廣州達半年之久，有力地打擊了廣州的勢力。但當時兩廣總督葉名琛在外國侵略者和當地地主階級「團練」的資助下，集中了反革命力量，向起義軍進行反撲，因而使起義軍一時遭到挫敗，不得不由廣東轉入當時革命高漲的廣西地區。

　　陳開、李文茂率軍轉入廣西後，在肇慶會合了廣西天地會梁培友、伍百吉、吳超等部的起義軍，乘船沿西江西進，一路攻梧州，過藤縣，並進攻潯州府。經過三個月的「環攻」，起義軍終於攻克了潯州城，革命的力

大成國

量又恢復壯大起來。

　　起義軍攻占潯州府城後，便建立起革命的政權，國號「大成」，並改潯州為「秀京」。起義領袖陳開自稱鎮南王，李文茂稱平靖王。又設官分職，蓄髮易服，頒布了一些保護人民利益的政策、法令，初步組成了「大成國」的革命政權。從西元1856年至1857年間，「大成國」起義軍以潯州為中心，分路出征，向四周擴展：李文茂親率大軍北伐，攻占了柳州、羅城、融縣與慶遠等地，接著，又「掠清流，襲思管，屯太坪，柳、慶二府，蔓延殆遍」，使起義勢力得到迅速發展；陳開也親率大軍東征，攻占了梧州；另有一軍西征，先後攻占了橫州、永淳、南寧等地；與此同時，早在西元1853年起義的壯族領袖黃鼎鳳，率領壯漢人民已攻占了上林、賓州等地，並接受了「大成國」隆國公的封號，率領部眾加入「大成國」，因而使起義勢力更加壯大。這時「大成國」的勢力範圍，已控制了東到梧州、西至南寧、南至容岑、北抵柳州的地區，一時形成了廣西人民革命的高潮。

　　「大成國」起義的勝利發展，是同全國革命形勢的高漲分不開的。太平軍在金田起義後，於廣西各地轉戰，曾消滅了不少的清軍，太平軍離開廣西後，又吸引住了大批的清軍。這就為起義軍的順利發展造成了有利的條件；同時在太平天國革命的鼓舞推動下，廣西人民又不斷掀起革命的浪潮。當時在廣西，除了「大成國」起義勢力以外，在廣西東北部有朱洪英領導的天地會起義軍，以灌陽為根據地，建立了「昇平天國」；在廣西的南部有陳金剛率領的廣東起義軍；在廣西的西部有壯族領袖吳凌雲、吳亞終父子領導的壯漢人民起義軍，以新寧、太平為根據地，建立起「延陵國」的起義政權。這些起義勢力無一不有力地打擊著反革命勢力。特別是西元1859年石達開部太平軍返回廣西後，使廣西各地的起義軍更加活躍起來。

第二編　文化之脈：古代社會的知識與技藝

這種高漲的革命形勢，也為「大成國」起義的勝利發展帶來了有利的客觀條件。

「大成國」和其他各支起義軍沒有很好地利用這種十分有利的革命形勢，協同作戰，共同對敵，而是「各自為部，不相援應」。太平軍石達開部返回廣西後，「大成國」也未能同太平軍很好地合作。就連「大成國」內部，也不夠團結，一些領袖，往往因個人利益的衝突而產生分裂。如和陳開在廣東共同起義的陳顯良，因「未得封王」而「有不服之心」，後來竟脫離「大成國」返回廣東；再如，西元1858年定北王梁昌與平西王區潤不和，梁昌被逐，逃回廣東合浦，結果被當地團練逮捕殺害，區潤後來也因內部不和被其部下所殺。起義軍內部的這種不團結嚴重地削弱了起義軍的戰力。

西元1858年後，起義軍在清軍與團練的猛攻下，柳州等重要根據地相繼失守，李文茂率軍一度轉入貴州黎平府地區，但由於當地反革命勢力猖獗，又退返廣西。不久李文茂便敗死於懷遠山中。

西元1861年，「大成國」多年經營的根據地潯州，被清軍攻陷，陳開逃出潯州不久，也被地主團練所殺。至此「大成國」轟轟烈烈的反清起義，終於失敗了。

（馬汝珩）

捻軍

「捻軍」是與太平天國同時的一支農民起義軍的名字。捻軍起義爆發在咸豐三年（西元1853年），到同治七年（西元1868年）失敗，前後與清軍相持達十六年之久。

捻軍最初的活動地區主要在安徽、河南一帶。早在19世紀初期，這個地區的飢餓貧困的農民和一些失業遊民，由於不堪封建政權的壓迫，便一股一股地聯合起來，打擊地主富戶。最初，人們稱他們為「捻子」。後來，參加的群眾越來越多，逐漸形成一種組織，因此，就出現「捻黨」的名字，活動地區也逐漸擴展到山東、江蘇等地。這時捻黨組織很分散，「結則為捻，散則為民」，時分時合。太平天國革命發生後，大大地推動了各個地區的農民鬥爭，捻黨也迅速地發展起來，並逐漸形成了以張樂行、龔得樹等為領導者的幾支主要力量。

西元1853年太平天國的大軍進入安徽，同年5月又舉行北伐，沿途大大打擊了長江以北各地清軍的勢力。在太平軍的掩護和影響下，安徽、河南、蘇北、山東等地捻黨紛紛起義，號為「捻軍」。

起義之初，捻軍支派很多，力量分散，經常被清軍各個擊破。為了改變這種不利的情況，西元1855年各地捻黨首領大會於安徽雉河集（渦陽），推張樂行為盟主，稱「大漢明命王」，各地的捻軍都聽從他的指揮調遣。這次會議是捻軍起義的一個轉捩點。從此，捻軍開始從分散作戰轉變為有統一指揮的聯合作戰。結果在作戰中取得很大勝利，初步建立起豫皖根據地，勢力波及整個淮河流域，人數發展到幾十萬。

西元1856年年底，捻軍在河南、安徽交界的三河尖地區與清軍作戰，而太平軍則正在淮河以南桐城、六安等地與清軍作戰。捻軍要鞏固豫皖根據地，太平軍要鞏固淮南地區。從當時的形勢看來，只有兩軍會合才能取得勝利，在這種情況下，張樂行採取了正確的軍事路線，毅然率軍南下，於西元1857年3月與太平軍在安徽霍邱會師。從此以後，捻軍與太平軍進入聯合作戰時期，張樂行正式接受太平天國的領導，太平天國封他為「征北主將」、「沃王」。太平天國的後期將領陳玉成和李秀成與捻軍始終保

持著密切的聯繫。這兩支旗幟不同的農民革命軍共同作戰，給了封建統治者以沉重的打擊。

西元 1861 年後，由於太平軍在安慶保衛戰中失敗，使淮南戰區處於極為不利的形勢，張樂行只得率領捻軍渡淮北上，重新回到雉河集，結束了與太平軍在淮南長達五年的聯合作戰時期。在同治元年四月（西元 1862 年 5 月），張樂行還曾經準備在壽州攔截陳玉成的囚車，救出自己的同袍，結果沒有成功。

由於捻軍失掉了太平軍的支援，從西元 1862 年後，作戰極為艱苦。清政府派僧格林沁率領著蒙古騎兵作為鎮壓捻軍的主力。西元 1863 年 3 月，捻軍的根據地雉河集被清軍占領，捻軍的領袖張樂行被僧格林沁殺害。捻軍雖然失去了根據地，失掉了領袖，但是，捻軍的鬥爭並沒有結束。張樂行的姪兒張宗禹又帶領隊伍重新收復了雉河集，團結捻軍餘部繼續與清軍戰鬥。

西元 1864 年太平天國首都天京失陷後，原被陳玉成派出遠征西北的一支太平軍，回師東下，與捻軍聯合。太平軍的將領賴文光被推為捻軍首領。這時期的捻軍與以前不同，它發展成了一支正規化的戰鬥部隊，有統一的領導者，有獨立作戰的策略方針，更重要的是，它在整個抗清鬥爭中，已經不是單純發揮配合作用，而成了一支主力軍。

捻軍為了反擊僧格林沁的騎兵，便「易步為騎」，以騎兵為主，轉戰於安徽、河南、山東、江蘇等地。西元 1865 年 5 月，在山東菏澤徹底擊潰了僧格林沁的騎兵，僧格林沁也死在捻軍的作戰之下。

從西元 1864 年到 1866 年，捻軍的戰果是輝煌的，對清政府的打擊是沉重的。可是儘管捻軍取得了如此重大的勝利，太平天國革命卻已經失

敗，全國的革命形勢漸趨低潮。反革命派也得以集中力量專門對付捻軍了。在這種情形下，賴文光決定將捻軍分成兩支，以便互相呼應、互相聲援。西元1866年秋天，捻軍開始分為賴文光所領導的東捻和張宗禹所領導的西捻。但這樣分兵的結果，卻更加削弱了捻軍的力量。

東捻軍轉戰在山東、河南、湖北等地，計劃從湖北入四川。東捻軍曾經在湖北把李鴻章的淮軍打得狼狽不堪，在山東又攻破清軍與英法侵略軍的聯合防線。但是，由於他們東西奔馳，經常處在戰鬥中，力量不斷削弱卻又得不到支援與補充，終於在同治六年（西元1867年）底在山東被擊敗。次年初，賴文光在江蘇被俘就義。

西捻軍於西元1866年進入陝西，計劃聯合西北回民起義軍，然後在川陝間與東捻軍會師。西捻軍轉戰於陝西、山西一帶，並曾長驅直入河北，引起清廷極大的震動。但是，自從東捻軍被鎮壓後，鎮壓農民起義的李鴻章、左宗棠與英法侵略軍聯合攻擊西捻軍，西捻軍在優勢敵人的圍攻下，屢戰不利。最後於西元1868年8月在山東茌平搶渡運河時被擊敗，許多捻軍將領都壯烈犧牲。

（馬金科）

張秀眉、杜文秀、李文學

太平天國革命時期，貴州、雲南的少數民族人民，曾經響應太平天國革命，掀起了許多次的反清起義抗爭，其中以張秀眉領導的貴州苗民起義、杜文秀領導的雲南回民起義和李文學領導的哀牢山彝族人民起義為最大。

張秀眉，貴州台拱廳（台江）人，出身於苗族的貧苦農民家庭。咸豐

第二編　文化之脈：古代社會的知識與技藝

　　五年（西元 1855 年）領導當地苗族人民發動了反清起義，起義軍很快占領了凱里、施秉、都勻、黃平等城市，起義勢力震撼了整個苗疆。在起義軍控制的範圍內，苗族人民把清政府在苗區建立的用以鎮壓苗民的堡壘，全部平毀，並且奪回了過去被苗、漢地主階級霸占去的土地，分給農民耕種。

　　起義軍還和漢族白蓮教系統的「號軍」聯合，共同抵抗清軍。西元 1860 年太平軍石達開部從湖南進入貴州，苗民起義軍也配合作戰，圍攻貴陽，有力地打擊了清軍，使革命形勢得到空前的發展。

　　貴州苗民起義以後不久，西元 1856 年，雲南各地的回族人民也舉行了大規模的反清運動。其中以杜文秀領導的一支起義軍最為強大，他們以大理為中心，活動於雲南西部。杜文秀在大理建立了元帥府，被推為兵馬大元帥，設立了文武官職，成立了與清政府相對抗的起義政權。大理政權在杜文秀領導下，實行了聯合漢族及其他各族的改善民族關係的政策，同時還進行了一系列恢復社會生產和減輕人民負擔的措施：如減輕賦稅、取消地方苛派、嚴格吏治軍紀、鼓動手工業和發展貿易等，因而博得滇西各族人民的支持。到同治六年（西元 1867 年）杜文秀大舉東征昆明前，起義軍已占領了五十餘座城池，控制了雲南大半個省分。

　　差不多和杜文秀領導雲南回民起義同時，出身於彝族僱農的李文學，西元 1856 年 5 月在哀牢山區的天生營，率領彝、漢各族人民起義。起義軍提出「剷除贓官、殺絕莊主」的口號，表現了哀牢山彝、漢各族農民反抗清朝封建統治的決心。起義群眾共推李文學為「彝家兵馬大元帥」，在密滴村設立了帥府，作為領導起義的中心。起義軍在李文學的領導下，同當地的封建勢力展開抗爭，實行「庶民原耕莊主之田，悉歸庶民所有」的革命措施，改善了各族人民的生活，並有力地配合了雲南回民起義軍抗擊清軍，因而使革命勢力不斷擴大，到西元 1868 年，起義軍已控制了哀牢

山北部的地區。

西元 1864 年太平天國革命失敗，國內革命形勢發生了顯著的變化，清政府在列強進一步的援助下，調集了大批清軍，鎮壓貴州與雲南的少數民族起義運動。苗民起義軍在清軍的血腥鎮壓下，西元 1872 年最後失敗，張秀眉被俘犧牲。雲南回民起義軍於西元 1869 年東征昆明失敗後，起義勢力一蹶不振，西元 1872 年也被清軍鎮壓下去，杜文秀服毒自殺。

西元 1872 年，李文學率領彝族起義軍援救杜文秀，不幸兵敗被俘，西元 1874 年遇害。同年，清軍攻陷彝族起義中心──密滴村，哀牢山彝族起義最後也失敗了。

（馬汝珩）

宋景詩

宋景詩是山東堂邑人，他家幾代以來，都是貧農。咸豐四年（西元 1854 年），宋景詩三十歲的時候，曾和許多農民一起，到離家鄉十餘里的冠縣迎接過太平天國的北伐軍。很多農民投入了太平軍，跟著北上了。宋景詩帶著對革命的嚮往和對地主滿腔仇恨的心情，回到了家鄉。

他的家鄉和當時中國的其他農村一樣，充滿著貧困、飢餓、災荒，造成這種災難的主要原因是地主、官府的殘酷壓榨。因此，他的家鄉的農民也和其他各地的農民一樣，具有反抗、鬥爭、革命的訴求。這種訴求，在太平天國和捻軍鬥爭的鼓舞下，更加強烈了。

西元 1860 年，農民們因為連年災荒，連吃糠咽菜都很困難，官府卻還要增收農民的賦稅。於是，山東各地農民到處掀起了抗糧運動。堂邑周

第二編　文化之脈：古代社會的知識與技藝

圍的農民在宋景詩的領導下，集合了萬餘人進行反抗。

西元1861年3月29日，宋景詩帶領群眾打進了冠縣縣城，焚燒衙署，劫放獄囚，開倉取粟，救濟窮民，正式舉起了武裝起義的旗幟，這支起義軍叫做「黑旗軍」。

和黑旗軍同時起義的，還有屬於白蓮教系統的黃旗軍、紅旗軍、白旗軍、綠旗軍等，宋景詩與他們聯繫配合得很好。他們提出了「替天行道」、「劫富濟貧」的口號，到處受到貧苦農民的擁護和支持。因此，在不到三個月的時間裡，各支起義軍先後攻占了山東西北部的十三個縣城，聲勢盛大。

反革命統治階級見起義軍發展迅速，起義地區又靠近京城，十分害怕，便趕快調集了數萬大軍，兵分三路，想用壓倒性的優勢兵力撲滅革命力量。在這種情形下，起義軍遭到了暫時的挫折。

同治元年（西元1863年），宋景詩重整旗鼓，帶著隊伍回到了家鄉附近的臨清。在家鄉等著他們的，不僅有清政府的官軍，還有當地地主階級自己組織起來的反革命武裝——「團練」。這些團練武裝，都是由當地的惡霸土豪所掌握，對革命農民抱著很深的階級仇恨，其中尤以楊鳴謙領導的「柳林團」和王二香領導的「岡屯團」最為凶狠毒辣。黑旗軍對這兩個「民團」是「白天打，黑夜打，見天兒打」，打得這兩個凶狠的地主武裝，龜縮在圩（ㄨㄟˊ）子裡不敢伸頭，楊鳴謙和王二香也被宋景詩用計殺死。從此以後，黑旗軍又連續戰勝了清軍的多次進攻，取得了很大的勝利。

黑旗軍的紀律很好。他們規定：不許敲詐民財，不許占住民宅，不許姦盜邪淫。走路行軍絕對不踩莊稼，到一個地方只在野外紮營，不進村

莊。黑旗軍每到一處，都先出告示安民，公賣公買，不賒不拿，並把反革命及逃亡地主的土地和糧食，分給貧苦農民耕種、食用。所以，民眾對於黑旗軍愛護備至：婦女們為黑旗軍巡風；小孩們為黑旗軍遛馬；打仗時，農民們揚土助陣。正因為如此，後來黑旗軍雖只剩兩千多人，仍然能屢次打退三、四萬反革命武裝的攻擊。

清朝統治者為了拔去這個眼中釘，最後調動了王牌軍──僧格林沁的隊伍和直隸總督劉長佑的隊伍，聯合起來向黑旗軍進攻。西元1863年9月21日，兩軍會戰。反革命的優勢兵力逼使黑旗軍不得不撤退。撤退時，宋景詩讓人在圩子上遍插旌旗，鑼鼓不停。第二天僧格林沁撲進圩子，只見綿羊倒懸，羊蹄擊鼓，老牛曳車，車插旌旗，而起義軍卻早已不見了。

從此以後，起義軍就兵分四散，有一部分被清軍擊敗；另一部分人，在宋景詩率領下，和捻軍會合起來，繼續戰鬥。

（宮明）

第二次鴉片戰爭

在咸豐六年到十年（西元1856年至1860年），英、法侵略者向中國發動了一次侵略戰爭。由於這次戰爭發生的原因和性質都和第一次鴉片戰爭相同，所以叫做第二次鴉片戰爭。

透過第一次鴉片戰爭，外國侵略者雖然打開了中國閉關自守的門戶，取得了一定的侵略權利，但是由於當時中國自給自足的自然經濟破壞得比較緩慢，外國商品對中國輸入的增加速度，遠不能使外國侵略者滿意。清

第二編　文化之脈：古代社會的知識與技藝

政府雖然在第一次鴉片戰爭中被打敗，並且簽訂了屈辱的條約，但是為了維護「天朝」的體面和減少人民的反抗，還不敢公開地站到侵略者方面去，因而和外國侵略者仍存在著一定的矛盾。太平天國革命運動的蓬勃發展，也使侵略者感到有喪失在華既得權益的可能。為了進一步擴大在中國的侵略權益，使清政府百依百順地為自己的侵略政策服務，外國侵略者便決定再一次向清政府動用武力，透過一打一拉的方式，達到上述目的。

第二次鴉片戰爭是由英國侵略者製造「亞羅」號事件直接引起的。西元 1856 年 10 月，廣州水師在廣州附近停泊的中國船「亞羅」號上逮捕海盜，這本是中國的內政，但是，英國駐廣州領事巴夏禮（Harry Parkes）卻以該船曾在香港登記（事實上登記證已過期），應受英國保護為藉口，硬說中國水師在搜船時侮辱了英國國旗，向兩廣總督葉名琛提出釋放全部水手、賠禮道歉並允許英國人進入廣州等無理要求，蓄意發動武裝挑釁，最後終於爆發了戰爭。

西元 1857 年 7 月，英國全權大臣額爾金率領一支海陸軍到香港。法國也以「西林教案」（西元 1853 年，法國天主教神父馬賴在廣西西林縣進行侵略活動。西元 1856 年，西林知縣迫於人民公憤，依法將馬賴處死）為藉口，命葛羅為全權大臣率軍來華。美、俄兩國也派公使和英國聯繫，表示支持英、法兩國，以便趁火打劫。

西元 1857 年 12 月，由於葉名琛不修戰備，英法聯軍攻陷了廣州，葉名琛被俘，但英法侵略聯軍立即遭到廣州人民和團練的反抗。

西元 1858 年 4 月，英、法、美、俄四國使臣北上至大沽口外和清政府代表談判。英、法兩國在談判中故意製造問題，使談判破裂。5 月，英、法侵略者攻陷大沽炮臺，直撲天津。清政府忙派桂良、花沙納為欽差

大臣去天津議和，與侵略者訂立了《天津條約》。

西元 1859 年 6 月，英、法侵略者藉口交換條約批准書，又率軍艦到大沽口外，拒絕清政府指定的由北塘登陸的路線，炮轟大沽炮臺。守軍奮起抵抗，擊沉英、法兵船十餘艘。侵略軍退回上海，經過一番休整之後，於西元 1860 年 8 月再度攻陷大沽、天津，直逼北京。咸豐帝倉皇逃往熱河。侵略軍攻占圓明園，園內金銀珠寶和珍貴文物被掠奪一空，隨後他們又縱火焚燒，使這座瑰麗的園林化為一堆瓦礫。侵略軍焚毀圓明園後，跟著進占北京，恭親王奕訢代表清政府和英、法議和，接受了侵略者的一切要求，於西元 1860 年 10 月簽訂了《北京條約》。

《北京條約》和《天津條約》主要規定：①外國得派公使駐北京。②增闢牛莊（營口）、登州（煙臺）、臺南、淡水、潮州（汕頭）、瓊州、漢口、九江、南京、鎮江、天津等口岸。③割九龍給英國。④賠英、法軍費各白銀八百萬兩。⑤准許外國人在內地自由傳教等。

美國在第二次鴉片戰爭中，始終是英、法侵略者的幫凶。當「亞羅」號事件發生後，美國公使伯駕對英國的侵略行為表示「完全熱忱地贊成」，而且保證要和英國「行動一致」，積極支持英國發動戰爭挑釁。英國海軍開始進攻廣州，美國海軍也馬上尾隨而來。美國三艘軍艦藉口護僑，在駛向廣州途中竟發炮攻擊獵德炮臺。伯駕自己承認，這種行動是「幫助英國」的。但是，當戰爭已經擴大之後，美國一方面繼續對英、法表示堅決的支持和合作，另一方面卻又向清朝政府唱起和平的調子，表示友誼，以一個和事佬的面目出現。實際上，美國已經看準了腐朽的清朝統治者不堪一擊，所以樂得借刀殺人，等著坐收漁利。

西元 1857 年春，美國派列衛廉為駐華公使，他帶著美國政府關於聯

合英、法行動，逼迫清政府修約的訓令，一方面鼓勵英、法打，另一方面又威逼清朝和，最後終於在《天津條約》和《北京條約》中，「分沾」了「利益」。曾經是美國國務院歷史顧問的德涅特也不能不供認說：「美國代表在國際政治中從來沒有扮演過比這更無恥的角色了。」

　　第二次鴉片戰爭後，不僅外國侵略者擴大了在中國的侵略權益；並且由於外國公使駐京，侵略者與清統治者開始直接接觸，使清政府越來越受外國勢力的控制，成為外國侵略者統治中國的馴服工具，從而進一步加深了中國社會的半殖民地化。

（馬汝珩）

圓明園

　　北京西郊，從西苑到西山一帶，風景非常秀麗。遠在八百年前，封建的王侯世家便在這裡營建起行宮別苑，作為他們行樂的場所。清朝雍正皇帝即位，正式決定把這一帶定為夏宮所在，擴建了不少避暑宮殿。到了乾隆皇帝時，更大集全國名匠，從事興建。乾隆皇帝在位六十年，就沒有一天停止過營建。清政府向人民盡情勒索，花費了數以億萬計的錢財，驅使著千百萬民工日夜地勞動，終於建成了一座世界上少有的宏偉美麗的人工宮苑（從前把帝王的花園叫做苑），這就是圓明園。

　　圓明園包括最主要的三個園：圓明園、萬春園和長春園，所以也叫圓明三園，其中以圓明園為最大。此外還有很多屬園，散布在圓明園的東、西、南三面，其中有香山的靜宜園，玉泉山的靜明園、清漪園（後來的頤和園就是在這基礎上建築起來的）、近春園、熙春園（清華園內）和勺園、

蔚秀園等。這些園以圓明園為中心，連綿二十多里，在這一帶地方，舉目所見，一片山水林園，殿閣亭臺，非常壯麗。

圓明園是人民智慧和血汗的結晶，是中國園林藝術的典範。園中有莊嚴宏偉的殿堂，也有玲瓏輕巧的樓閣亭臺、曲徑迴廊；有象徵熱鬧街市的「買賣街」，也有象徵農村景色的「山村」。園中有很多景物是仿照各地的名勝，如杭州西湖的平湖秋月、雷峰夕照，海寧的安瀾園，蘇州的獅子林等著名園景建造的。漫步園中，有如遊歷在天南地北。園中還有很多景物是仿照古代詩人畫家的詩情畫意建造的。如蓬萊瑤臺、武陵春色等，使人置身其中，彷彿進入了那些詩人畫家的幻想境界。所有的景物都依著自然的湖山精心設計，整個布局非常和諧。

圓明園不但建築宏麗，還收藏著無數珍貴的歷史文物，上自先秦時代的鼎彝禮器，下至唐、宋、元、明、清的歷代名人書畫，所以也可以說是當時世界上一個宏大的博物館。

可是，千萬百姓憑血汗修造起來的這座傑出的建築精華，卻慘遭那些自稱為「歐洲文明者」的徹底破壞。

西元 1860 年，英、法侵略者打到北京城，強盜們進入圓明園以後，大肆搶劫。每個強盜都腰囊纍纍，滿載出園。當強盜們搶走了所能搶走的東西、破壞了所能破壞的東西以後，為了掩飾這個罪惡野蠻的行為，便下令燒毀全園，一時煙霧瀰漫，火光沖天，火勢歷三晝夜不熄。這個世界上的名園，就這樣在侵略者的野蠻焚掠下，化為焦土。

圓明園的毀滅是中國文化史上無可估量的損失，也是人類文化史上無可估量的損失。

（美珍）

第二編　文化之脈：古代社會的知識與技藝

北京政變

　　咸豐十一年（西元1861年），清朝貴族統治者內部發生了一次爭奪權力的爭鬥。以慈禧太后為首的貴族集團在這次爭鬥中獲勝，奪得了清朝最高統治權力，這就是「北京政變」。政變以後，中國最腐朽的封建統治勢力和外國資本主義勢力勾結起來，組成了反革命的同盟，並且聯合鎮壓了太平天國農民革命，把中國進一步推向了半殖民地、半封建的深淵。

　　第二次鴉片戰爭爆發以後，腐朽的清朝軍隊被英、法侵略軍打得丟盔卸甲，節節潰敗。西元1860年8月，駐守大沽的清軍主帥僧格林沁不戰而逃，侵略軍不費吹灰之力就占領了天津，到了9月底，侵略軍逼近北京。這時，清朝統治者亂成一團，咸豐皇帝也嚇得喪魂失魄，急急忙忙帶著他的寵妃葉赫那拉氏（慈禧太后），率領著一班親信大臣逃到熱河躲了起來。咸豐的弟弟恭親王奕訢受命留在北京觀看風色，求降乞和，最後簽訂了喪權辱國的《北京條約》，徹底地向外國侵略者投降。

　　《北京條約》簽訂後，外國侵略者得到了比第一次鴉片戰爭還多得多的特權，他們對奕訢在訂約過程中「有求必應」的樣貌十分讚賞，不斷地加以扶植。奕訢也甘心做外國侵略者最馴順的工具。當時太平天國正在轟轟烈烈地進行著革命運動，這不但對腐朽的清朝封建統治是致命的危險，對外國侵略者已經取得的特權利益也是嚴重的威脅，因此，這些侵略者為了要保住這個已經屈服了的反革命政權，以便利用它來奴役和剝削中國人民，就決定要消滅人民的革命。

　　《北京條約》剛一簽訂，他們就迫不及待地立刻表示願意出兵幫助清朝鎮壓太平天國革命，侵略者的這個表示受到奕訢的熱烈歡迎。

北京政變

　　當時清朝的實權主要掌握在跟著咸豐皇帝逃到熱河去的載垣、端華、肅順等人手中，這些人在鎮壓革命這一點上，和外國侵略者的要求是完全一致的，但他們對外國侵略勢力還很不放心，唯恐外國侵略者藉機改變清朝的封建統治，所以不敢輕易地「借師助剿」。這樣，他們就在中外反革命勢力合作的道路上，成為外國侵略者最討厭的障礙。當時的英國駐華公使甚至說：「只消朝廷不在北京，怡親王（載垣）、端華、肅順繼續掌政，我們就不能說中國人民已確實承受了條約（指《北京條約》）。」因此，他們極力尋找機會扶持最忠實的走狗來掌握政權。

　　西元1861年8月，咸豐皇帝在熱河病死，他的兒子載淳當了皇帝（同治皇帝）。這個皇帝當時年僅六歲，他的母親慈禧太后，有很強烈的權力欲望，很想利用皇帝年幼的機會，奪取清朝的最高統治權力。她先授意一些支持她的官僚，建議由她「垂簾聽政」，也就是說由她來實際掌握政權。但載垣等人以清朝從來還沒有太后垂簾聽政的例子為理由，極力反對。慈禧的野心未能實現，懷恨在心，就暗地裡與奕訢建立了聯繫，陰謀發動政變，宮廷中的矛盾鬥爭日益尖銳。外國侵略者認為這是一個絕好的機會，極力支持奕訢去慫恿慈禧回到北京製造政變，並且保證回來後絕不對她有任何刁難。

　　10月，奕訢從北京到熱河，與慈禧密商政變，並且拉攏了在北京、天津掌握兵權的兵部侍郎勝保同謀。一切準備就緒，11月1日，慈禧回到了北京。第二天，政變就發生了。他們將載垣、端華、肅順等逮捕起來，處以死刑，同時宣布擁護慈禧太后垂簾聽政。從此，慈禧登上了清朝最高統治者的寶座，奕訢也被任命為議政王大臣輔政事，發動政變有功的桂良、文祥等人，也都做了軍機大臣。政變成功，以慈禧太后為首，一個更腐朽、更黑暗的封建反革命統治政權建立起來了。

第二編　文化之脈：古代社會的知識與技藝

　　外國侵略者對「北京政變」早就抱有希望，美國公使曾經說：「我們應以溫和協調的態度獲致恭親王及其同僚的信任，消除他們的驚恐，希望遲早總會發生變動，使最高權力落到他們手裡去。」現在，他們對政變的成功當然更加高興。這位公使興高采烈地說「這個令人感覺滿意的結果，全是幾個月來私人交際所造成的」，毫不掩飾地承認這次政變是在他們支持下促成的。

　　透過「北京政變」，中外反革命勢力開始結合起來了。西元1862年年初，清朝統治者決定向英、法等國「借師助剿」，公開勾結外國侵略勢力來鎮壓革命。

（汝豐）

▎總理各國事務衙門

　　鴉片戰爭以後，清政府為了適應外國侵略者的需求，設立了「五口通商大臣」這個新職位，辦理對外交涉事務，先後由兩廣總督和兩江總督兼任。一直到西元1860年，清政府沒有設立和外國侵略者辦理外交和商務的專門機構。

　　西元1860年以後，中外反革命勢力為了共同鎮壓太平天國革命而勾結起來。外國侵略者派遣了公使、領事、傳教士到中國，加強了對清政府的控制，並且在清政府內部培養了奕訢等代理人。這時外國侵略者發現，還缺少一個更加得力的機構來貫徹自己的侵略意圖。

　　最會看洋人臉色辦事的恭親王奕訢，為了投合他們的心意，主動地奏準設立「專一其事」地辦理外交和通商事務的機構。西元1861年1月20

日，總理各國事務衙門（簡稱總理衙門）成立。

總理衙門成立之初，只管外交、商務，後來隨著外國侵略勢力的擴大，它的權力也一天天擴大，逐漸總攬了財政、軍事、教育、礦務、交通等方面的大權，並且由奕訢等這樣顯要的滿洲貴族親自主持，實際上總理衙門已發展成為清政府的「內閣」。

總理衙門的經費幾乎完全靠洋人控制的海關供給，總理衙門的人員升官快、待遇高、地位突出。這種特殊現象，曾引起別的衙門的不滿。最後，連皇帝也不得不出來為總理衙門辯護解釋，皇帝的辯解很乾脆，他說：「總理衙門，辦理的都是外國事情，自然和別的衙門不同。」辦理外國事情的衙門就可以與眾不同，這種不同，恰恰表現了這個機構的半殖民地的性質。

清政府專門成立一個高級機構來處理與侵略者利益相關的問題，並且透過這個機構來滿足侵略者的要求和貫徹侵略者的意志，這當然使外國侵略者稱心如意。英、法公使在聽到這個消息後，「欣喜非常」，認為這是「數十年求之不得」的，他們大為讚賞奕訢想出來的聯合中外勢力的「最妙良法」。

總理衙門是中外勢力結合的產物，它的成立是清政府統治機構半殖民地化的一個明顯標誌。從西元1861年總理衙門成立，到光緒二十七年（1901年）改為外務部，在這四十年間，它始終是聯合中外勢力的總機構，是清政府進行賣國活動的場所。

（楊遵道）

第二編　文化之脈：古代社會的知識與技藝

▋租界

　　外國侵略者為了把中國變成他們的半殖民地和殖民地，曾經對中國發動許多次侵略戰爭，強迫中國訂立了許多不平等條約。根據這些不平等條約，他們控制了中國一切重要的通商口岸，並把許多通商口岸劃出一部分土地作為他們直接管理的地方——這些地方就成了所謂的「租界」。

　　英國首先引用道光二十三年（西元1843年10月）中英《虎門條約》關於外國人在各通商口岸租地建屋的規定，在西元1845年年底誘騙上海官吏公布了《上海土地章程》，確定了英國人租地辦法，在中國的領土上建立了第一個租界。當時根據土地章程規定，土地主權仍然屬於中國，中國業主可以收取一定租金，中國政府有干預租界內行政的權力。到了西元1850年代以後，外國侵略者得寸進尺，進一步排斥了中國政府在上海租界內行使行政、司法、警察和收稅的權力，在租界內建立了一套殖民地的管理制度。上海租界儼然成為一個「國中之國」。

　　隨著外國侵略勢力的擴張，租界界址不斷擴大，租界的數目日益增多。英、美、德、法、俄、日等國，曾先後在上海、廣州、廈門、福州、天津、鎮江、漢口、九江、蕪湖、重慶、杭州、蘇州、沙市、鼓浪嶼、長沙等地設立了租界。

　　外國侵略者把租界作為走私偷運、販賣毒品、殘害和掠奪中國人民的基地。租界內煙窟、妓院、賭場林立，例如西元1856年上海法租界的預算中，煙窟、妓院、賭場的執照收入，占全部預算收入的一半。

　　租界是外國人在華投資的集中地，西元1894年前，外國侵略者在中

國非法設立的工廠、船塢、銀行等大都集中在租界區，租界成為控制中國金融財政，利用中國廉價勞動力和原料，直接剝削、榨取中國人民脂膏的罪惡場所。

租界是中外反革命勢力勾結的橋梁，外國侵略者把租界作為培養買辦勢力，勾結中國反革命統治階級的根據地，還把租界作為干涉中國內政，鎮壓中國人民革命的據點。

（楊遵道）

中國海關

海關是國家對於進出國境的一切貨物進行監督檢查、徵收關稅並執行查禁走私任務的國家行政管理機關。一個國家的海關，就像是這個國家的大門。海關的管理權，就像是大門的鑰匙。大門的鑰匙怎能由外國侵略者掌管呢？可是近代中國大門的鑰匙，長期以來掌握在英國侵略者手裡。那麼，中國的海關管理權是怎麼落入外國侵略者手裡的呢？

早在西元1842年的中英《南京條約》裡就規定，英國商人應納進出口的貨稅，要「秉公議定」。這個規定已經開始破壞了中國海關的主權。

西元1853年上海小刀會起義，占領上海縣城，駐上海的英、美、法三國領事，趁機派兵侵占了設在上海租界內的中國海關，奪取了中國海關的行政權。為了控制中國海關，英、美之間發生了尖銳的爭鬥。最後，英、美、法在共同控制中國海關這一點上達成妥協，並聯合一致對上海地方政府進行威脅、利誘，迫使上海官吏接受英、美、法三國領事各派一個

第二編　文化之脈：古代社會的知識與技藝

稅務司管理上海海關,主持稅收工作。

西元1854年6月29日,英、美、法三國領事和上海道台吳健彰訂立了有關上海海關的協定。7月12日,根據協定,由英、美、法各派一人組成三人關稅管理委員會,霸占了上海海關的稅收工作,就這樣輕易地攫取了上海海關的行政管理權。此後,外國侵略者積極活動,企圖把上海半殖民地的海關制度推廣到各通商口岸。

西元1859年,野心勃勃的英國稅務司李泰國（Horatio Nelson Lay）,經過上海道買辦官僚薛煥的保舉,被兩江總督任命為總稅務司,並得到了選募各通商口岸稅務司的權力。這樣李泰國抓到海關的用人大權,確立了英國人在海關中的統治地位,並在廣州建立了由英國人控制的海關制度。

同治二年（西元1863年）,英國人赫德（Robert Hart）繼李泰國為總稅務司。他一方面在保持英國對中國海關領導權的條件下,按各國在華勢力的大小,任用了其他各國的稅務司,對中國海關實行共管,緩和了各侵略者之間的矛盾,取得了其他侵略者的支持;另一方面,在清政府財政十分困難的情況下,他又把海關收入的一部分交給清政府,用來延續清政府的統治,鎮壓中國人民的起義,從而贏得了清政府對他的寵愛和信任。在中外反革命勢力的支持下,赫德成為一個不倒翁,連續把持中國海關管理權達四十多年之久。在他的任期內,赫德一手制定了一套半殖民地的海關制度,並把這種制度推廣到其他通商口岸。

外國侵略者把持了中國海關的管理權,掌握了中國大門的鑰匙,這不僅大大地便利了外國侵略者對中國實行經濟侵略,而且總稅務司和稅務司們的地位很特殊,一方面是「洋人」,是列強的代表,另一方面又算是清政府僱用的人員,這種地位使他們既為清朝官僚所畏懼,而又容易取得官

僚們的信任。因此他們比起外交官、傳教士有著更合適的身分來參與和支配中國的政治和外交。在 19 世紀末，這些掌握中國海關管理權的外國人，任意控制中國的內政外交，包攬其他權利，他們對於推行列強的侵略政策，促使清政權的半殖民化發揮了重大的作用。

（楊遵道）

第二編　文化之脈：古代社會的知識與技藝

第三編

歷史之表：朝代與民族的演進

　　本編主要講了洋務運動、甲午戰爭、八國聯軍侵華以及戊戌變法。清政府簽訂的一系列不平等條約，讓人民進一步意識到列強的侵略面目和清政府的無能本質。轟轟烈烈的戊戌變法體現了晚清志士的愛國熱情，它的失敗宣告了改良主義幻想的破滅。

第三編　歷史之表：朝代與民族的演進

洋務運動

　　在太平天國革命時期，封建統治階級中的一部分人，為了鎮壓農民革命，採用西方資本主義的一些技術製造槍炮，武裝反革命軍隊。太平天國革命失敗後，這一部分統治者進一步意識到，為了要保持封建主義的統治，必須更多地學習一點西方資本主義的物質文明，當時人們把這叫做「辦洋務」，而這一部分統治者也就被稱為「洋務派」。洋務派的主要人物，有奕訢、曾國藩、左宗棠、李鴻章、張之洞等。洋務派所進行的一些活動，在歷史上就叫做「洋務運動」。「洋務運動」的實質，是要求在舊的封建統治的基礎上，增加一些資本主義的皮毛，來穩定封建主義的統治地位。

　　「洋務運動」大致可以分成三個階段：

　　第一階段從西元1864年太平天國革命失敗到西元1870年代初。在這個階段，洋務的重點集中在軍事工業方面。洋務派先後辦了江南製造局、金陵機器局、福州船政局、天津機器局等幾個軍事工廠，製造新式武器，以便繼續武裝反革命軍隊，大力鎮壓當時尚在堅持抗爭的捻軍和回民起義。但這些軍事工業從設計施工、機器裝備、生產技術一直到原料燃料的供應，完全都要依靠外國。並且經營管理混亂腐敗，生產成本十分昂貴，連李鴻章自己也說：「中國造船之銀，倍於外洋購船之價。」生產出來的武器軍艦，品質很差，不可能用來應付任何外來侵略。

　　從西元1870年代初期到中法戰爭（西元1883年至1885年）是「洋務運動」的第二階段。這個時期外國侵略勢力加緊了對中國的進攻，日本、英國、沙皇俄國、法國紛紛侵占中國的邊疆地區。洋務派為了應付這種局勢，直接向外國購置了許多槍炮，並先後向英、德、美、法購買大小艦艇

數十艘,建立了北洋艦隊。同時,為了籌集經費,培養洋務人才,還經營了一些採礦、運輸、電報、教育等事業。當然,這些事業在技術、裝備、原料等方面仍不能不依靠列強。

「洋務運動」的第三個階段是從中法戰爭到中日甲午戰爭(西元1894年)。在這個階段中,洋務派把重點從「求強」轉為「求富」。他們大力投資於紡織、鐵路、鍊鋼等工業部門。李鴻章主辦的上海織布局、華盛紗廠、漠河金礦、津榆鐵路等,張之洞主辦的漢陽鐵廠、大冶鐵礦、馬鞍山煤礦等,都是在這個階段中先後創辦的主要企業。

西元1894年,爆發了中日甲午戰爭。在戰爭中,洋務派大力經營的北洋艦隊全軍覆沒。同時,他們經營的各種企業也因貪汙腐敗而奄奄一息。洋務派散布的「求強」、「求富」的神話幻滅了,「洋務運動」也就此破產。

(馬金科)

天津教案

外國侵略者在用軍事、政治、經濟等手段侵略中國的同時,為了麻醉中國人民,摧毀中國人民的反抗意志,還加緊進行了文化侵略。侵略者派了很多「傳教士」,一方面向中國人民灌輸奴化思想,另一方面他們也蒐集情報,收買賣國賊,甚至霸占田產,包攬詞訟,殘殺良善,任意欺壓中國人民。中國人民對於這些無惡不作的「傳教士」恨之入骨,在19世紀下半期,曾經掀起過許多次反洋教抗爭,天津教案就是其中著名的一次。

天津人民在第二次鴉片戰爭中曾遭到英法侵略聯軍的屠殺和蹂躪,戰

第三編　歷史之表：朝代與民族的演進

後十年間，又受盡了外國侵略者的欺壓，新仇舊恨積壓在心頭。同治九年（西元1870年），以教堂拐騙小孩為導火線，終於爆發了轟動中外的反侵略抗爭，一般稱為「天津教案」。

西元1870年，在天津破獲了許多起拐騙小孩的案件，都和法國天主堂育嬰堂有關。西元1870年6月21日，天津地方官到教堂查問拐騙小孩的罪犯王三，教堂中的法國傳教士不僅隱藏罪犯，還向聚集教堂周圍的民眾挑釁，引起了衝突。法國駐天津領事豐大業（Henri Victor Fontanier），要求清朝三口通商大臣崇厚派兵鎮壓，崇厚也已照辦，可是豐大業認為崇厚派兵太少，鎮壓不力，大為不滿，手執雙槍，怒氣沖沖地跑到崇厚衙門，一見崇厚就叫嚷說：「聽說老百姓想要我的命，你先給我死！」接著就舉槍向崇厚開火，未中，又在崇厚衙門大打出手。

豐大業侮辱和槍擊中國官吏的消息很快傳開，幾千名憤怒的民眾聚集街頭。豐大業行凶未遂，在回領事館途中，十分驕橫囂張，他的祕書西蒙揮舞著利劍在前開路，挑釁民眾。後來，當他們遇到天津縣官劉傑時，豐大業不分青紅皂白，開槍射擊，打死劉傑的隨從，西蒙也竟敢向民眾開火。這時，民眾已忍無可忍，一擁而上打死了豐大業和西蒙。接著鳴鑼聚眾，燒毀了法國在三岔河口的洋樓，即有名的「望海樓」，並打死法國教士十多人，其他國籍教士、商人七人。

來勢迅速的「天津教案」發生後，法、英、美、俄、德、比、西等七國，聯合一起，一面對清政府施加外交壓力，一面把英、美、法等國艦隊集中至煙臺與天津海口，對清政府進行戰爭恫嚇。法國趁機提出無理條件，聲稱清政府如不接受，就要把天津變成焦土，態度十分蠻橫。

清政府立即派曾國藩到天津「查辦」，辦理結果還是向法國道歉、賠

款，還把天津知府、知縣等官員二十五人充軍，並且隨隨便便把十六個無辜的老百姓處死，「以服洋人之心」。

（楊遵道）

中法戰爭

　　法國在近代歷史中多次將越南視為其殖民利益的一部分，並曾試圖以此作為進一步干預中國南方的戰略據點。

　　西元1860年代，法國侵占了越南南部後，馬上把侵略的矛頭指向越南北部和中國西南部。同治十二年（西元1873年）底和光緒八年（西元1882年）四月，法國對越南發動了兩次武裝進攻，想建立一個包括越南和中國西南地區的所謂「東方帝國」。越南人民對法國的武裝侵略進行了抗爭。同時，劉永福率領的廣西農民起義軍——黑旗軍，應越南政府的要求，也和越南人民並肩作戰，抗擊入侵的法軍。在越中人民的打擊下，法國的兩個侵略軍領袖安鄴（Francis Garnier）和李威利（Henri Rivière）在河內城邊先後被擊斃。

　　法國侵略者不甘心於自己的失敗，蓄意擴大侵略戰爭，決定把戰火燒到中國境內。這時清朝政府應越南政府之請，也派兵到越南。西元1883年12月，法軍在越南山西向清軍和黑旗軍聯合防守的陣地發動進攻，開始了中法戰爭。

　　戰爭進行了一年多，在越南戰場上，法國侵略軍受到越南人民和黑旗軍及清軍官兵的抵抗。法國政府為了呼應越南的戰局，又派海軍在中國沿海進行海盜式的騷擾。

第三編　歷史之表：朝代與民族的演進

　　到西元1885年3月底，越南戰場的法國侵略軍在越南和中國軍民的抗擊之下，全線崩潰。在越南戰場的東線，清軍老將馮子材在鎮南關（今友誼關）和諒山大敗法軍，勢如破竹地節節勝利進軍。東線大捷的同時，越南戰場的西線也頻傳捷報，黑旗軍等在臨洮痛打了法軍，尤其是越南各地人民的抗法起義，風起雲湧，更給法國侵略軍以沉重的打擊，出現了前所未有的有利形勢。

　　就在前線勝利進軍聲中，賣國投降的清政府和法國政府加緊談判，最後竟在西元1885年6月9日簽訂了屈辱的投降條約。中法戰爭以後，中國的邊疆危機更加深了。

　　為什麼這次戰爭前線打了勝仗，反而簽訂了屈辱的條約呢？最根本的原因在於清政府的反革命和腐朽。

　　當時，清政府的統治機構已腐朽透頂，政治上反對革命，經濟上百孔千瘡，軍事上也一團糟。西元1884年，在越南北寧、太原、興化的清軍不戰而逃；西元1884年7月，福建官吏不採取任何抵抗行動，就讓敵人的戰艦開進了閩江，使中國海軍遭到失敗；西元1885年2月，廣西巡撫潘鼎新在越南諒山的大潰退，幾乎使法軍長驅直入廣西。這些都是在清政府投降路線指導下發生的事情。

　　當前線官兵違反投降派的意願，在中國和越南人民支持下大敗法軍，獲得鎮南關和諒山的勝利時，清政府不是去擴大戰果，反而把前線的勝利，作為投降的資本，他們匆匆忙忙「借諒山一勝之威」，和法國侵略者簽訂了屈辱的條約。前線官兵用鮮血換來的勝利果實，就這樣輕易地被葬送。

　　在整個戰爭過程中，英、美等國家一直沒有停止過誘降活動。他們一面進行「調停」，一面供給法軍燃料、軍火、糧食，替法國修理船艦，供

給法軍軍事情報和領水人員，甚至英、美的國旗成了法軍的「遮凶布」，英、美等國的軍艦和商船成了法國艦隊的掩護物。當列強看到誘降和對法援助無法扭轉局勢時，在中國當海關總稅務司的英國人赫德挺身而出，脅迫昏庸而腐敗的清政府對法妥協，造成了「中國不敗而敗，法國不勝而勝」的局面。

中國工人階級第一次大規模的反侵略抗爭

在西元1884年中法戰爭中，中國工人階級掀起了第一次大規模的反侵略抗爭，這次抗爭，在中國工人運動史上寫下了光輝的一頁。

西元1884年，正當中國人民反對法國侵略的抗爭激烈進行的時候，英國侵略者和法國串通一氣，允許法國利用香港停泊和修理戰船，補充軍用物資。香港英國殖民當局這種袒護法國侵略者的行動，引起了中國人民的無比憤怒，在香港的工人尤其不能容忍。

西元1884年9月3日，有一艘在侵略戰爭中受了傷的法國兵船「加利桑尼亞爾」號駛入香港船塢，打算進行修理。中國船舶修造工人拒絕修理這艘屠殺人民的敵艦，並且立即舉行罷工，從而揭開了這次反侵略抗爭的序幕。9月14日，又有一艘法國水雷炮艇「阿塔蘭特」號開進香港，這一次工人決定採取進一步的行動，乘機燒毀這艘強盜船隻，法軍連夜開船逃走。船舶修造工人的行動，得到了其他各業工人的積極支持和熱烈響應，他們廣泛地展開了反對法國侵略者的抗爭，搬運工人不送燃料給法國兵船，民艇工人拒絕替法國商船起卸貨物，就連在法國輪船公司做工的華工，也紛紛辭職，團結一致，共同對敵。

香港英國殖民當局無理逮捕了十一名拒運法貨的民艇工人，撤銷了許多民艇執照。反革命派這種高壓手段，更加激起了工人的憤慨，罷工抗爭越發如火燎原地擴大起來，到了 10 月 3 日，罷工抗爭達到高潮，工人群眾舉行了一次規模空前的示威運動。這個時候，英國殖民當局，出動全副武裝的警察，向手無寸鐵的示威群眾開槍射擊，當場殺害了一名工人，大批工人被逮捕。但是，工人沒有被嚇倒，沒有被壓服，他們繼續高舉反侵略的旗幟，進行抗爭。10 月 5 日，東區的碼頭工人又計劃舉行示威，10 月 7 日，九龍區油麻地的工人進行示威運動，以支援香港地區工人的抗爭。

這一次香港工人的罷工抗爭，從西元 1884 年 9 月 3 日開始，一直堅持到 10 月 7 日，前後共計 35 天，使整個香港陷於癱瘓，最後迫使英國殖民當局不得不低下頭來，釋放被捕的工人，宣布不干涉工人「不裝法貨」的行動。

（林敦奎）

甲午戰爭《馬關條約》

「甲午戰爭」是日本在美英資本主義的支持下發動的一次侵略中國的戰爭。

中國的東鄰日本，原先也是個封建國家，受到西方資本主義國家的侵略。西元 1868 年，日本發生了一場不徹底、不完全的改革——「明治維新」，建立了地主和工商階級的聯合統治。明治維新後，日本的資本主義

得到了比較迅速的發展，但封建勢力並未徹底剷除，階級關係十分緊張，農民和工人不斷發動武裝起義和罷工抗爭。日本的統治階級為了轉移國內抗爭的視線，也為了擴大商品市場、掠奪原料和資金，便把對外擴張定為國策，把中國和朝鮮當作侵略的目標。

這時，美國為了趁機在中國和朝鮮伸展自己的勢力，英國為了利用日本的力量牽制垂涎中國東北已久的沙皇俄國，都在暗中支持和幫助日本對朝鮮和中國的侵略。

在這種情形下，日本政府千方百計地把自己的政治、經濟和軍事力量滲入朝鮮，同時積極尋找向中國挑釁的機會，以便掀起一場大規模的侵略戰爭。

西元1894年1月，朝鮮農民發動了大規模的武裝起義。朝鮮的封建統治者請求清政府出兵鎮壓。日本政府覺得這是趁機挑釁的大好機會，也假意竭力慫恿清政府出兵朝鮮。在清政府派葉志超率軍入朝以後，日本政府又馬上翻轉臉來，藉口清政府出兵，也派了許多軍隊侵入朝鮮，有意造成戰爭衝突的緊張局勢。清政府建議中日兩國軍隊同時撤出朝鮮，遭到日本的拒絕。在這種情況下，中朝兩國人民一致要求出兵抵抗日本的侵略。但是，主持清政府外交的李鴻章把希望寄託於英、俄等國家的調停上，對日本步步退讓。7月25日，日本海軍突然襲擊護送陸軍去朝鮮的中國海軍。四大後，又向在朝鮮成歡驛的中國陸軍發動進攻，挑起了中日戰爭。

西元1894年是舊曆甲午年，所以這次戰爭叫中日甲午戰爭。

9月12日，日本軍隊又進一步向朝鮮平壤發動了猛烈的攻擊。協助

守城的清軍和朝鮮人民一起抵抗。防守北城玄武門的清將左寶貴戰死，清軍總指揮葉志超貪生怕死，命令他的軍隊從平壤撤退，並一口氣逃回了中國。

接著在9月17日，清軍北洋艦隊在黃海海面上，與日本艦隊發生了一場激烈的海戰。作戰經歷了五個小時，中國的海軍士兵和將領打傷多艘日艦，並使日旗艦「松島」號受了重傷，清軍戰艦損失四艘，最後日艦不敢戀戰，向南退走。

10月，日本侵略軍把戰火進一步燒向中國邊境。一路從朝鮮北部渡鴨綠江；另一路從遼東半島東岸登陸，進犯大連和旅順。11月7日，大連不戰而失。接著日本又於11月18日向旅順進兵。這裡的清軍守將接受了清政府的不抵抗命令，臨陣脫逃，一些官兵雖然進行了抵抗，但因沒有後援，也失敗了。

日本侵略軍進入中國領土後，瘋狂地殺害中國人民。旅順市軍民被殺得只剩下三十二人。侵略軍野蠻、殘暴的獸行，激起了遼東人民的極大憤怒，人民都起來和侵略軍展開抗爭。他們在抗爭中發出豪言壯語：「寧做中華斷頭鬼，不做倭寇屈膝人。」

日本進攻遼東半島時，清政府仍不積極進行抵抗，卻在美國的指使下進行求和活動。西元1895年1月20日，日軍在山東半島登陸，先後攻下了威海衛南北兩岸的炮臺，形成了從海、陸兩路對威海衛港內北洋艦隊的包圍。港內北洋艦隊的官兵，曾經幾次要求出海抗敵，李鴻章下令不許艦隻出港迎敵。艦隊受包圍時，官兵們不顧李鴻章的命令進行抵抗。但因力量薄弱，最後，北洋艦隊被日本殲滅了。

中國軍民在戰爭中進行了英勇的抗爭，但由於清政府採取了不抵抗的

方針，致使中國的局勢無法挽回。西元 1895 年 3 月，清政府派李鴻章為代表，到日本馬關進行談判。4 月 17 日，簽訂了喪權辱國的《馬關條約》。這個條約規定了中國向日本賠款二億兩白銀；割讓中國大片領土，包括遼東半島、臺灣和澎湖列島給日本；允許外國人在中國通商口岸自由創辦工廠；開放沙市、重慶、蘇州、杭州為商埠等。後來，俄、法、德三國從自己的侵略利益出發，不甘心讓日本獨自占領遼東半島，進行干涉，結果，中國以白銀三千萬兩向日本「贖回」遼東半島。

（余西文）

鄧世昌

　　中日甲午戰爭中，人民、清軍士兵和將領，在敵人面前頑強抗爭，寫下了很多可歌可泣、氣壯山河的光輝篇章。鄧世昌就是在甲午戰爭中慷慨殉國的一位英雄。

　　鄧世昌在西元 1849 年（一說西元 1855 年）出生在廣東省的番禺縣（今廣州市番禺區）。年幼的鄧世昌，親眼看到了外國侵略者的強暴、國家民族的苦難，以及百姓英勇的反侵略抗爭。鄧世昌剛滿十四歲，就抱著學好本領、反抗外國侵略的志願，考進了福州船政學堂。他發憤苦讀，成為這個學校成績優秀的學生。

　　從福州船政學堂畢業後，鄧世昌在北洋水師的艦隊裡工作，歷任「振威」、「揚威」、「致遠」等艦的管帶（艦長）。他治軍嚴整、辦事認真，並刻苦鑽研海軍業務。西元 1887 年，鄧世昌奉派到英國接帶新艦「致遠」、「靖遠」、「經遠」、「來遠」等回國。在歸航途中，他不畏險阻，不怕驚濤駭

浪，抓緊時間，指揮這些新艦進行實地演習，使全體將士受到了一次很好的鍛鍊。

西元 1894 年，日本在美國的支持下發動了侵略朝鮮和中國的戰爭，鄧世昌積極地投入抗爭，站在抗日戰爭的最前線，領導士兵，揮戈殺敵。

西元 1894 年 9 月 17 日，中國北洋艦隊在黃海突然遭到日本艦隊的襲擊，雙方展開了激烈的海戰。日本旗艦「松島」等三艘受了重傷。在鄧世昌指揮下的「致遠」艦在幾小時的浴血苦戰中，不幸中彈受傷，船身傾斜，彈藥將盡。在這樣的情況下，鄧世昌激勵兵士，大聲疾呼：「我們從軍衛國，生死早已置之度外。現在情況十分危急，今天正是我們犧牲的時候了！我們雖然犧牲了，但可以壯國家的聲威，也就達到了報國的目的！」

他看到全艦士兵都同心同德，就下令「致遠」艦開足馬力，向敵人最兇猛的先鋒艦「吉野」猛撞，準備和他們同歸於盡。但不幸的是，「致遠」中途被敵人的魚雷擊中，他們的壯志未遂，全艦二百五十人都壯烈地犧牲。

據記載，「致遠」沉船時，鄧世昌墜入水中，還大呼「殺敵」不絕。還有的記載說鄧世昌入水後，曾被他的一個隨從救了起來，但鄧世昌看到全船戰士都沉沒了，他自己也「義不獨生」，又重新跳入海中。

（林敦奎）

臺灣人民抗日

《馬關條約》簽訂後，割讓臺灣的消息傳了出來。西元 1895 年 4 月 20 日（《馬關條約》簽訂後三天），臺北人民鳴鑼罷市，表示反對日本侵占臺

臺灣人民抗日

灣和清政府的投降賣國。

　　這時，臺南的守將正是當年在中法戰爭中打敗過法國侵略軍的黑旗軍將領劉永福。他聽到清政府出賣領土後，非常氣憤，下定決心和臺灣人民一起抵抗日本。他們在各地組織了許多支義軍隊伍，並肩作戰。

　　5月底，日本侵略軍開始踏上臺北土地，向南進攻。黑旗軍和以徐驤、吳湯興為首的臺灣義軍充分利用了當地多山的地勢，把敵人引入深山密林中的包圍圈。侵略軍一進入圈套，他們就手持大刀、長矛和鳥槍，從四面八方向敵人殺來。

　　8月，彰化和雲林先後失守，同時，義軍的糧食和彈藥日益不足。劉永福曾幾次派人到大陸求援，不少人要求參加抗日戰爭。但是，清政府卻下令軍民「不得絲毫接濟臺灣」，還封鎖了大陸到臺灣的航運。

　　臺灣軍民並沒有被困難嚇倒。雲林失守後，嘉義危急，劉永福調軍增援，黃榮邦、簡精華等率義民軍助戰，收復雲林一帶，軍威復振。侵臺日軍遭到嚴重打擊，日本政府急派大軍來臺。10月，在布袋、枋寮先後登陸，配合陸路南犯的日軍分三路進攻臺南。黑旗軍和義軍在餉械極度困難的條件下，仍堅持作戰到最後，義軍大部分戰死，徐驤也在一次激戰中犧牲。10月19日，劉永福被迫退回大陸，臺灣則被日本占領。

　　西元1896年年初，臺中義民柯鐵率領一部分抗日民眾，在嘉義東北大坪頂堅持作戰，贏得了「鐵虎」的稱號。同時，臺北、臺南人民也展開了攻打城市、襲擊官衙的作戰，此伏彼起地打擊著侵略者。此後，在漫長的半個世紀中，臺灣人民反抗日本侵占臺灣的抗爭，始終沒有停止過。

（余西文）

第三編　歷史之表：朝代與民族的演進

▍列強在中國劃分的勢力範圍

　　甲午戰爭以後，日本透過《馬關條約》，不但取得了中國的大量賠款、侵占了中國的大塊土地，還得到了在中國直接投資設廠的特權，根據「利益均霑」的侵略原則，其他各國也同樣可以享受這個特權。過去列強就已在中國創辦了一些工廠，為什麼還要特別把這一點在條約中明文規定下來呢？原來，這裡反映著世界形勢的一個重要變化。

　　19 世紀末期，世界上主要資本主義國家已經進入了帝國主義階段。以前，資本主義國家對於中國的經濟侵略，以商品輸出為主。強迫中國開商埠、把持中國海關、奪取中國內河航行權，都是為了方便對中國輸出商品。到了帝國主義階段，那些國家的經濟侵略已從商品輸出為主改變為以資本輸出為主，《馬關條約》中明文規定外國可以隨意在中國通商口岸投資設廠，就是這個變化的一個反映。

　　為了輸出資本，列強不僅要在中國開設工廠，還搶奪鐵路修築權、壟斷礦山開採權，並且進一步要求在中國劃定自己的勢力範圍。甲午戰爭以後，各國家在中國紛紛爭奪勢力範圍。

　　在光緒二十一年（西元 1895 年），法國首先奪占中國雲南邊境上的一些地區，迫使清政府開放雲南的河口、思茅為商埠，並取得在廣東、廣西、雲南三省的開礦權。

　　沙皇俄國在西元 1896 年，從清政府手中取得在黑龍江和吉林兩省境內修築中東鐵路的權利，並取得對鐵路沿線地區的管理權。

　　英國在西元 1897 年，以「永租」的名義，強占了中國雲南的猛卯三角

列強在中國劃分的勢力範圍

地區，並取得了在廣東西江航行權，還迫使清政府開放廣西梧州和廣東三水為商埠。

法國在西元1897年，又迫使清政府宣布海南島不割讓給他國，實際上是把海南島作為勢力範圍。

各國對中國的這種侵略和掠奪，到了西元1897年年底，更加激烈起來。這年11月，德國藉口傳教士在山東曹州被殺，派軍隊強占了膠州灣，並取得在山東修築膠濟鐵路和在鐵路沿線開採礦山的權利，從此德國便把山東劃為自己的勢力範圍。在這以後，各國更加緊了在中國劃分勢力範圍的爭奪。

沙皇俄國在西元1897年12月，藉口德國占據膠州灣，派軍艦侵占了旅順。西元1898年3月，迫使清政府把旅順和大連「租借」給沙皇俄國，並且取得了修築中東鐵路支線（哈爾濱至旅順）的權利。從此，沙皇俄國便以東三省（黑龍江、吉林、遼寧三省）和內蒙古為勢力範圍。

法國在西元1898年4月，藉口沙皇俄國占據旅順、大連，強行「租借」了廣州灣，同時還取得了滇越鐵路的修築權，並迫使清政府宣布廣東、廣西、雲南「不割讓給他國」，實際上是把雲南和兩廣的一部分地區作為勢力範圍。

英國在西元1898年6月，以法國占據廣州灣為藉口，強行「租借」了九龍半島。7月，又以俄國占據旅順、大連為藉口，租占威海衛，並且取得津浦鐵路南段（嶧縣至浦口）的修築權，同時迫使清政府宣布長江流域各省及兩廣的一部分「不割讓給他國」，這一地區便成為英國的勢力範圍。

日本除了侵占了臺灣以外，在西元1898年，又強迫清政府答應將福建省作為日本的勢力範圍。

第三編　歷史之表：朝代與民族的演進

19世紀末，列強各國在中國劃分了這麼多勢力範圍，把中國的領土作為侵略根據地，搶奪了許多重要港口和鐵路、礦山，從而形成了瓜分中國的形勢。

（榮國漢）

門戶開放

「門戶開放」政策是在光緒二十五年（西元1899年）由美國政府以照會的形式提出來的。甲午戰爭後，列強利用《馬關條約》規定的種種特權，一個接一個地在「利益均霑」的藉口下，在中國領土上開設工廠，掠奪開礦和築路權，更在中國領土上強占「租借地」和劃分「勢力範圍」等等。這時，只有美國，因為正忙於奪取西班牙殖民地古巴、波多黎各和菲律賓的侵略戰爭，沒有能夠抽出手來分利。

西元1899年，當美國結束了對西班牙的戰爭後，已來晚了一步，中國沿海和西南一些地區都被其他國家侵占了。美國決定改變這種局勢。當時的美國總統威廉·麥金利（William McKinley）說：「中國沿海土地有落入外人手中者，此種重要變局吾美不能袖手旁觀⋯⋯苟欲不受占有中國土地之強國的排擠，非參與華事不可。」為了達到這個目的，以便逐漸變各國勢力範圍為美國獨占的勢力範圍，並最後完全統治中國，美國在這一年9月，提出了「門戶開放」政策。

這個政策的主要內容規定：各國互相承認在中國的「勢力範圍」、「租借地」和通商口岸的既得利益，彼此不得干涉；在這些「勢力範圍」裡，各國船隻的入港費和鐵路運費，都不得高於占有這些「勢力範圍」的國家的

入港費和鐵路運費。也就是說，在「列強」的「勢力範圍」之內，美國應該取得「通商和航行」的「平等待遇」。

很顯然，美國提出的所謂「門戶開放」政策，就是要把中國的「門戶」向一切其他國家「開放」，這是因為美國害怕把中國變為某幾個國家直接控制的地方，就妨礙或排擠了自己對中國的進一步侵略。因此，美國提出「門戶開放」政策，是企圖透過這個政策，使美國插足到其他國家的「勢力範圍」內，分享其他國家的侵略利益；同時，更企圖憑著自己的經濟優勢，逐漸地排斥其他國家，達到把中國變成獨占的殖民地的目的。

當時，英國、法國、俄國以及其他國家相互之間的矛盾很多、競爭很激烈。在這種情況下，他們為了調和彼此之間的矛盾，相繼接受了美國這個「門戶開放」的主張。美國所提出的「門戶開放」政策使各個國家結成了侵略中國的同盟，中國更加被推上遭受瓜分的處境。

（余西文）

■ 公車上書

「公車上書」是指西元 1895 年康有為（西元 1858 年至 1927 年）領導的一次舉人上書皇帝的請願運動。

光緒二十一年三月（西元 1895 年 4 月），腐朽的清政府準備和日本訂立《馬關條約》的消息傳到北京。當時各省的舉人正在北京參加會試，聽到了這個消息後，非常氣憤。特別是臺灣籍的舉人，聽到自己的家鄉將被出賣，更是憤怒萬分。

廣東舉人康有為，早在西元 1888 年，就曾經上書皇帝，請求變法，

第三編　歷史之表：朝代與民族的演進

但受到了頑固派官僚的阻礙，沒有結果。這一次他看到群情激昂，正是鼓動上書的大好機會。於是他和他的學生梁啟超等四處聯繫，約集十八省舉人，在松筠庵開會。開會那天，盛況空前，到會的有一千多人。個個情緒激憤，公推康有為起草奏疏。康有為趕了兩天一夜，寫成了給光緒皇帝的萬言書。在萬言書上簽名的，據說有一千三百多人。

除了送給皇帝之外，還把這份萬言書，輾轉傳抄，很快傳播開來，轟動了北京。因為當時又把進京考試的舉人稱為「公車」（漢代地方上舉薦人才，由公家備車送往首都，後來就用「公車」來稱呼進京考試的舉人），所以這次上書就被稱作「公車上書」。

在這份萬言書裡，康有為慷慨陳詞，提出了「拒約、遷都、變法」等主張。他指出如果割讓臺灣，就會引起英、俄、法等列強來瓜分中國，因此必須拒絕在條約上簽字。他要求皇帝親下詔書，檢討國家政策得失，提拔能幹的人才，鼓勵人民發奮圖強；遷都到長安；訓練一支強大的陸海軍，增強國防，準備長期抗戰。同時又強調指出，這些措施只不過是暫時應敵的辦法，如果要從根本上使國家富強起來，那就必須進行「變法」，也就是進行政治、經濟、文化的各項改革。

康有為提出要從「富國、養民、教民」三方面著手。「富國、養民」就是發展經濟。一方面要清政府積極修築鐵路、開發礦山、製造機器輪船、獎勵創造發明、舉辦郵政、發行鈔票；另一方面要「務農、勸工、惠商」，也就是鼓勵人民去經營農、工、商業。「教民」是進行文化教育改革，要求創辦學堂，設立報館。

他還強調指出，中國貧弱落後的重要根源是政治上君與臣隔絕，臣與民隔絕，上下不通氣，因此他提出要用「議郎」制度來改變這種情況。辦

法是全中國每十萬戶公舉一個博古通今、直言敢諫的人做「議郎」，作為皇帝的顧問，凡遇重大事情，由皇帝召集議郎會議於太和門，根據大多數意見做出決定，付諸實行。這個辦法，有一些模仿西方近代議會制度的意味。康有為提出的這些主張，實際上是一種帶有改革導向性質的改良主義綱領，它反映了剛剛形成的工商與知識階層，以及一些開明地主的需求。康有為認為，如果實行了這些主張，就可以既不用根本推翻封建統治制度，又可以在政治、經濟、文化方面學習西方國家的一些長處，使中國發展資本主義，走上富強的道路。

西元 1895 年 5 月 2 日，舉人們把這份萬言書送到都察院（清政府的最高監察機關），可是都察院卻推說皇帝已經在條約上蓋了印，拒絕把萬言書進呈給皇帝。

「公車上書」雖然沒有能夠阻止《馬關條約》的簽訂，皇帝也沒有看到，但是它的全文，被輾轉傳誦，上海、廣州等地還特地刊行了〈公車上書記〉廣為宣傳。各省的舉人回去之後，也或多或少地傳播了這些主張。於是，「公車上書」所提出的改良主義的政治改革要求，廣泛地傳播開來，康有為也成為全國矚目的改良派的領袖人物。

（王德一）

強學會、保國會

「公車上書」以後，康有為等覺得要繼續宣傳變法維新，開通風氣，推動改良主義的政治運動，就必須把人聯繫起來，並且建立一個比較固定的組織。因此，西元 1895 年 8 月，由康有為發起，在北京成立了「強學

會」。參加強學會的有一千多人，聲勢盛大。

強學會的宗旨是「求中國自強之學」。在康有為起草的強學會序文中，敘述了列強虎視眈眈地想瓜分中國的危急情狀，要求培養人才，講求學業，以便禦侮圖強。強學會成立後，每十日集會一次，每次都有人演說。演說的內容也主要是敘說國家民族的危機，宣傳變法圖強的辦法。

為了「推廣京師之會」，康有為等又到上海組織「強學分會」。上海強學分會在章程中規定主要辦四件事：①譯印圖書，②發行報紙，③開圖書館，④設博物院。分會成立後，出版了《強學報》，每日印一小冊，免費分發給讀者，宣傳變法維新。

封建統治者一直是嚴格禁止人民集會結社的，他們當然不准許強學會的合法存在。這年冬天，李鴻章的親家、御史楊崇伊參劾（檢舉告發）強學會，說是私立會黨，議論朝政，應該禁止。慈禧太后立即下令封閉北京強學會和上海強學分會。

強學會雖被封禁，但它的影響卻很大。維新思想在很多知識分子和一部分官僚中很快傳播開來。在北京還有一些人暗暗地組織小的學會，幾天集會一次，進行活動。上海、廣東、湖南等地的維新活動也紛紛開展起來。全國各地瀰漫了變法維新氛圍。

康有為在強學會被禁後，就離開北京，回到了廣東老家講學，團聚維新人才。到了西元 1897 年冬，德國強占了膠州灣，接著其他各國也紛紛強占中國土地，達到空前嚴重的地步。康有為見此情形，立刻從廣東趕到北京，一方面繼續向皇帝上書請求變法，另一方面又在京城士大夫中間積極活動，準備重新組織學會。他先勸說各省旅京人士，組織地方

性的學會，如由他自己發起組織了「粵學會」，由楊銳等發起組織了「蜀學會」，由楊深秀等發起組織了「陝學會」，由林旭等發起組織了「閩學會」等。

在這些地方性學會的基礎上，康有為又籌劃組建了一個全國性的大會。這時剛好各省舉人又來到北京應試，康有為等便邀集各省舉人和北京的一些士大夫組織了「保國會」。

西元 1898 年 4 月，保國會正式成立。

保國會先後開了三次會，影響越來越大，這就引起了封建勢力的嫉恨。有些人特地印了「駁保國會」的小冊子；有些人故意製造謠言，攻擊保國會；有些守舊官僚就上奏章彈劾保國會；甚至有些頑固派專門組織了「非保國會」，和保國會對抗。

在這種情形下，保國會的發起人之一、投機官僚李盛鐸見勢不妙，竟然自己上疏彈劾保國會。同時，守舊大臣剛毅等也極力主張查禁保國會。這時，封建統治集團中以不當權的光緒皇帝為首的一派，表示支持維新運動，並且不顧以慈禧太后為首的頑固派的反對，下令實行變法，施行新政，發動了「戊戌變法」（西元 1898 年是舊曆戊戌年）。查禁保國會的事也就擱置了下來。

不過，保國會雖然沒有被正式查禁，但在封建勢力的竭力破壞下，也就此停止了活動，實際上等於在無形中解散了。

（秦漢）

第三編　歷史之表：朝代與民族的演進

《時務報》

梁啟超（西元 1873 年至 1929 年）是康有為的學生，維新變法運動傑出的宣傳家。他所主編的《時務報》，是宣傳變法維新影響最大的一張報紙。

當時維新派很注意組織學會、創辦學堂和出版報紙的工作。上海強學分會被封閉後，由汪康年等提議，以強學分會的餘款，籌辦《時務報》。西元 1896 年 8 月 9 日，《時務報》正式創刊，由汪康年任經理，梁啟超任主筆。每十日出版一冊，每冊二十餘頁，內容以宣傳「變法圖存」為宗旨。

《時務報》出版後，接連地刊載了許多批評封建政治、鼓吹變法維新的文章。特別是梁啟超寫的一些論著，如著名的〈變法通議〉等，見解新穎，文字生動，很受讀者歡迎。幾月之間，竟行銷一萬七千多份，開中國有報紙以來的最高紀錄。一個反對維新運動的文人記載說：《時務報》上的文字，痛快淋漓，說出了好多人想說又不敢說的話，江淮河漢之間，很多人都喜歡它文字新奇，爭著傳誦。從這裡也可以見到《時務報》影響之大了。難怪有人說，維新派的議論得以盛行，是「始於《時務報》」。

《時務報》既風行海內，主筆梁啟超也因之「名重一時」，人們談起變法維新，常常把康有為和梁啟超合稱「康梁」，梁啟超在宣傳康有為的變法維新思想中，的確有很大的功勞。

但《時務報》在經濟上主要是靠洋務派官僚張之洞的捐助，張之洞對於《時務報》上的激烈言論，很不滿意，常常干涉《時務報》，甚至不準有些文章在《時務報》上發表。經理汪康年本來曾是張之洞的幕僚，他經常

秉承張之洞的意志，因此和梁啟超發生意見分歧。西元1897年冬，梁啟超辭去《時務報》主筆職務，到湖南就任時務學堂總教習。《時務報》便由汪康年一人主持。

不久，戊戌變法發生，《時務報》改為官報，官報還沒有辦起來，戊戌維新運動就失敗了。

（葉黃）

嚴復

嚴復（西元1853年至1921年）字又陵，又字幾道，福建侯官人。西元1877年至1879年留學英國。他在留學期間，讀了許多西方哲學和社會科學方面的著作，逐漸接受了民主思想。

19世紀末，列強掀起了瓜分中國的狂潮，中國面臨亡國的危機。在這種形勢的刺激下，嚴復主張向西方資本主義國家學習，按照西方國家的模樣，來改變中國的政治制度，以挽救民族危亡，使中國富強起來。

在戊戌變法時期，他參加了維新運動。當時他寫了不少提倡維新變法的文章，如〈闢韓〉和〈原強〉等。他在〈闢韓〉中，把封建社會裡神聖不可侵犯的君主，斥責為「大盜」，並且指出君主有絕對專制的權力，並不是什麼「承受天命」，而是「大盜竊國」。他在〈原強〉中，提出了廢除封建專制政治，實行君主立憲的政治主張，這些主張和要求在當時是有一定的進步意義的。

嚴復認為要變法圖強，就必須向西方資本主義國家學習，為此他翻譯了許多西方著作，如湯瑪斯・亨利・赫胥黎（Thomas Henry Huxley）的

《天演論》、亞當·史密斯（Adam Smith）的《原富》和孟德斯鳩（Montesquieu）的《法意》等書。這些書比較系統地介紹了西方政治、經濟、哲學等方面的學說以及某些自然科學知識，成為當時中國新興工商階級跟封建專制主義進行抗爭的重要思想。

這些書中，《天演論》在當時的影響最大。赫胥黎在這本書中把英國生物學家達爾文關於生物進化的學說，用來解釋人類社會的發展變化，認為人類社會也像生物界一樣，適合「物競天擇」和「弱肉強食，適者生存」的規律，這就是說，人類相互之間存在生存競爭，在競爭中，只有能適應時勢的，才可以生存下去。嚴復發揮了這個論點，認為國家與國家之間也是一個競爭的局面，在競爭中誰最強硬有力，誰就能獲得優勝，就可以生存下去；否則就要遭到強者的吞併，以至滅亡。他認為當時中國正處在和其他國家爭生存的環境之中，如果中國不努力爭取自己的生存，就會永遠淪為西方國家的奴隸。他呼籲中國要想自強，就只有趕快向西方資本主義國家學習，實行維新變法。

嚴復在19世紀末中國民族危亡的嚴重關頭，翻譯了《天演論》，並藉此大聲疾呼變法圖強，這在當時的歷史條件下，有著一定的正向作用，它使人們感到必須努力奮發圖強，中國才能得救。

戊戌變法失敗後，事實證明改良主義道路在當時的中國是走不通的，革命派開始了革命活動，但是嚴復仍堅持改良，反對革命。辛亥革命後他投靠袁世凱，甚至為袁世凱的稱帝捧場效勞。在五四運動時期他又提倡復古「尊孔」，反對新文化運動。戊戌變法後的嚴復沒有跟上時代的腳步，而逐漸變成思想落後的人物了。

（榮國漢）

百日維新

「百日維新」又稱「戊戌變法」，是西元 1898 年（舊曆戊戌年）發生的一次改良主義政治運動。

「公車上書」以後，康有為等維新派到處組織學會，創辦報紙，宣傳變法主張。改良主義運動有了很大發展，贊成變法的人越來越多，西元 1898 年時，全國有學會、學堂、報館三百多所。這時候，中國被瓜分的危險更加迫近。這年二月，康有為從廣州趕到北京，第五次向光緒皇帝上書，懇切地說，如果再不變法，不但國亡民危，就是皇帝想做普通老百姓都要做不成了。

這時清政府內部分成了兩派：一派是「后黨」，就是以慈禧太后（西太后）為首，掌握著實權的頑固派和洋務派大官僚集團。他們在一系列政治活動中，得出了一條反革命經驗，就是對外投降列強、對內鎮壓人民。為了保住他們對於中國人民的統治地位，這些人反對一切政治上的革新。另一派是以光緒皇帝和他的老師翁同龢為首的少數官僚集團，稱為「帝黨」。

原來同治皇帝在西元 1875 年死去之後，慈禧太后選中同治的一個年僅四歲的堂弟繼承皇位，改年號為光緒，自己再一次「垂簾聽政」，獨攬大權。西元 1889 年，光緒已經十八歲，慈禧在表面上宣布由光緒「親政」，但實際上仍舊牢牢地控制著朝廷的一切權力，光緒依舊只是一個傀儡皇帝。光緒對慈禧太后獨攬大權十分不滿，也不甘心看著后黨賣國，斷送清朝江山，使自己做「亡國之君」，所以希望經過變法，引進新人來奪取實權，排斥后黨，救亡圖存。因此，康有為的話深深打動了光緒，他下定決心支持維新派的變法活動。

第三編　歷史之表：朝代與民族的演進

　　接著，康有為又上了一個全面籌劃變法步驟的奏摺，進一步要求光緒立即向群臣表明變法決心，吸收維新派人士參加政權，大力改革政治機構，實行君主立憲。光緒也親自召見了康有為，詳細傾聽了他的變法意見。到了6月11日，光緒正式下令宣布變法。在維新派的影響和直接參加下，從6月11日到9月21日，光緒皇帝一連下了幾十道實行新政的命令，對封建的政治、經濟和文化教育等各個方面進行改革。這些改革的主要內容是：經濟方面，在中央設立礦務鐵路總局、農工商總局，各省設商務局；提倡設農會、商會等民間團體；保護和獎勵農工商業等。政治方面，鼓勵人民創辦報紙，給予一定的言論、出版自由；裁撤一部分無用的衙門和官員。文教方面，廢除八股，改革考試制度；在北京設立大學堂，各地設立中小學堂；設立譯書局，獎勵科學著作和發明。軍事方面，裁減舊式軍隊，訓練新式的陸海軍，加強國防等等。

　　這些命令雪片似地頒布下去，在全國引起很大震動。支持的人固然不少，可是反對的人更占優勢。除了中央以慈禧太后為首的反革命集團之外，在各省的地方大吏絕大部分也都是守舊官僚，他們仗著慈禧太后為靠山，根本就不理睬這些改革命令。加上那成千上萬的盼著「金榜題名」來升官發財的秀才、舉人，那遍布全國反對一切新事物的地主士紳，那被裁撤的衙門的大小官吏等一切舊勢力，都極力反對變法。

　　各色各樣的頑固守舊的勢力結成了一個反維新的聯合陣線。但維新派除了擁有一個毫無實權的、名義上的皇帝之外，絲毫沒有與頑固派較量的實際力量。他們既不敢依靠百姓，自己手裡又不掌握著軍隊。因此，維新運動雖然表面上轟轟烈烈，其實卻隨時有被頑固派扼殺的可能。果然，到9月21日，慈禧太后發動政變，把光緒囚在中南海四面環水的瀛臺，廢除

了一切新政法令,殺害了一些維新人士。維新派最重要的人物康有為、梁啟超逃亡國外。

這次改良主義的政治改革只進行了一百零三天,就在舊勢力的反攻下失敗了,這就是歷史上有名的「百日維新」。

(王德一)

戊戌六君子

光緒二十四年八月十三日(西元 1898 年 9 月 28 日),以慈禧太后為首的頑固派,屠殺了積極參與維新運動的譚嗣同、林旭、楊銳、劉光第、楊深秀和康廣仁。歷史上把他們叫做「戊戌六君子」。在這六個人中間,譚嗣同的思想最為激進。

譚嗣同,字復生,號壯飛,湖南瀏陽人,同治四年(西元 1865 年)出生在北京。他的青年時代,正當列強加緊侵略中國的時候。特別是中日甲午戰爭以後,民族危機日益深重,維新思想有了進一步的發展,很多愛國知識分子紛紛要求變法圖存。譚嗣同也積極主張變法維新,在湖南瀏陽發起設立學會,集合維新志士講求變法救亡的道理。後來他到了南京,和在上海主辦《時務報》鼓吹變法的梁啟超取得密切聯繫,經常為《時務報》撰稿。

西元 1897 年,他寫成了代表他的社會政治思想和哲學思想的名著——《仁學》。在這本書裡,他尖銳地抨擊了封建君主專制統治,熱烈要求進行資本主義的政治改革,發展資本主義經濟。同時,他還深刻地批判了封建

的倫理道德觀念，大膽地發出了衝決封建網羅的號召。當然，在這本著作裡也表露了他想不從根本上推翻封建制度而發展資本主義的改良主義幻想。

就在這一年，他回到維新運動已經發展起來的湖南長沙，參加維新活動，和梁啟超、唐才常等共同主辦「時務學堂」，並擔任《湘報》主編，在報紙上宣傳變法理論，抨擊清廷暴政。

西元 1898 年 6 月，在維新浪潮的推動下，光緒帝正式下令實行變法。譚嗣同、林旭、楊銳、劉光第都被任命為軍機處的「章京」(「軍機處」是清代專門秉承皇帝意旨，處理軍國要政的中央最高權力機構。「章京」是一種負責具體工作的較低階的官職)，專門幫助光緒皇帝推行新政，負責批閱奏摺、草擬詔書等工作。

頑固派不能容忍變法維新運動的進一步發展，慈禧太后等正在積極籌劃政變。維新派深感局勢嚴重，推舉譚嗣同去遊說握有重兵的袁世凱，以武力保衛光緒帝，粉碎頑固派的陰謀。但是，袁世凱卻向頑固派告密，出賣了維新派。慈禧太后立即發動了政變，一面囚禁光緒帝，一面搜捕維新派。譚嗣同、林旭、楊銳、劉光第、楊深秀、康廣仁先後被捕。後來，慈禧太后就把這六個人殺害了。

譚嗣同臨死時，神色自若，慷慨從容，並且留下了十六個字的臨終語：「有心殺賊，無力回天；死得其所，快哉快哉！」「有心殺賊」道出了他反抗黑暗的封建專制主義統治的決心，「無力回天」反映了他走改良主義道路所造成的悲劇命運，後面兩句話，表明了他為爭取國家進步而奮鬥，不怕流血犧牲的英雄氣概。

（方攸翰）

《大同書》

《大同書》是康有為所寫的一本書。在這本書裡，康有為精心地設計了一個未來美好社會的藍圖——「大同世界」。康有為的「大同世界」只是一個不切實際的幻想。

《大同書》一共分十部（也就是十章）。在第一章裡，康有為詳細地描寫了人世間的種種苦難，揭露了現實生活的種種黑暗和不合理。這些描寫和揭露，表現了康有為對於勞苦大眾的深切同情，譬如他說：「農民們一年到頭，辛苦勞作，但是全家人卻飢寒交迫。」又說：「每逢荒年，農民們收成很少，地主還要追討租米，交不上租就要被關進監牢。」

康有為宣傳男女老幼、富貴貧賤都逃不脫各式各樣的苦難，目的是要說明，只有實行了他的「大同世界」的方案，才能使人人幸福。在其餘的九章裡，康有為向人們詳細地展示了「大同世界」的美妙前景。根據他的描寫，在大同世界裡，人人都只有歡樂，沒有憂愁。農工商業都歸公有，再也沒有個人的私產。生產力高度發展，每個人一天只要勞動三、四個小時，甚至一、兩個小時就可以生產出充足的東西，其餘的時間，都可以用來「游樂讀書」。一個人從誕生起，就由社會撫育，長到六歲就上學讀書，二十歲以後就工作勞動，年老了進養老院享福。到那個時候，人人相親相愛，再沒有互相欺壓、互相仇恨……

康有為說，「大同世界」的到來，不必經過階級鬥爭，不必經過革命。因為在他看來，階級鬥爭和革命會流血、會破壞，是很可怕的。最好的辦法是，由一些聰明的「仁人」廣泛地宣傳大同世界的好處，吸引人心，「大勢既倡，人望之如流水之就下」，等到大家都贊成「大同」了，大同世界就

第三編　歷史之表：朝代與民族的演進

自然會到來。因為要經過慢慢地宣傳，要等所有的人都贊成，所以他說，大同世界的到來得等到千年之後。

（秦漢）

■ 義和團運動

> 神助拳，義和團，
> 只因鬼子鬧中原……
> 兵法藝，都學全，
> 要平鬼子不費難。
> 拆鐵道，拔電桿，
> 緊接毀壞火輪船。
> 大法國，心膽寒，
> 英美德俄勢蕭然。

這是光緒二十六年（1900 年）義和團運動時廣泛流傳的歌謠，它表達了驅除列強侵略者的意志。

義和團原名義和拳，是白蓮教的一個支派，主要在山東西部祕密流傳，信神練功。到 19 世紀末葉，人民日益高漲的反侵略抗爭，就透過義和團這一組織形式開展起來。

義和團先在山東開始抗爭，打敗了前來鎮壓的清朝官兵，迫使山東巡撫毓賢承認了義和團的合法地位，並提出「扶清滅洋」的口號，把抗爭矛頭主要指向列強。

義和團運動

列強指使清政府改派練有新式陸軍的袁世凱做山東巡撫，以便透過袁世凱鎮壓人民的反侵略抗爭。這位軍閥對義和團進行了殘酷的鎮壓。1900年春天，義和團從山東逐漸擴展到直隸（今河北省）一帶。鄉村的貧苦農民、運河沿岸的失業工人和京津等地的城市勞動者踴躍參加，婦女群眾也積極組織起來。同時，山西、內蒙古和東北各地也都紛紛建立了義和團的組織，南方各省也有許多地方起來響應。人民衝破了列強和清朝封建統治者的壓制和破壞，迅速地掀起了聲勢浩大的反侵略運動。他們到處焚燒洋教堂，破壞鐵道和電線。面對中國人民的反侵略抗爭，列強公然派兵進行武裝干涉。

在這種情形下，義和團也就更大規模地動員起來，進一步發展為反抗列強的武裝鬥爭。手執戈矛的革命人民抗爭得很英勇，英國海軍提督西摩爾率領侵略軍從天津向北京進犯，只到達廊坊，便被義和團團民打得狼狽逃回。成千上萬的團民趕往天津，在張德成、曹福田等的領導下，與各國派來的侵略軍進行了抗爭。同時北京的團民也向列強的集中地——東交民巷外國公使館和西什庫教堂發動了進攻。民眾送水備飯，給予了熱烈的支持。清政府的部分愛國官兵也和團民一起參加了作戰。

清政府對於從農民中自發興起的義和團，一開始即視為「亂民」，誣作「拳匪」，一再下令「剿辦」。但是義和團衝破了清政府的鎮壓，迅速發展起來。壓倒了清政府的反革命氣焰，勝利地進入了北京和天津，控制了清朝的心臟地區，甚至在皇宮禁地也要進去搜查「二毛子」（指依附列強的中國人）。這使得清政府驚惶失措，感到若不從表面改變態度，避開義和團運動的打擊鋒芒，那麼自己首先就有被推翻的危險。於是清政府暫時收起了鎮壓政策，轉而宣稱義和團是義民，並且被迫在這年的6月21日對列強「宣戰」。但在幾天以後便又偷偷地電令駐在外國的使臣向各國解釋

「苦衷」，請求諒解，並保證還是會想辦法「懲辦」這些「亂民」。

之後，英、美、法、德、俄、日、奧、意八個國家派來了侵略軍，大舉向中國人民進攻。慈禧太后在逃往西安的路上大罵義和團是「拳匪」，並命令清政府的官兵協助列強侵略軍「剿辦」義和團。在內外反革命派的聯合屠殺之下，轟轟烈烈的義和團運動失敗了。

（張守常）

八國聯軍

列強歷來仇視各國人民的革命運動。義和團運動爆發後，各國更加咬牙切齒，由英、美、德、日、俄、法、意、奧八個國家組成了「八國聯軍」進行公開的武裝干涉。1900年（舊曆庚子年）8月13日晚上，侵略軍闖到北京城下。14日，中國的部分愛國軍隊依託城牆，在北京城東面的齊化門（朝陽門）－東直門一線，和日、俄侵略軍苦戰了一天，殺傷敵人近五百人。這一天下午，英國侵略軍從防備空虛的廣渠門攻入北京外城，並進入了內城的使館區（天安門的左前方東交民巷一帶），15日，北京城裡部分軍隊和義和團仍在繼續巷戰，但已不能挽救北京城的陷落。

封建統治者慈禧太后，根本沒有抵抗的決心，到了這時，丟下了北京的人民，化裝成農婦從西直門逃走了。平日作威作福的官吏，有的早已逃散；沒有逃散成的，也只顧自己身家，想方設法弄了洋文護照作保命符；還有一班更加無恥的人，幫助侵略者欺負人民。

從北京陷落的那一天起，全城就陷入了極度恐怖的境地。這群自誇為「文明人」的侵略強盜，在北京城裡做下了世界近代歷史上罕見的野蠻

行為。侵略者一進北京，就放縱軍隊公開大搶三天，三天過後，搶劫仍沒有停止。人們家裡的金銀、首飾、糧食和一切值錢的東西，都被搶光，搬不動的家具則被劈為柴火燒掉。在各國使館和軍營裡，搶劫的東西堆積如山，侵略強盜都搶著進行分贓和買賣贓物。皇宮府庫裡保存的許多珍貴文物也紛紛被劫運到國外。靠近英國使館的翰林院，保存著中國大量的珍貴歷史文獻，不少被放火燒掉，剩下來的也被各國囊括而去。直到現在，美國的紐約、英國的倫敦和法國的巴黎仍收存著這些贓物。此外，政府機關的錢財、倉庫的糧食，更是被洗劫一空。

（章明）

《辛丑條約》

列強在鎮壓義和團運動之後，強迫清政府簽訂了《辛丑條約》。這是列強加在中國人民身上的又一條沉重的鎖鏈。

清政府在義和團的巨大壓力下，表面上向各國「宣戰」，暗地裡卻千方百計地破壞義和團運動，積極向列強謀求妥協。1900年7月14日，天津失陷以後，清政府更加慌了手腳，於8月7日任命李鴻章為全權大臣，正式向列強乞和。

列強需要繼續利用和維持清朝政府，並透過這個聽話的傀儡，間接地統治中國人民。

1900年12月，列強各國（除了出兵的英、美、法、德、日、俄、意、奧八國之外，又加上比利時、荷蘭、西班牙三國）向清政府提出《議和大綱》十二條，以後又根據這個大綱訂立詳細條款，於1901年9月7日在

北京正式簽字。1901 年這一年是舊曆辛丑年，所以這個條約又叫《辛丑條約》。

《辛丑條約》全文共十二款（另有附件十九件），主要內容有：

1. 懲辦「得罪」列強的官員，上自親王下至府縣地方官，被監禁、流放、處死的有一百多人。同時還要派親王、大臣到德國、日本去道歉賠罪。

2. 清政府明令禁止中國人民建立和參加抵抗列強的各種組織。各地方官對於人民的反抗外國侵略的活動，如不立時鎮壓，即時撤職查辦。

3. 賠款四億五千萬兩白銀，從 1902 年 1 月 1 日算起，分三十九年還清。加上利息，共九億八千多萬兩白銀。

4. 在北京東交民巷一帶設使館區，列強各國可以在使館區駐兵。中國人不準在使館區內居住。

5. 大沽炮臺以及北京到天津海口的各個炮臺一律拆毀。

6. 北京到山海關間鐵路沿線十二處，各國可以駐兵。

（章明）

東南互保

「東南互保」，是義和團運動期間，東南各省的軍閥官僚勾結列強鎮壓中國人民反侵略運動的一項活動。

義和團運動期間，清朝中央政權在人民抗爭的壓力下，為了保持自己的統治地位，不得不在表面上向各國「宣戰」。在北方幾省義和團運動的推動下，南方各省人民也在醞釀著大規模的反侵略抗爭。這時，一直把長

江流域看作自己勢力範圍的英國，為了保持在這個地區的侵略利益，不使反侵略運動在這個地區發展起來，決定勾結長江流域的軍閥官僚共同行動。

6月中旬，英國政府向兩江總督劉坤一和湖廣總督張之洞表示願意以武力支持他們「維持長江秩序」。劉坤一和張之洞得到了英國的支持，膽子壯了起來，他們根本不理會清朝中央政權的「宣戰」命令，於6月26日由大買辦盛宣懷出面，與上海的列強各國領事商定了所謂的《東南互保章程》。

章程規定「上海租界歸各國共同保護，長江及蘇杭內地均歸各督撫保護，兩不相擾，以保全中外商人生命產業為主」。根據這個章程，另外還擬定了《保護上海租界城廂內外章程》，規定「租界內華人以及產業應由各國巡防保護，租界外洋人教堂教民，應由中國官妥為巡防保護」，對於「聚眾滋事」的人，要「一體嚴拿，交地方官從重嚴辦」。

根據《東南互保章程》，在兩江總督所轄的江蘇、江西、安徽和湖廣總督所轄的湖北、湖南等東南地區的五個省分內，中外勢力勾結，共同鎮壓中國人民反侵略運動，實行所謂「互保」。

後來，兩廣總督李鴻章、閩浙總督許應騤和山東巡撫袁世凱等軍閥官僚，也都表示和東南各省採取一致態度，在他們所轄的地區內也像兩江、兩湖一樣和勾結列強，加強了對中國人民反侵略運動的鎮壓。

「互保」的局面，在義和團運動期間在東南各省一直保持著。在這期間，英國曾陸續派遣軍艦開往上海、南京和漢口等沿江口岸，幫助當地軍閥官僚鎮壓人民的反侵略運動。

「東南互保」的實行，使東南各省人民的反侵略運動受到了嚴重的壓制

第三編　歷史之表：朝代與民族的演進

和阻礙，沒有能夠發展成為大規模的抗爭。這項活動，在當時發揮了保護東南各省列強和軍閥官僚的反革命利益，穩定這一地區半殖民地統治秩序的作用。

（榮國漢）

頤和園

頤和園是在北京西北近郊區的一所大型園林建築。園內以萬壽山和昆明湖為主，在湖山之間建有各式各樣的樓臺殿閣、亭榭橋廊，再點綴上松柏花木，使自然山水與人工布置結合得極為諧和，氣象壯麗而境界幽美，體現了中國園林藝術家和建築工人的高度智慧和傑出技能。

這裡原名清漪園，是西元 1750 年清朝的乾隆皇帝下令修建的。這年，他為了替他的母親慶祝六十歲「萬壽」，在這裡的甕山上修建大報恩延壽寺，改甕山名為萬壽山。在山前的湖水東岸築堤蓄水，使湖增大，模仿漢武帝在長安鑿昆明池練水軍的故事，也在這裡觀看水操，並命名為昆明湖。這一處湖山，從此便成了圓明園附近的又一所禁苑。

咸豐十年（西元 1860 年）英法聯軍侵入北京，焚毀圓明園，清漪園也同時被毀。十幾年以後，慈禧太后想修復圓明園，供她遊樂，但因需款太大，未能進行。又過了十幾年，慈禧太后在建立海軍以加強國防的名義下，責成各省年年撥解鉅款，而暗地從中提取經費，於西元 1888 年重修清漪園，作為她「頤養天年」的地方，園名也改為頤和園。她搜刮了人民大量的膏脂血汗，修成了這個華美壯麗的庭園，供她一人享受遊樂。

西元 1894 年，中日甲午戰爭爆發，李鴻章負責經營的北洋艦隊全

軍覆沒，中國海陸軍大敗。第二年簽訂《馬關條約》，割地賠款，喪權辱國，全國人民正悲憤莫名的時候，慈禧太后卻仍舊安然地在頤和園避暑度夏。當時民間曾傳述一副對聯來表達他們的滿腔憤懣：

臺灣島已割日本

頤和園又搭天棚

1900 年，八國聯軍侵入北京，頤和園又遭到侵略軍的破壞，慈禧太后從西安回來之後再予修整。清政府被推翻後，頤和園於 1924 年被闢為公園。

（張守常）

慈禧太后

慈禧太后（西元 1834 年至 1908 年）出身於滿族貴族家庭，稱葉赫那拉氏。咸豐元年（西元 1851 年）她十七歲時，被選進皇宮，成為清朝咸豐皇帝的嬪妃。初封「懿貴人」，是嬪妃的第五級。後來晉封為「懿嬪」。西元 1856 年時，她生了兒子載淳，隨即晉封為「懿妃」。第二年又晉封為「懿貴妃」，僅次於一級的「皇貴妃」，列為宮廷中嬪妃的第二級了。她的「地位」扶搖直上，使她有機會參與政事，並產生了掌握統治權力的欲望。西元 1861 年咸豐皇帝死去，她的兒子載淳才六歲，便繼承了帝位，這就是同治皇帝。

同治皇帝的年齡很小，不能掌管國家政事，她就以皇太后的身分，打破清朝成例，實行「垂簾聽政」，稱為慈禧太后（或稱西太后）。從此，慈禧就正式地爬上了統治中國的政治「寶座」，成為中國近代歷史上黑

暗、腐敗的封建統治勢力的代表，並且充當起列強侵略中國最得心應手的工具。

慈禧太后為了鞏固她的統治地位，頭一件事就是聯繫奕訢等洋務派勢力，取得列強的同情與支持，發動了西元1861年的「北京政變」，把當時掌握清朝政府中央實權的滿族親貴載垣、端華、肅順等「議政王大臣」處死，消滅了她的政敵。接著，又使用各種手段，培植她的黨羽爪牙，在她周圍形成了一個由許多滿族親貴和一部分漢族地主官僚組成的「慈禧集團」。

慈禧太后剛剛打倒了她的政敵，鞏固了自己的統治地位，就立刻把大屠殺的刀鋒指向了正在**轟轟**烈烈展開抗爭的太平天國和捻軍，她十分明確地宣稱，這些革命農民是她的「心腹之害」。她勾結英法侵略者鎮壓中國人民。在慈禧的主持下，中外反革命勢力對太平天國革命運動進行了聯合進攻，終於在西元1864年將太平天國革命鎮壓下去了。不久以後，又血腥地鎮壓了捻軍以及各地的人民起義。慈禧太后就這樣扼殺了中國近代史上的第一次革命高潮，取得了封建統治的暫時穩定。

慈禧太后勾結外國侵略者鎮壓了人民起義以後，就一方面盡量地宣揚她鎮壓人民的「功勳」，掛出一面「同治中興」的招牌；另一方面極力鋪張揮霍，追逐驕奢淫逸的生活。她最寵愛的太監，先有安德海，後有李蓮英，「招權納賄」，肆行搜刮，以供揮霍，把宮廷弄得烏煙瘴氣。今日宴會，明日賞賜，「天天過年，夜夜元宵」。

除了宮廷靡費之外，她進一步大興土木，勞民傷財。例如，修建頤和園，據說，「土木之費，幾七千萬，窮極奢侈」。其實修建頤和園的花費，遠遠超過此數。因為除挪用了「籌設海軍經費」三千六百萬兩之外，還得

加上各地官僚從人民身上搜刮來向她「報效」的許多銀錢。西元 1894 年，慈禧太后為了慶祝她自己的六十歲生日，下令各省準備景物「點景」。從紫禁城到頤和園的路上，各省分布「點景」，實際成了一次鋪張浪費的大比賽。

慈禧太后整日生活在驕奢淫逸之中，對於日益嚴重的民族危機，根本不聞不問，相反地，她還常常把外國侵略勢力當作保護她統治地位的靠山。她和她的集團曾經公開說過，他們對於外國侵略者的方針是：「量中華之物力，結與國之歡心」。這兩句話確實是慈禧集團的最好的自我寫照。慈禧太后在處理所有對外交涉事件中，都是按照這個原則辦事的。例如，西元 1885 年，中國軍民在抗擊法國侵略的戰爭中，和越南人民一起，在鎮南關（今友誼關）一帶打退了敵人的進攻，並且乘勝追擊逃敵，取得了輝煌的勝利。但是以慈禧為首的清朝統治集團卻把勝利作為議和的階梯，提出「乘勝即收」的投降賣國論調，立即結束戰爭，並和法國簽訂和約，使中國喪失了大量主權利益。

在中日甲午戰爭中，慈禧太后及其統治集團始終對戰爭抱著悲觀態度，不做戰爭準備，卻把希望寄託在別國的干涉和調解上，到處求人。結果戰機全失，海陸軍遭到慘敗，還簽訂了割地賠款的《馬關條約》，使中國又喪失了大量的土權利益。

在義和團反抗八國聯軍的戰爭中，慈禧太后統治集團害怕義和團的勢力。他們一面假意表示支持義和團的反侵略抗爭，企圖利用列強達到消滅義和團的目的，另一面卻又積極準備投降列強。八國聯軍打到北京，慈禧太后立即逃往西安，她在逃跑的路上下令清軍配合列強屠殺義和團。

李鴻章、奕劻執行著慈禧太后的對外方針，於 1901 年簽訂了喪權辱

國的《辛丑條約》。慈禧太后就這樣又一次撲滅了中國近代史上第二次革命高潮。

中日甲午戰爭後，中國面臨著被瓜分的危機。代表中國工商階級需求的知識分子和一部分中小士大夫，掀起西元1898年的戊戌變法運動。企圖透過自上而下的改良主義的變法道路，使中國擺脫被瓜分的危機，走上獨立富強的道路。戊戌變法在當時的歷史條件下，具有進步性。但慈禧太后統治集團，根本拒絕和害怕在政治上做任何改革。她糾合封建頑固勢力，反對變法，反對進步，並暗中布置力量，又一次採取宮廷政變的手段，囚禁光緒皇帝，廢除維新政令，大肆捕殺戊戌變法的志士，扼殺了維新運動。

義和團運動後，民主革命運動迅速地發展起來，形成了中國近代歷史上的第三次革命高潮。慈禧太后竭盡一切力量，想破壞和鎮壓革命。但是，她並沒有成功。1911年，終於爆發了辛亥革命，推翻了腐朽的清王朝。而慈禧太后比那個封建朝廷更早地結束了自己的生命，她在1908年就在革命高漲的形勢下死去了。

（袁定中）

列強在中國開設的銀行

列強在中國開設銀行，是對中國進行經濟侵略和政治侵略的重要手段。

最早在中國開設銀行的是英國。鴉片戰爭以後，英國資本主義把大量的紡織品、鴉片和其他商品運入中國，又從中國掠取絲、茶運回本國，他們透過這種掠奪性貿易獲取暴利。為了辦理大量款項的匯兌和周轉，以便

列強在中國開設的銀行

進行這樣的貿易，他們便開始在中國籌設銀行。西元 1848 年，他們在上海設立了第一家外國銀行——東方銀行的分行，中文名字叫做「麗如銀行」。

西元 1854 年，英國又設立了「有利銀行」，西元 1857 年設立了「麥加利銀行」。後來，麥加利銀行又在漢口、天津、廣東、福州、青島等地先後設立了分行。這些銀行成立後，營業很興盛，獲得了高額的利潤。特別是麥加利銀行，更成為英國在中國最老的金融機構。

第二次鴉片戰爭之後，英、法等資本主義國家取得了更多的侵略特權，接著，英、美、法等國又幫助清朝封建政權鎮壓了太平天國革命運動。在這種形勢下，列強準備對中國進行更大規模的經濟侵略活動。西元 1867 年，在香港的英國資本家聯合了當地一部分德國、美國商人，共同創立了「滙豐銀行」，次年還在上海設立了分行。

據一個外國人的統計，英國銀行「在中國支店的數目，西元 1870 年有十七個，西元 1880 年有十九個，西元 1890 年有三十個；那些銀行的聯合資本，在西元 1880 年時達一千六百八十一萬英鎊」。在這些銀行中，勢力最大的是滙豐銀行，「它為了英國人的利益而用不正當的手段操縱貿易」，而且成了「壓倒一切的財政勢力」。

與此同時，其他一些資本主義國家也不甘落後，紛紛在中國開設銀行。如：西元 1863 年前後，法國的法蘭西銀行在香港和上海設立了分行；西元 1872 年，德國的德意志銀行也在上海設立了分行；西元 1889 年，德國十三家銀行合資在上海創設了「德華銀行」，資本達白銀五百萬兩。

到了 19 世紀末期，世界主要資本主義國家先後發展到帝國主義階段，對中國的經濟侵略已不只是商品輸出，而日益注重於資本輸出了。各列強國家更加積極地在中國開設銀行。銀行的作用也根本改變了，它的主

要任務已不是為商品輸出服務,而成為列強壟斷資本輸出的指揮機構和執行機構了。

西元1893年,日本的橫濱正金銀行在上海開設了分行。西元1895年,沙皇俄國成立了華俄道勝銀行。西元1899年,法國的東方匯理銀行在上海成立分行。1902年,美國花旗銀行的上海分行正式開業。

這些銀行成立之後,不但經營一般的銀行業務,還壟斷了中國的財政金融。銀行掌握了清朝政府的借款(甲午戰後,清政府為償付鉅額賠款,向外國大舉借債,列強在借款給清政府時取得很多權益),投資於鐵路和礦山,發行紙幣,操縱市場。例如,華俄道勝銀行在章程中擅自規定:「在中國境內承包稅收;經營有關中國國庫的各項業務;在中國政府授權之下,發行貨幣,償付中國政府所負的債息;修建中國境內的鐵路及安裝電線」等。

(任紅)

退款興學

1901年,列強在鎮壓了義和團運動以後,強迫清朝政府訂立了《辛丑條約》。列強向中國勒索了大批「賠款」。這批「賠款」就是歷史上所說的「庚子賠款」。同其他國家一樣,美國在鎮壓義和團運動的血泊中,也撈得一筆為數不小的賠款。

1909年,美國政府把從中國掠奪去的「庚子賠款」的一部分,用來在中國興辦學校,「培養」中國的留學生、「教育」中國學生。這就是所謂的

「退款興學」。美國為什麼這時居然大發「善心」，竟「幫助」中國發展教育事業呢？原來在實行「退款興學」手法的後面，隱藏著另一個目的。

1900 年的義和團運動，沉重地打擊了外國侵略者。同其他國家一樣，美國決定配合使用武裝侵略和精神侵略這兩種不同的侵略方式。於是開始醞釀「退款興學」的方案，企圖用這種辦法達到在政治上、思想上麻醉和俘虜中國人民的目的。

1905 年，由於美國虐待華工引起了中國人民的反美運動，中國人民以抵制美貨和經濟絕交手段打擊美國。

1907 年，一個長期在中國傳教的美國人明恩溥（Arthur Henderson Smith）出版了《今日的中國和美國》一書，積極鼓吹「退款興學」的主張。他在這本書裡還轉引了 1906 年美國伊利諾州大學校長詹姆士給美國總統的《備忘錄》。詹姆士在《備忘錄》裡毫不隱諱道地出了「退款興學」方案的目的，他說：「哪一個國家能做到教育這一代的青年中國人，哪一個國家就將由於這方面所支付的努力，而在道義的、智力的和商業的影響上，取回最大可能的收穫。如果美國在三十五年前已經做到把中國學生的潮流引向這一個國家來，並能使這個潮流繼續擴大，那麼，我們現在一定能夠使用最圓滿和最巧妙的方式，來控制中國的發展——這就是說，透過那從智力上與精神上支配中國的領袖的方式。」接著，他說：「為了擴張精神上的影響而花一些錢，即使從純粹物質意義上來說，也能夠比別的方法收穫得更多。商業追隨精神上的支配，是比追隨軍旗更可靠的。」詹姆士的言論，已把美國「退款興學」的實質目的供認出來了。

可見，美國「退還庚子賠款」的目的不是別的，而是為了對中國實行精神與文化上的侵略政策。美國對中國的精神侵略，不止於在中國辦學校，

第三編　歷史之表：朝代與民族的演進

同時還擴及精神、文化領域的各個方面,「由宗教事業而推廣到『慈善』事業和文化事業」。

（馬汝珩）

第四編

山河之形：空間與都城的歷史記憶

　　本編講了中華民國在困境中的誕生。武昌起義的爆發加速了清政府的滅亡。中華民國的建立宣布了封建君主專制制度的瓦解，使民主共和的觀念深入人心。辛亥革命後，隨著工業的發展，中國工人階級逐漸壯大，為民主革命的最終勝利埋下了希望的種子。

第四編　山河之形：空間與都城的歷史記憶

新政、預備立憲

從義和團運動以後，一次新的革命高潮立即在醞釀著，各地農民的抗爭此伏彼起，革命派領導的革命運動也迅速地發展起來。

在這樣的形勢下，清政府已經不能照舊地統治下去了。為了挽救它的反革命統治，清政府在1901年就釋出了個「變法」的通告，宣布要實行所謂「新政」。

「練兵籌餉」是「新政」的主要內容。為了加強鎮壓人民的反侵略武裝，清政府在中央新設「練兵處」，在地方設立「督練公所」，編練新軍；並且設立「巡警部」，舉辦警政。為了搜刮錢財，清政府又增添了許多名目的捐稅，加緊敲詐和勒索人民——這是「籌餉」的唯一手段。

為了討好列強，清政府還把原來的總理衙門改為外務部，列為政府各部之首，並且頒布了一系列有關保護外國資本在華特權的章程，進一步出賣國家的主權。

為了拉攏當時新興的本土工商階層，清政府還採取了一些向本土工商階層讓步的措施，包括：設立商部、學部，制定實業章程，廢八股，停科舉，設學堂，派遣留學生等。

從以上這些「新政」措施可以看出，清政府實行「新政」的目的，一則是做出姿態，表示自己要「革新政治」，企圖用這些辦法來緩和人民的革命情緒，並拉攏本土工商階層；二則是為了討好列強，透過實行「新政」進一步勾結列強；三則是想透過「新政」加強封建統治力量。

可是，清政府的「新政」並不能挽救它的垂危命運。1903年後，宣傳

革命的書報雜誌像雨後春筍一樣出現，革命團體也紛紛成立，各地人民的抗爭更是風起雲湧。清政府越來越深地陷入搖搖欲墜的境地。

在革命運動蓬勃開展的同時，本土工商階層中一部分上層分子卻竭力要求清政府實行「立憲」，企圖用改良的辦法來對抗革命，以保存清朝統治，並使自己擠進這個政權中去。清政府為了抵制革命，拉攏工商階級上層，便又裝出一副準備實行「立憲」的姿態，想用這種辦法來逃脫革命風暴的襲擊。

1905年（光緒三十一年），清政府派遣親貴載澤等五大臣出國「考察憲政」。但是人民早看穿了清政府的這一花招。革命志士吳樾就曾寫文章揭露「立憲」的陰謀，並在五大臣啟程的那天揣著炸彈到車站去炸他們，因炸彈爆炸過早，吳樾被捕犧牲。五大臣嚇破了膽，有兩個再也不敢出頭，清政府只得重新拼湊了五大臣出洋。1906年載澤等回國奏請立憲，說立憲可以固帝位、減外患、除內亂，還說，今天立憲只不過是「明示宗旨」，至於真正實行立憲的時間儘可推遲。清政府自然很中意，當年9月宣布「預備仿行立憲」。接著，一面下令在中央籌設「資政院」，並在各省設「諮議局」；一面卻以改革官制為立憲第一步的名義，積極推行由皇族獨攬大權的政策，還加緊編練新式軍隊，加強反革命武裝力量。

改良派知識分子全力擁護清政府的預備立憲，他們在江蘇、浙江、湖南、湖北、廣東等地籌備立憲機構，並向清政府請願要求早日召開國會；流亡海外的康有為、梁啟超等也請求立憲，因此，歷史上又稱他們是「立憲派」。這時，全國人民的抗爭和革命黨人的武裝起義更加發展了。清政府被迫在1908年8月又頒布了一個《欽定憲法大綱》，並宣布預備立憲期為九年。這個既是「欽定」又是「憲法」的非驢非馬的「大綱」，一共有

二十三條,其中十四條規定皇帝享有至高無上的權力,人民實際上得不到任何真正的權利。

「立憲派」為了取得政治地位,在 1910 年 2 月到 10 月,由各省派代表到北京連續三次請求清政府開國會、組內閣。在國內革命形勢更加發展的壓力下,清政府才在 1911 年 5 月成立了一個內閣,因為主要閣員都是皇族,人們管它叫「皇族內閣」。不久,辛亥革命爆發,這場醜劇才沒有繼續演下去。

(呂翼祖)

派遣留學生

中國近代史上最早的留學生是容閎,他於咸豐四年(西元 1854 年)從美國耶魯大學畢業。不過,清政府正式派留學生到外國留學是從同治十一年(西元 1872 年)開始的。

西元 1840 年以前,外強中乾的清朝統治,表面上還是一個強大的封建國家,但實際上十分衰弱,早已危機四伏了。清朝統治者一方面自以為是天朝上國,看不起當時的西方國家;另一方面又很害怕本國人民與外國接觸,深恐由此招來「內憂」、「外患」,危害自己的統治。所以,嚴格地採取了「閉關鎖國」的政策,也就是拒絕和外國往來的政策。

鴉片戰爭爆發,西方國家對中國發動了武裝侵略,昏庸無能的清政府無力抵抗,「閉關政策」被「砲艦政策」衝破了。清朝統治者被洋槍洋炮嚇破了膽,變得卑躬屈節,但同時他們也發現洋槍洋炮對鎮壓人民的反抗和

派遣留學生

維護封建統治大有用處。因此,便興辦軍火工廠,製造槍炮輪船,以加強統治力量。同時,為了學會這方面的本領,清政府決定派遣留學生出國留學。

從西元1872年起,清政府每年派遣三十名十三歲至十五歲幼童去美國留學,四年之中,一共派出了一百二十名。原定留學期限是十五年,後來清朝統治者發現這些幼童受過幾年美國教育之後,舉止行動與中國封建統治階級的禮教習俗大相背離,感到大為不安。因此在西元1881年,又下令一律撤回。這樣,派遣留學生一事就中斷了一個時期。但不久由於培養封建統治工具的需求,又恢復了。

清政府早期派遣的留學生的人數不多,主要派往歐美各國,學習軍火生產的技術和軍事。甲午戰爭以後,人數逐漸增多,學習的內容也從軍事擴大到農業、工業、商業和礦冶、鐵路工程等方面。

派遣留學生的極盛時期是在義和團運動被鎮壓以後。當時清政府為挽救垂死的封建專制統治,實行了一套騙人的「新政」,並且為此向外國、特別是日本大批派遣留學生。全國的知識分子,這時基於對外國的侵略和清政府的統治的不滿,也紛紛自費出國留學,尋求救國的辦法。一時留學外國蔚為風氣,留學生之多,達到了空前的程度。其中以去日本的為最多,在1906年達到了一萬二、三千人,去歐美的也不下幾千人。

列強對中國實行軍事的、政治的、經濟的侵略的同時,也注重文化上的侵略。因此,都加緊吸收中國留學生,其中以日本和美國尤為積極。後來,美國為了侵略,從血腥鎮壓義和團而掠奪去的「庚子賠款」中,拿出一部分來,美其名曰「退還賠款」,用來作為培養留美學生的費用。

但是,事情恰好走向列強和清朝反革命統治者所希望的反面。大部分

第四編　山河之形：空間與都城的歷史記憶

留學生不但不肯為中外反革命派效力，反而為中國的獨立和進步，做出了貢獻。許多留學生回國以後，致力於中國的社會改革，把西方文化介紹到中國來，如嚴復翻譯了許多資本主義社會學說的著作，並且參加了戊戌維新運動。還有許多人從事於建設事業，如第一批留美學生中的詹天佑，在中國鐵路建設上，創造了很大的成績，成為清末傑出的工程師。特別是在辛亥革命時期，大部分留日學生投身到革命的洪流之中，成為辛亥革命的先鋒、骨幹或領袖，對於推翻清朝統治的舊民主主義革命，有著一定作用。

（魯素）

日俄戰爭

　　義和團運動失敗後，列強對中國的侵略更加深入和劇烈了，中國的東北是爭奪非常激烈的地區。列強明爭暗鬥，互不相讓，矛盾十分尖銳，後來發展到必須用武力來解決的程度，終於在 1904 年爆發了日俄戰爭。

　　義和團運動期間，沙皇俄國以武力侵占了中國東北，直到日俄戰爭前，大部分東北地區，還處在沙皇俄國的軍事占領之下。日本對東北早有野心，力圖排擠沙俄，取代在中國這個地區的侵略地位。美國企圖利用日本達到插足東北的目的，英國害怕沙俄在中國勢力的發展，影響他們在中國的侵略利益，也積極支持日本。1902 年 1 月，英國和日本結成了反對俄國的軍事同盟。1904 年 2 月 7 日，日本軍隊突然襲擊在旅順口的俄國艦隊，戰爭爆發了。

　　日俄戰爭從開始到結束都是在中國領土上進行的，目的是搶奪中國的東北。清政府不但不採取任何保衛國家領土和主權的措施，反而宣布在戰

爭中「嚴守中立」，把遼河以東的地區劃做戰場，聽憑日俄兩國軍隊在東北殘殺人民、劫掠財物、焚毀房屋、破壞生產，並且嚴令各地官吏加緊監視和鎮壓反抗的人民。

這一場戰爭，打了將近一年零七個月，最後俄國被打敗了。

1905年9月，日俄兩國代表在美國的樸茨茅斯締結和約，這就是《樸茨茅斯條約》，條約的主要內容是沙皇政府同意把在中國東三省的一部分侵略權益轉讓給日本，其中包括旅（順）大（連）租借地，長春到大連的鐵路（所謂「南滿鐵路」），及與這些租借地和鐵路有關的一切權利。清政府不但不反對，還送給日本很多額外利益。

（美珍）

英國侵略西藏

英國侵略者自從把印度變為殖民地後，就野心勃勃地企圖透過印度進占中國西南廣闊富饒的邊疆地區——西藏。西元1860年代後，英國就從印度派遣了大批間諜扮作傳教士和商人，潛入西藏，蒐集情報，做進攻西藏的準備。西元1888年，英國公然派出軍隊，向西藏實行武裝侵略，曾遭到西藏人民英勇的抗擊。

1903年12月，英國發動了大規模的新的武裝進攻。侵略軍一踏上西藏土地，立即遇到西藏軍民的反擊。藏族人民不分男女老幼，拿起土槍、土炮、大刀、長矛，甚至「惡多」（這是平時打鳥、打牲口用的，為一包小石頭和一條繩子，用時把石頭用繩纏起用力甩出），奮勇作戰，誓死保衛家園。

第四編　山河之形：空間與都城的歷史記憶

　　江孜的保衛戰最為英勇壯烈。江孜是西藏中心拉薩的屏障，藏族人民在這裡布下了天羅地網，阻擊敵人。進攻江孜的侵略軍被西藏人民和西藏地方軍隊包圍了兩個多月，最後，率領這支侵略軍的軍官只帶領了三、四十個衛兵趁夜逃出重圍。

　　1904年6月中旬，英國重新拼湊的侵略軍，攜帶各種新式武器，再次向江孜進犯。守衛在江孜的西藏地方軍隊和藏族人民一起重新布置作戰，第一天就在乃寧寺把侵略軍打退。第二天，侵略軍用大砲把乃寧寺的圍牆轟倒，從缺口爬進寺內。寺內守軍，個個手持大刀，奮勇殺敵，經過兩小時的白刃戰，殺死多名敵人，後來因侵略軍愈聚愈多，才殺出重圍退出乃寧寺。他們退到江孜城內，和守衛在那裡的軍隊會合，利用江孜城內制高點的有利地勢，反擊進城的侵略軍。侵略軍用大砲、機槍幾次發動了猛攻，都失敗了。不幸，正在緊張戰鬥之時，軍隊的火藥庫突然失火爆炸，敵人趁機發動總攻。守在山上的軍隊在彈盡藥絕的情況下，用石頭堅持作戰，直到最後，才邊打邊撤。等敵人集中火力衝到山頂時，山上已空無一人了。

　　江孜失守後，7月14日，英軍開始向拉薩進攻。這時，達賴十三世已經出走，而清政府駐藏大臣有泰又不支持抗戰，所以，雖然西藏的人民和士兵曾經英勇抵抗，但侵略軍很快就侵入了拉薩（8月3日）。

　　侵略軍在西藏各地殺人放火，姦淫搶掠，破壞寺廟，無惡不作。藏民游擊隊不時出沒於拉薩城內和郊區，不斷地給敵人以意料不到的襲擊。侵略者知道不可能長期占領西藏土地，便急急忙忙逼迫西藏部分地方官吏簽訂所謂《拉薩條約》，匆匆退走。

　　《拉薩條約》規定給英國侵略者在西藏保有極廣泛的經濟、政治特

權，激起了人民的堅決反對。清政府對此條約也不予承認。1906年中英雙方重訂條約，英國侵略者雖然取得了一些侵略利益，但企圖分割西藏的陰謀終於遭到失敗。

（美珍）

中國同盟會

　　中國同盟會（簡稱同盟會）是孫中山建立的革命組織。早在同盟會成立以前，各階層知識分子的革命活動，隨著全國革命形勢的發展，已日益活躍起來。他們組成了許多革命的小團體，分散於國內外。其中影響較大的有興中會、華興會和光復會。

　　興中會是孫中山於西元1894年在檀香山創立的革命組織，曾在廣州和惠州組織起義，產生了不小的影響。華興會是黃興、陳天華、宋教仁等，於1904年在長沙建立的，聯繫湖南會黨，活動於湖南、湖北一帶。光復會是蔡元培、章炳麟、陶成章等，於1904年在上海組織的，活動於江蘇、浙江一帶。這些革命小團體，各自分散活動，行動互不一致。

　　1905年7月，孫中山從歐洲抵達日本。在全國革命日趨高漲的形勢下，孫中山認為各革命小團體的分散活動，不利於革命的開展，有必要統一起來，彙整合一股巨大的革命力量。8月20日，孫中山聯合各革命團體的領導者黃興、宋教仁等在東京集會，會上決定以興中會、華興會為基礎聯合光復會，成立一個統一的革命組織——中國同盟會。推孫中山為總理，並透過了孫中山提出的「驅除韃虜，恢復中華，建立民國，平均地權」的政治綱領。

第四編　山河之形：空間與都城的歷史記憶

　　同盟會的成員比較複雜，它包括中下層知識分子、本地工商界人士、部分工人和農民（主要是會黨中的成員）、華僑，以及地主階級中的反清分子。他們是在推翻清朝統治這一共同目標的基礎上聯合起來的，雖然暫時都表示承認同盟會的綱領，但在超出推翻清朝統治這一點以外，彼此在政治思想上便產生了分歧。

　　同盟會成立後，創立了《民報》作為機關刊物，宣傳自己的政治綱領，同改良派進行了激烈的論戰。在國內各地也建立了組織，聯繫會黨與新軍，發動過多次武裝起義，一直到發動辛亥革命，用武裝力量推翻了清朝封建專制主義的反革命統治。

（馬汝珩）

三民主義

　　三民主義是近代民主革命卓越的先行者孫中山提出的。孫中山（西元1866年至1925年），名文，號逸仙，廣東省香山縣（今中山市）翠亨村人，出生在一個農民家庭。他幼年就喜歡聽洪秀全、楊秀清的故事，嚮往太平天國革命。後來他依靠經營畜牧業發了家的哥哥生活，先後在檀香山和香港接受教育，耳濡目染，產生了憧憬西方「文明」的思想。

　　19世紀末和20世紀初，列強的侵略和中國人民的抗爭，激發了孫中山「傾覆清廷，創立民國」的志願。西元1894年，他到檀香山聯繫華僑，成立了革命團體興中會。次年2月他返回香港成立興中會，提出了「驅除韃虜，恢復中華，創立合眾政府」的綱領，開始為建立共和國的理想而抗爭。到了1904年前後，他又把這個綱領豐富和發展為「驅除韃虜，恢復

中華，建立民國，平均地權」四句口號。1905年，同盟會成立時，接受了這四句口號作為自己的綱領。孫中山把這個綱領稱為三民主義，即民族主義、民權主義和民生主義。

孫中山倡導民族主義，是為了進行反對滿族貴族反革命統治的民族革命。「驅除韃虜」並不是要驅逐滿族人民，而是要推翻以滿族貴族為最高統治者的清政府。

孫中山倡導民權主義，目的在於進行推翻「君主專制政體」，建立「民主立憲政體」的政治革命。孫中山認為，中國幾千年來的君主專制政體都不是「平等自由的」，都是「國民所不堪受的」，所以，只有民族革命還不行，必須同時進行政治革命，才能實現民主共和國的理想。按照孫中山的想法，到了那個時候，凡國民都是平等的，都有參政權，議會由民選議員組成，總統由國民公選，制定中華民國憲法，人人共守，「敢有帝制自為者，天下共擊之」，要求推翻君主專制制度，建立民主共和國，這在當時的政治思想中是一個很大的進步。

孫中山倡導民生主義，是因為看到歐美資本主義國家的貧富懸殊和社會革命的興起，天真地以為只要「平均地權」，就可以使中國避免重蹈歐美的覆轍，預防將來發生社會主義革命。按照他的想法，所謂「平均地權」並非要從根本上觸動封建的土地制度，「奪富民之田為己有」，而只是由國家考核地價，原價仍歸原主，革命後因社會進步所增長的地價，將透過徵收地價稅的方法收歸國有。這種做法正是為資本主義的迅速發展創造了條件，因為這只能限制地主對土地價格的壟斷，使土地更適合於工商業的發展而已。

（苑書義）

第四編　山河之形：空間與都城的歷史記憶

保皇會

戊戌政變後，梁啟超、康有為先後逃到日本東京，他們在政治上仍然堅持改良主義。那時，革命思想已經在國內外廣泛傳播，孫中山建立的革命團體興中會也有了發展。康有為、梁啟超等為了抵制革命的興起，成立了保皇會。他們以擁戴光緒皇帝、反對慈禧太后、鼓吹君主立憲制度為宗旨，在日本、美洲、南洋各地的華僑中建立組織，進行活動。保皇會還在海外各地大力發展組織、興辦報刊，專門宣傳保皇、吹捧立憲。其中，梁啟超在東京主辦的《新叢報》是保皇會的喉舌。

1905年8月，同盟會成立，接著出版了它的機關報──《民報》。以孫中山為首的革命黨人逐期在《民報》上發表論文，宣揚革命道理，介紹西方革命時期的進步學說。這樣，革命派的同盟會跟改良派的保皇會就分別以《民報》和《新民叢報》為主要陣地，展開了要革命還是要改良的激烈論戰。

論戰的主要問題有三個方面：

1. 要不要革命。改良派是反對革命的，他們要保皇立憲，認為革命會帶來「內亂」，招致列強瓜分，要愛國就不能革命。革命派認為要愛國就要革命，並且指出推翻清政府，正是為了拯救中國的危亡；清政府是賣國的政府，一日不打倒它，瓜分危機一日不除。

2. 要不要民主共和制度。改良反對民主共和制度，他們極力主張君主立憲。革命派要民主共和，認為改良派是為清政府的封建專制統治打掩護。他們用「中國之蟊賊」、「國民之公敵」來聲討改良派。

3. 要不要改變土地制度。改良派要維護封建土地制度，謾罵革命派的「平均地權」主張是為乞丐、流氓著想，是想煽動「下等社會」的人起來騷動，實行起來會破壞社會秩序。革命派要平均地權，說平均地權是為了追求革命的平等社會，不是破壞社會秩序。

經過這一場大論戰，革命派在理論戰線上擊敗了改良派，使得革命思想大大地擴展開來，促進了革命形勢進一步的發展。

（呂翼祖）

《革命軍》、《警世鐘》、《猛回頭》

《革命軍》為鄒容所著，《警世鐘》和《猛回頭》為陳天華所著。鄒容和陳天華都是清末著名的民主革命宣傳家。

鄒容（西元 1885 年至 1905 年）字蔚丹，四川巴縣（今重慶）人，出身於商人家庭。1902 年留學日本，並積極參加當時留學生的革命活動。1903 年回國，與章太炎一道從事革命宣傳工作，後因著《革命軍》一書被捕入獄，1905 年病死於獄中，年僅二十一歲。

陳天華（西元 1875 年至 1905 年）字星臺，號思黃，湖南新化人，出身於貧寒家庭。1903 年留學日本，1904 年與黃興等組織革命團體華興會。1905 年，孫中山領導的同盟會在東京成立，陳天華是發起人之一，並參加書記部工作。《民報》創刊，他又參加了編輯工作，後因日本政府頒布取締中國留學生規則，他憂憤交集，投海自殺，年僅三十一歲。

鄒容在 1903 年 5 月寫成的《革命軍》一書中，用通俗的文字宣傳了革

命的民主思想。在這本書裡，他大膽揭露了清朝的封建專制統治是使中華民族陷入列強瓜分危機的根源；並且指出革命是「世界之公理」，是順天應人、符合時代潮流的。他大聲疾呼，中國人民要想擺脫清朝封建統治的壓迫，在世界上取得獨立富強的地位，就必須起來革命。他根據西方革命時期的政治學說，提出了建立共和國的政治綱領，並把這個國家稱為「中華共和國」。他認為，這個國家應該是獨立和民主自由的國家，不許侵略者沾染中國絲毫的權利，永遠根絕封建主義君主專制制度。主張全國人民不分男女，都享有言論、思想、出版的自由以及選舉、被選舉的權利；同時也都負有納稅、服兵役和忠於建設新國家的義務。他還認為，新政府的任務就在於保護人民的權利，如果政府侵犯人民的權利，人民不僅有權利而且有義務立即起來革命，重建新政府。他號召人民為在中國建立這樣的共和國而起來進行長期、艱苦的革命運動。

陳天華在 1903 年末撰寫的《警世鐘》和《猛回頭》中，運用了民眾喜聞樂見的說唱形式及淺顯的白話文，宣傳了激烈的反侵略的革命思想。在這兩本書裡，他著重地指出由於列強對中國進行的政治、經濟、文化等各方面的侵略，已經使中國人民完全喪失了自由，人民處於被奴役的地位。為了改變這種悲慘的境遇，他大聲疾呼：「改條約，復政權，完全獨立」（《猛回頭》），並認為「須知事到如今，斷不能再講預備救中國了，只有死死苦戰，才能救得中國」（《警世鐘》）。因此他號召：「洋人若來，奉勸各人把膽子放大，全不要怕他。讀書的放了筆，耕田的放了犁耙，做生意的放了職業，做手藝的放了器具。齊把刀子磨快，子藥上足，同飲一杯血酒，呼的呼，喊的喊，萬眾直前，殺那洋鬼子，殺那投降洋鬼子的二毛子。」（《警世鐘》）他呼籲婦女要和男子一樣，為保衛國家的獨立自由和

捍衛民族的生存權利，對列強進行頑強的抗爭。他還指出清政府已經成為列強馴服的工具，要想抵抗列強的侵略，就必須推翻清朝專制統治，「這中國，哪一點，還有我份！這朝廷，原是個，名存實亡。替洋人，做一個，守土官長；壓制我，眾漢人，拱手降洋。」（《猛回頭》）因此他號召人們革命到底，爭取獨立自由，「或排外，或革命，捨死做去；父而子，子而孫，永遠不忘。這目的，總有時，自然達到」（《猛回頭》）。

鄒容著重地宣傳了反對封建專制主義的民主主義思想，而陳天華則著重地宣傳了反侵略的革命思想。雖然二者有所區別，但這三本書都曾在辛亥革命時期發揮過巨大的作用。

（全國華）

《蘇報》案

「《蘇報》案」是1903年在民主革命形勢正日趨高漲的情況下發生的。

義和團運動後，一方面民族危機空前嚴重，另一方面清政府的賣國面目徹底暴露，於是，革命形勢開始出現了新的高漲。這時，參與政治改革的社會各界人士已經分化成改良與革命兩個顯然不同的派別。到20世紀初，革命派逐漸成為一支影響較大的革命力量。許多革命志士在國內和國外成立了革命小團體，並紛紛出版書刊，宣傳和鼓動革命。《蘇報》，就是在上海發行的一個宣傳革命思想的報刊。

《蘇報》的主辦人陳範，是清朝的退職官吏。《蘇報》最初標榜的是改良主義思想，後來在革命派的影響下，逐漸傾向革命，並且與當時的革命小

第四編　山河之形：空間與都城的歷史記憶

團體──愛國學社建立了密切的聯繫，實際上成了愛國學社的機關報。

愛國學社是 1902 年由蔡元培等在上海組成的，形式上類似學校，吸引許多各階層的青年知識分子入學，由當時著名的學者章太炎等做教員，實際上卻是用來宣傳革命思想，團結革命力量的一種組織形式。

1903 年 5 月以後，《蘇報》陸續刊登了許多激烈地宣傳革命的文章，旗幟更為鮮明。當時，鄒容的《革命軍》在上海出版，章太炎的〈駁康有為論革命書〉也公開發表。這兩篇極其犀利的革命文字問世之後，立即產生了很大的影響，引起了清政府的敵視。接著，《蘇報》節錄了〈駁康有為論革命書〉中痛罵清朝統治者和揭露康有為改良主義的一段文字發表，並且發表文章，介紹《革命軍》的內容，向讀者推薦《革命軍》。這一些激烈的革命宣傳和它所產生的影響，使清政府感到極大的恐慌和震怒，便公然採取鎮壓手段，下令封閉《蘇報》，逮捕章太炎、鄒容等人。

但是，《蘇報》社設在租界內，清政府不敢輕舉妄動，便請求列強幫助鎮壓。1903 年 6 月底，列強各國的「工部局」封閉了《蘇報》，逮捕了章太炎；當天晚上，鄒容自動到「工部局」投案。他們被捕後，清政府曾要求列強引渡，但是，由於列強堅持自己在中國的特權，不同意引渡，結果就在租界各國的法庭（會審公廨）上開審。清政府在列強的法庭上以原告的身分去控告革命黨人，這種情況徹底暴露了它的依附於列強、和人民為敵的面目。當時章太炎就曾指出：「這次事件是清政府公開與四萬萬人民為敵的事件。」最後，租界法庭判決章太炎三年徒刑，鄒容兩年徒刑，並查封了《蘇報》。列強還通知各地領事：禁止中國人在租界內辦報紙宣傳革命和出版革命書籍。

章太炎、鄒容在列強監獄中，仍然堅持抗爭。章太炎在獄中寫了〈答

新聞報記者問〉，在這篇文章中他滿懷信心地說：「四萬萬人民都會同情我們，而公理一定會戰勝的。」他在獄中還參與組織江浙革命組織「光復會」的籌劃工作。但是鄒容在監獄生活的折磨下，於1905年4月3日病死在獄中，年僅二十一歲。這個年輕的革命活動家還沒有度完他的青春，就被列強和封建勢力摧殘了。

1906年章太炎刑滿後出獄，便動身前往日本東京，參加了孫中山先生所組織的同盟會，主編《民報》。但後來他和孫中山意見不合，脫離了《民報》。辛亥革命以後，他對中國革命的前途逐漸喪失信心，思想退化，提倡復古，鑽研佛學。此後，逐漸從一個早期的民主主義革命者倒退為一個政治上、思想上極其保守的人物。

「《蘇報》案」發生後，鄒容的《革命軍》風行國內外，發行數量達到了清末革命書釋出行的第一位，使革命思想在國內外產生了廣泛的影響。

（馬金科）

秋瑾

秋瑾（西元1875年至1907年）是清末有名的革命家，字璇卿，別字競雄，又稱鑑湖女俠，浙江紹興人。她出身於封建官僚家庭，幼時讀書很聰明，能寫一手好詩文。二十二歲時，在家庭的包辦下，與湖南湘潭的封建官僚子弟王廷鈞結婚。

秋瑾受到封建家庭的束縛，時常感到憤憤不平。後來看到清政府的腐朽賣國和列強的野蠻侵略，便逐漸產生了為婦女謀求解放和推翻清朝腐朽統治的宏大志願。1900年，她住在北京，親眼看到列強侵略中國的無數暴

行,更加強了從事革命的決心。她在〈致某君書〉裡就堅決地說:「吾自庚子(指1900年八國聯軍侵入北京事件)以來,已置吾生命於不顧,即不獲成功而死,亦吾所不悔也。」可見這時她已下定了為革命情願犧牲自己生命的決心。在這種強烈的革命思想推動下,1904年,秋瑾毅然決然地衝破封建家庭的樊籠,離開了丈夫和子女,隻身去日本留學,開始踏上了革命生活的道路。

在日本留學期間,秋瑾積極地進行革命活動,與革命黨人劉道一等組織了祕密團體「十人會」。1905年,孫中山由歐洲到日本,成立了同盟會,秋瑾立即加入,被推為評議部評議員和浙江省主盟人。她還聯繫當時留日的女性,組織「共愛會」,自己擔任會長。

清政府勾結日本政府,頒布取締中國留學生規則,壓迫留日學生,秋瑾憤然返國,在上海創辦中國公學。1906年,由徐錫麟介紹,加入了光復會。在上海設立革命機關,並主持了《中國女報》,進行革命宣傳活動。

1906年,同盟會發動了萍(鄉)瀏(陽)醴(陵)起義,全國革命形勢洶湧澎湃。這時秋瑾返回紹興,主持大通學堂。大通學堂原為徐錫麟、陶成章等創辦,是光復會訓練幹部、組織成員的革命據點。在大通學堂,秋瑾為了進一步訓練革命力量,成立了「體育會」,招納會黨和革命青年,進行軍事操練,並積極聯繫浙江各地的會黨,組成「光復軍」,推徐錫麟為首領,秋瑾任協領,積極地進行起義的籌備工作。

1907年5月間,徐錫麟準備在安慶起義,約秋瑾同期於浙江的金華、處州等地響應。但徐錫麟起義計畫先期洩漏,7月6日,徐錫麟倉促地刺殺安徽巡撫恩銘,在安慶發動起義。由於準備不夠充分,起義很快失敗,徐錫麟也被捕犧牲了。安慶起義的失敗,使秋瑾主持的浙江地區起義計畫

完全洩漏，形勢十分危急。當時有人勸秋瑾暫時走避，秋瑾毅然地拒絕說：「我怕死就不會出來革命，革命要流血才會成功⋯⋯我絕不離開紹興。」

1907年7月13日，清軍包圍大通學堂，經過一場激烈作戰，終因寡不敵眾，大通學堂學生的抵抗失敗了，清軍逮捕了秋瑾。審訊時，雖用酷刑逼供，但秋瑾堅貞不屈，沒有吐露半點革命機密，只回答清吏說：「革命黨的事，不必多問！」清朝官吏只好偽造供詞，捏造罪證，草草結案。7月15日，秋瑾於紹興軒亭口英勇就義，死時年僅三十三歲。

（馬汝珩）

中國最早的鐵路

中國最早的鐵路，是西元1881年修成的唐胥鐵路，從唐山到胥各莊，計十八里。修築的目的是便利開平煤礦向外運煤，把煤礦同運河銜接起來。以後，這段鐵路逐漸由兩端向東西延伸，斷斷續續地，到了1911年，京瀋鐵路才全部修通。

在這以前，列強很早就想在中國修鐵路。他們知道，不僅鐵路本身可以營利，更重要的是鐵路可用來推銷他們的商品，掠奪中國的農產品和豐富的自然資源。同時，築成鐵路對進一步擴大政治和軍事侵略，也將提供更為方便的條件。所以，在西元1864年，就有一個叫做史蒂芬生的英國人，做了一份中國鐵路系統計畫，送給清政府。這個鐵路計畫是：以漢口為中心，東至上海，通向太平洋，西經四川、雲南，通往英國當時的殖民地印度，大體上是沿著長江，用一條橫貫東西的鐵路，把中國納入英國的殖民體系中去。清政府拒絕了英國人的這份計畫，說如果要修鐵路，中國

人會自己來修的。清政府拒絕這份計畫的真正原因,並不是為了保衛國家主權,而是害怕列強修了鐵路,威脅自己的封建統治。

第二年,另一個叫做杜蘭德的英國人,在北京宣武門外,私自修起了一條一里左右的輕便鐵路,用來打動清政府。清政府不但不為所動,而且下令將之拆除。可是英國人並沒有死心,西元1876年,又在上海吳淞間,擅自修了一條淞滬輕便鐵路。清政府發覺後,非常生氣,提出強烈抗議,經過許多交涉,才用二十八萬五千兩銀子買了過來,全部拆除,把器材丟在海裡。這樣,英國的目的沒有達到,清政府對這種新式交通工具,也沒有產生興趣。不過此後不久,在清政府內部,關於修鐵路的問題,卻發生了很大的爭論。這一爭論一直持續了近二十年。

爭論的一方是守舊派官僚,他們擔心鐵路修成之後,原來的舊商路都會廢棄,商稅就會減少。他們還害怕鐵路修成以後,原來的船工車伕大批失業,這些人會起來造反。更可笑的是,他們還說:火車冒煙會燒壞莊稼,架橋梁、開山洞、移墳墓,會破壞風水,使祖宗之靈不安、山川之神不寧等。

另一方主張修鐵路的開始只是少數人,主要是一些洋務派官僚。他們在內政外交上都很有勢力,是當時的實力派。他們認為,修鐵路既便於調運軍隊,又便於轉運糧食,對加強封建政府對人民的統治,是一項非常重要的和必需的措施。同時,這些洋務派官僚知道,興辦鐵路不但可以加強與列強之間的連結,提高自己的政治地位;還能夠從中漁利,大發橫財。因此,儘管朝廷內外輿論激烈反對,他們還是堅持要修。

在這場統治階級的內部爭論中,清政府對修路的政策也反反覆覆,動搖不定。比如前面說到的唐胥鐵路的修築,起初本來批准了,但是還未動

工,又改變主意,不許修建了。後來再次同意修建了,可是仍然不準使用機車。所以唐胥鐵路在開始的時候,竟出現了用騾馬拉著列車在軌道上行走的怪現象。

經過洋務派的力爭,守舊派的阻撓逐漸被戰勝了,然而清政府籌不出資金,不能大舉興辦鐵路。主持修築鐵路的洋務派官僚腐敗,已經修建的鐵路,效率很差。特別是外國侵略勢力,透過不平等條約和借款,攫取了在中國修築鐵路的特權,幾乎完全控制了鐵路的修造和經營管理,這就更加妨礙了中國鐵路事業的正常發展。所以在清末,中國自辦的鐵路,不但少得可憐,並且辦得很糟。百分之九十以上的鐵路都直接或間接落在列強控制之下。

(潘喆)

保路運動

保路運動又稱「鐵路風潮」,是廣東、湖南、湖北、四川等省人民反對清政府將民辦的川漢、粵漢鐵路(合稱為湖廣鐵路)出賣給列強的社會運動。

列強為了進一步奴役中國人民和掠奪中國財富,從19世紀末以來,便開始對中國進行鐵路投資,爭奪鐵路的修築權。粵漢、川漢鐵路是溝通南北和深入內地的兩條重要幹線,因而就成為列強爭奪的目標。

早在西元1898年,大買辦盛宣懷和美國就訂立合約,借美金四千萬元,把粵漢、川漢鐵路的修築權讓給美國。這個賣國行為立即遭到人民的反對。後來經過人民,特別是廣東、四川、湖南、湖北四省人民和紳商

第四編　山河之形：空間與都城的歷史記憶

的長期抗爭，才收歸自辦。當時，由於清政府缺乏財力，一般工商業者的經濟力量又很薄弱，無力籌劃築路經費，因此，便採用徵集「民股」的辦法，由地方政府在稅收項下附加租股、米捐股、鹽捐股來聚集資金。負擔最重的是窮苦的人民，他們掙扎在飢餓線上，還要在苛捐雜稅的重重剝削之外，勉力繳納「股金」，甚至為此賣兒賣女。當時四川有一首歌謠裡說：「最可憐的是莊稼漢，一兩糧食就要出這項錢」，正是當時情況的真實反映。

經過幾年的籌集，鐵路股本已收集了不少，四川、廣東收到一半以上，粵漢鐵路已開始修築，川漢鐵路從宜昌到萬縣的一段也已動工，從當時實際情況來看，這兩條鐵路是可以自力修成的。但是，列強不肯讓中國自己修成鐵路，利用清政府財政困難進行要挾。1911年1月，清政府在大買辦盛宣懷的「利用外資開發實業」的建議下，又大借外債，和美、英、法、德組成的四國銀行團訂立了鐵路借款合約，宣布鐵路幹線國有政策。

根據借款合約，美、英、法、德等國家不但掌握了路權，還要以湖南、湖北兩省的鹽稅釐金作為抵押，所以，所謂鐵路「國有」，不但剝奪了中國自辦鐵路的主權，實際上是把全部川漢、粵漢鐵路完全拍賣給列強了！人民在兩路籌辦的時期內，吃盡了苦頭，現在看到清政府公然出賣路權，更加憤恨；許多紳商也因鐵路國有損害了他們的利益，非常不滿，於是，一個具有廣泛民眾基礎的、**轟轟**烈烈的保路運動爆發了。

保路運動是由本地工商菁英的代表立憲派發起的。他們叩頭請願，向清政府請求「收回成命」。湖南的紳商，聚集於諮議局開會，散發傳單，指責鐵路國有政策。湖北紳商派代表去北京請願。廣東也召開粵漢路股東會議，要求維持商辦。四川成都的立憲派要市民供奉光緒帝神位，並從光

緒帝的立憲論旨中摘出「庶政公諸輿論」、「鐵路準歸商辦」兩句話作為口號，表示他們不反對朝廷，只為「爭路」的政治態度。

在各省紳商向清政府請願的同時，各省的人民突破請願運動的限制，掀起了激烈的抗爭。四川各府州縣遍設保路同志會，參加者數十萬人；萬餘湖南長沙、株洲工人舉行了罷工示威，湖南學生也舉行罷課；數千湖北宜昌築路工人與清軍發生了武裝衝突；留日學生也聲援保路運動，提出「路存與存，路亡與亡」的口號；旅美的廣東華僑也集會反對，決議：「粵路股銀，皆人民血汗……有劫奪商路者，格殺勿論。」這時，革命黨人乘機展開活動，湖北詹大悲在《大江報》上發表文章，鼓吹革命；同盟會員陳少白在香港主辦的《中國日報》及其他港報，都刊載了反對鐵路國有的言論，抨擊清政府。

在保路運動中，以四川人民的反抗最為激烈。工人、農民、學生、市民紛紛投身到運動中來。在四川總督趙爾豐用武力血腥鎮壓成都請願市民而造成「成都慘案」之後，四川人民更被激怒了，保路運動很快發展成為聲勢浩大的武裝起義。同盟會積極地展開了革命活動。同盟會員龍鳴劍、王天傑等人聯合哥老會，組成保路同志軍，占據了一些州縣，圍攻成都，鄰近各州縣的農民也紛起響應。當時，回到四川工作的同盟會員吳永珊（玉章）也於榮縣組織起義，而且一度宣布獨立，建立革命政權。這樣，就更促進了革命形勢的高漲。

就在四川人民展開聲勢浩大的武裝鬥爭，而清政府加緊鎮壓的時候，1911年10月，湖北新軍中的革命黨人（文學社、共進會）發動了武昌起義，辛亥革命爆發了。

（馬汝珩）

第四編　山河之形：空間與都城的歷史記憶

■ 黃花崗七十二烈士

　　同盟會成立以後，曾多次發動武裝起義，結果都失敗了。到 1911 年春，部分革命領導者如黃興等，對革命前途產生了悲觀失望的情緒。為了鼓舞士氣，準備再舉，孫中山召集他們在馬來西亞的檳榔嶼開會。孫中山鼓勵大家說：「今日革命風潮已盛，民心歸向我們，只要我們意志不衰，困難是擋不住我們前進的！」經過討論，大家決定：1911 年春在廣州集合各省革命之精華，發動大規模起義，先占廣州，再由黃興統率一軍出湖南湖北，由趙聲帶領一軍出江西攻南京，兩軍會師長江，然後長驅北上直搗北京，傾覆清廷。

　　會後，一部分革命黨人就到南洋和歐美各地，向華僑募集革命經費，經過革命黨人的宣傳鼓動，各地愛國僑胞，都積極捐款相助，有的人甚至變賣家產以相捐助。這次捐款共得十幾萬元，經費問題基本解決。

　　1910 年底，黃興、趙聲等返回香港，著手籌備起義，成立了領導機關——「統籌部」，黃興任部長，趙聲為副部長，統一領導起義的準備工作。接著，革命黨人紛紛潛入廣州，熟悉環境，刺探敵情，還設立了許多祕密機關。為了轉運軍火，他們常常將女性革命成員打扮成新娘，利用花轎來抬運槍支、炸彈。經過幾個月的籌劃，準備工作大體上就緒，革命黨人摩拳擦掌，只等一聲號令，就發動起義。

　　起義的日期原定在 1911 年 4 月 13 日，不料在 4 月 8 日發生了革命黨人溫生才刺殺廣州將軍孚琦的事件（他本來計劃刺殺水師提督李準，結果刺中的是孚琦），反革命立即加強了戒備，廣州戒嚴，並且到處搜捕革命黨人。這樣，原定的起義計畫受到了影響。

之後，形勢日有變化，起義日期幾次改變，最後確定在4月27日發動起義。

4月27日下午，黃興在小東營住所召集了隊伍，每人發給白毛巾一塊，纏在左臂作為標誌。許多革命黨人抱定為革命犧牲的決心，事先寫好了絕命書，如林覺民寫給他父親的絕筆信說：「兒死矣！唯累大人吃苦，弟妹缺衣食耳。然大有補於全國同胞也。」起義即將發動，白髮蒼蒼的譚人鳳趕到，要求加入，黃興婉言拒絕說：「先生年老，後方尚需人照料，這是決死隊，望老先生不要去。」譚人鳳很生氣地說：「你們不怕犧牲，難道唯獨我怕死嗎？」黃興等很受感動，只好發給他兩支手槍。

下午五點半鐘，螺號齊鳴，起義的時間到了。革命隊伍人人精神抖擻，鬥志昂揚。黃興率領先鋒隊直撲總督衙門，兩廣總督張鳴岐聞風逃跑，黃興等找不到張鳴岐，就放起火來，當他們退出衙門的時候，碰到了敵人的大隊人馬。林時爽誤信其中有革命黨人，便挺身向前，企圖曉以大義，不幸，話未說完，便中彈犧牲了。接著，激烈的作戰開始了。革命黨人數雖少，但人人奮勇當先。如喻雲紀等一路，先由後面進攻總督衙門，後又攻打督練公所。

革命黨人雖然英勇，但在寡不敵眾的情況下，犧牲很大，不得不退出戰鬥，起義終於又告失敗。

這次起義，因為是在陰曆三月二十九日發動的，所以叫做辛亥三月二十九日廣州起義。在這次起義中，許多革命黨人壯烈犧牲，一部分人被捕後英勇就義。後來廣州人民收得屍體七十二具，合葬於黃花崗。因此，這次起義又稱作「黃花崗起義」。

（胡俊明）

第四編　山河之形：空間與都城的歷史記憶

文學社、共進會

文學社和共進會是兩個由當時知識分子與工商界成員組成的革命團體，是武昌起義的發動者。

文學社，1911年1月成立於武昌，它是同盟會在湖北新軍中的革命團體（新軍是清政府採用新式武器裝備的，以「西法」編練起來的一支近代化的軍隊），領導者蔣翊武（社長，同盟會員）、王憲章（副社長）、劉堯澂（評議部長，同盟會員）等都是貧寒家庭出身的知識分子。他們投身行伍，在新軍士兵中進行了艱苦的革命宣傳和組織工作，同時還出版《大江報》，公開宣傳民主革命思想，他們曾以「大亂者救中國之藥石也」、「亡中國者和平也」等為題發表評論，猛烈地抨擊清政府，熱情地讚美革命。

文學社的這些活動大大加強了新軍士兵的革命情緒，不到半年，參加文學社的便從八百餘人驟增至五千人以上。

共進會於1907年秋成立於日本東京，組織者是同盟會內一部分和會黨有聯繫的會員，如四川張伯祥，湖北劉公、孫武，湖南焦達峰等。他們希望藉此改變同盟會與會黨隔絕的局面，把全國所有的會黨通通聯合起來。共進會的入會誓詞與同盟會相同，其中只有「平均地權」改為「平均人權」。當時的解釋是：「滿人壓迫漢人，人權不平均，所以要平均人權。」其實當時壓迫「漢人」和其他各族人民的，除了以滿族貴族為首的反革命統治者以外，還有列強。

1908年秋，共進會著手派人回國，「運動軍隊，運動會黨」。第二年春天，孫武回到武漢，創立了共進會鄂部總會，以孫中山名義相號召，積極開展活動。他們聯繫會黨祕密編成五鎮（一鎮相當於一師）軍隊，準備待

機起事。但因會黨不受約束，編制未成，起義計畫即遭破壞。從此共進會鄂部總會便將工作重心從會黨轉向新軍，希望依靠新軍為主力，以會黨做補充，爭取武裝起義的勝利。

　　文學社和共進會的基本成員都是新軍士兵。當時湖北新軍共約一萬六千人，參加文學社的有五千多人，有兩千多人參加了共進會；文學社和共進會在各標、營、隊都建立了比較嚴密的代表制度，因而在事實上已經控制了湖北的新軍。這就為武昌起義的迅速勝利創造了條件。

　　文學社和共進會本來是各自為政、不相統屬的。同盟會領袖譚人鳳曾經勸導他們要「和衷共濟，相輔而行」。加上革命形勢的突飛猛進，客觀上也要求他們盡快聯合起來。因而他們幾經磋商，終於在 1911 年 8 月建立了暫時的聯盟，成立了臨時組織，劉公任總理部總理，孫武、蔣翊武分任軍務部正副部長，並組成總指揮部，蔣翊武任總司令，孫武為參謀長，統一領導起義的準備工作。

　　武昌起義就是依靠這個聯盟發動的。武昌起義後，文學社社員全體加入同盟會，共進會會員有的參加了同盟會，有的另組民社，和同盟會相對抗。

（苑書義）

武昌起義

　　武昌起義發生在 1911 年 10 月 10 日。這次起義是各階層的人民，為反對清朝封建政權而掀起的革命運動，是在同盟會的影響和湖北革命團體文學社、共進會的直接組織領導下進行的。

　　自 1905 年孫中山領導組織了同盟會以後，中國革命運動進入了一個新

的發展時期。到了 1911 年，革命高潮已經到來。這一年春天，緊接在全國各地爆發的搶米、抗捐、抗稅的抗爭之後，又爆發了**轟轟**烈烈的廣州（黃花崗）起義，接著，兩湖、四川、廣東等地人民又掀起了洶湧澎湃的保路運動。清朝反革命統治好比一所即將倒塌的破屋，完全呈現出土崩瓦解之勢。

湖北在中國近代史上歷來是一個重要的革命地區。武漢素稱九省通衢，既是反革命統治的心腹要地，也是革命勢力活動的中心之一。在這裡，早在 1904 年便成立了革命團體「科學補習所」，以後又有日知會、共進會等革命團體的建立。同盟會成立後，曾經派人到這裡成立湖北分會，與日知會建立了聯繫。日知會很重視革命的宣傳組織工作，他們在當地的新軍中曾經做了許多深入、細緻的工作。以後成立的軍隊同盟會、群治學社、振武學社、文學社等，幾乎都是新軍中的革命組織。

文學社繼承著日知會的傳統，他們不但在新軍中發展了很多革命同志，而且培養了一批骨幹力量。當時湖北新軍約有一萬六千人，參加文學社的就有五千多人，還有許多參加了共進會。共進會主要在會黨中做工作，在下層民眾中很有影響。由於這兩個革命團體的積極努力，湖北地區的革命運動獲得了深厚的民眾基礎和良好的條件。

「保路運動」爆發以後，文學社和共進會認為發動起義的時機已經成熟，便於八月間組成湖北革命軍總指揮部，推定文學社負責人蔣翊武為總司令，共進會負責人孫武為參謀長，劉堯澂、彭楚藩等為軍事籌備員，籌劃起義工作，並定於中秋節（10 月 6 日）起義。後因準備不及，又決定將起義日期推後十天。

10 月 9 日孫武等在漢口俄租界寶善里十四號製造炸彈，不慎失事，

彈藥爆炸。孫武頭部受傷被送入醫院,其餘各人被迫倉促轉移。該處所藏準備起義的旗幟、符號、文告、印信等物,為聞聲趕來的軍警搜去,起義領導機關及其主要人物因此暴露。清政府立即派軍警四處搜捕。蔣翊武看到事機危迫,發出緊急命令,決定當晚十二時舉行起義。規定由南湖炮隊在晚間十二時鳴炮為號,城內外新軍各標營聽到炮聲一齊動作。這時,劉堯澂、彭楚藩、楊洪勝等先後被捕,形勢已十分緊張,但起義命令沒有送到、信炮未發,各標營還在等待觀望。

劉堯澂、彭楚藩、楊洪勝被捕後,在酷刑之下毫不動搖,直到 10 月 10 日清晨湖廣總督瑞澂下令殺害他們,仍然堅定不移,高呼革命口號,從容就義。三烈士被害後,瑞澂等一面繼續搜捕革命黨人,一面嚴禁新軍各標各營互相往來,情況更加緊急。

反革命派以為恐怖的屠殺足以遏止革命的爆發,然而事實恰好相反,革命熱情高漲的新軍士兵,懷著滿腔憤怒,自發地起來進行武裝反抗。當天晚上(10 月 10 日),駐武昌城內黃土坡的第八鎮所屬工程第八營,革命黨人熊秉坤、金兆龍等打響了第一槍,轟轟烈烈的武昌起義,就這樣開始了。

起義發動以後,熊秉坤等率眾直奔楚望臺軍械局。把守軍械局的工程營士兵紛紛加入起義隊伍,大大加強了起義士兵的戰力和信心。駐守軍械局的工程營左隊隊官吳兆麟,曾經參加過革命團體日知會,被推為臨時總指揮,帶領隊伍往攻總督衙門。這時各標營新軍革命士兵聽到槍炮聲和工程第八營起義的消息後,也都紛紛起義,聲勢更加浩大。

在猛烈的攻擊下,瑞澂破牆而逃,跑到停泊在長江的楚豫兵艦上躲了起來。第八鎮統制張彪聞變後也逃往漢口劉家廟。經過一夜作戰,到 11

日拂曉，武昌就被革命軍全部占領了。

起義取得了第一步的巨大勝利後，如何建立一個革命的政權，就成為刻不容緩的大事。然而，起義的士兵在當時還不能意識到由自己掌握政權的重大意義。在他們看來，新的革命政權的領導者，應該是社會上有聲望的人物。當時，孫中山還在國外，起義前原推定的總司令蔣翊武因機關破壞逃亡在外，孫武又因製造炸彈受傷，還在醫院治療，各標營代表資歷較淺，而且各不相下。怎麼辦呢？一時都拿不出主意。這時立憲黨人就乘虛而入，他們推薦了曾經殺害起義士兵的原清軍協統（相當於旅長）黎元洪，認為他是最合適的人選。當天午後就在立憲派首領湯化龍主持之下，開會決定成立湖北軍政府，以黎元洪為都督，湯化龍為民政總長。這樣，起義後第一個建立起來的革命政權，就被封建官僚和立憲派分子竊據了重要的職位。

但在人民的響應和支持下，革命形勢在全國範圍內迅速地向前發展，到了 11 月下旬，全國二十四個省區，已經有十四個省先後宣布獨立。腐敗不堪的清政府，終於被推翻了，兩千多年的封建帝制也從此結束。

（應清）

中華民國的成立

武昌起義以後，各省紛紛響應。到 11 月間，全國絕大多數省分都已宣告獨立，與清政府斷絕關係。清政府陷入土崩瓦解的局面。客觀形勢需要有一個統一的領導機構，作為革命的領導中心。

中華民國的成立

11月初，宣告獨立的各省的代表開始商討組織臨時中央政府。12月29日選舉孫中山為臨時大總統，1912年元旦，孫中山在南京宣誓就職，宣告成立臨時中央政府，中華民國正式誕生。

中華民國的誕生不僅宣布了統治中國兩千多年的封建君主專制制度的死刑，而且在人民面前樹立了現代共和國的具體形象，從而使民主共和國的觀念深入人心。

從中華民國的誕生開始，列強便採取了種種卑劣手段，力圖絞殺它。在經濟上，一方面扣留革命勢力管轄地區的全部海關收入，另一方面對北洋軍閥的領袖、大地主、大買辦的代表人物袁世凱給予大量的經濟援助。在外交上，一方面拒絕承認中華民國，另一方面極力扶持袁世凱竊奪政權。不僅如此，列強還以軍事行動恫嚇革命派，長江上集中著英、日、美、德各國的軍艦，日、俄兩國還把軍隊直接開入東北，企圖乘機打劫。

袁世凱由於得到了列強的支持，便肆無忌憚地對革命派實行一打一拉的狡猾伎倆，向革命進攻。混入革命的立憲派則聯合右派（妥協派）逼迫孫中山向袁世凱妥協，叫嚷如果不向袁世凱讓步，就有亡國的危險。孫中山在中外反革命勢力的夾攻和妥協派的壓力下，表示如果清帝退位，袁世凱宣布贊成共和，誓守參議院所定的《臨時約法》，即選袁世凱為臨時大總統。袁世凱便抓住機會，逼迫清帝於1912年2月12日宣布退位，並致電南京政府宣告擁護共和。南京參議院這時只好選舉袁世凱為臨時大總統。

孫中山被迫與袁世凱妥協，但對袁世凱是存有戒心的。因此，在辭去臨時大總統的職位時，就提出了一些條件來束縛袁世凱。但是因為沒有實力做後盾，這些條件不但沒有什麼約束的力量，並且很快就被袁世凱破壞

第四編　山河之形：空間與都城的歷史記憶

了。3月10日，袁世凱在北京就任臨時大總統。4月5日參議院又議決將臨時政府遷到北京。

中國人民經過長期努力而爭得的革命果實，就這樣被大地主、大買辦的代表人物袁世凱所篡奪，辛亥革命失敗了。

（全國華）

《中華民國臨時約法》

《中華民國臨時約法》（以下簡稱《臨時約法》）是在1912年3月，經南京臨時參議院制定，由中華民國第一任臨時大總統孫中山頒布的一部法律。這是一部具有共和國憲法性質的法律。

《臨時約法》是辛亥革命的重要成果之一。清朝末年，中國人民為了爭取國家的獨立和民主，進行了不懈的抗爭。以康有為為首的改良派，發動了著名的戊戌變法運動，幻想在保持清朝統治的基礎上，實行君主立憲，結果，遭到了清政府的鎮壓而失敗了，改良主義的道路沒有走通。以孫中山為首的革命派和改良派不同，他們的理想是從根本上推翻清朝的統治和封建君主專制制度，在中國實行民主政治。因此他們採取了革命的手段，屢仆屢起地進行了武裝鬥爭，終於推動了辛亥革命的爆發。

這次革命推翻了清朝的統治，結束了中國兩千多年來的封建帝制，產生了中華民國和以孫中山為首的革命的南京臨時政府。有了這個勝利，革命派才能把自己的理想製成法律，並且把它頒布出來。因此，《臨時約法》是革命運動的產物。

《中華民國臨時約法》

《臨時約法》一共七章五十六條，主要內容可以分成三個方面：

第一，規定了國家的政權性質。約法明確規定：「中華民國之主權，屬於國民全體。」宣布了中國已不再是皇帝或少數人壟斷的專制國家，而是「國民全體」的民主的國家。

第二，規定了國民的民主權利。約法寫下了國民有言論、著作、出版、集會、結社等自由權，有保有財產和營業的自由權，有選舉和被選舉權等。

第三，規定了國家的政治制度。革命派為了防止專制獨裁的再現，採取了內閣制。約法規定由參議院、臨時大總統、國務員和法院行使國家的統治權，對臨時大總統的權力做了限制。臨時大總統不但要執行參議院的決議，還要受國務員的制約。參議院是國家的立法機關，由各省選派的議員組成，有權議決一切法律、決定國家大政。臨時大總統由參議院選舉產生，代表臨時政府，總攬一切政務。但臨時大總統在制定官制官規、任命國務員和外交使節、宣戰媾和、締結條約以及宣告大赦等問題上，都必須取得參議院的同意。國務總理和各部總長都稱為國務員，國務員輔佐臨時大總統擔當政府工作。臨時大總統在提出法律案、公布法律和釋出命令時，需要由國務員副署，表明國務員也要負其責任。臨時大總統和國務員的這種關係，就是內閣制的體現。

《臨時約法》並沒有得到實現。辛亥革命是一次不徹底的革命，革命的果實不久就被袁世凱竊奪了。袁世凱竊取政權之後，為了恢復封建的獨裁統治，立即破壞了民主共和的原則，撕毀了《臨時約法》，把中華民國變成一塊空招牌。

（潘喆）

第四編　山河之形：空間與都城的歷史記憶

宋教仁

　　宋教仁是辛亥革命時期的一個政治活動家。

　　1904年，宋教仁和黃興等一起在長沙創立了革命團體「華興會」。這個革命團體成立以後，就決定在這一年陰曆十月清朝執政者慈禧太后的生日那天，在湖南發動起義。但是，由於計畫被洩漏，起義沒有成功。參加起義的革命者被清政府到處追捕，宋教仁在國內無法存身，只好逃亡日本。

　　1905年，孫中山在日本聯合「華興會」、「光復會」等革命團體組織「同盟會」，宋教仁是其中一個積極的參加者。

　　1912年，袁世凱竊取了辛亥革命的勝利果實以後，宋教仁和當時許多同盟會會員一樣，並不認為把革命的政權交給袁世凱是一個嚴重的錯誤。

　　袁世凱所要的不是什麼民主共和國，而是代表舊勢力的反革命獨裁統治。他上臺以後，就開始集中權力，排擠革命勢力，逐漸暴露出他的真面目。當時迫切的問題是透過革命手段與這個反革命派進行抗爭，把革命果實奪回來。但是，作為同盟會實際負責人之一的宋教仁，放棄了革命的主張，仍然力謀和袁世凱妥協。他提出了「新舊合作」、「朝野合作」的口號，幻想透過所謂「政黨政治」來限制和約束袁世凱。他特別熱衷於選舉活動，親自遊說各地，宣傳說：「世界上的民主國家，政治的權威是集中於國會的，在國會裡頭，占得大多數議席的黨，才是有政治權威的黨，所以我們要致力於選舉運動⋯⋯」當時的宋教仁，十分迷戀資本主義國家的議會政治，以為只要透過政黨的「合法」活動，就可以掌握到實際權力。

　　為了爭取在國會中占到絕對的優勢，實現所謂「政黨政治」，宋教仁把同盟會改組為國民黨，不加區別地濫肆吸收黨員，把許許多多投機政

客、封建舊官僚，以及向來與革命為敵的立憲派分子都拉進國民黨。這樣一來，本來就十分鬆懈的同盟會，完全變成了一個七拼八湊的爛攤子，很難發揮什麼戰力了。在國會選舉中，國民黨人多勢大，果然表面上獲得了壓倒多數的勝利。於是，國民黨人大為歡欣，並且宣稱要以多數黨的資格，成立一黨內閣，而宋教仁出任內閣總理的呼聲，也在這一片選舉的勝利聲中越來越高。這時的宋教仁，以為經過議會鬥爭完全可以取得勝利。

宋教仁的這些活動，對袁世凱實行專制獨裁的野心是很大的妨礙，早就引起袁世凱的注意。袁世凱在他以金錢誘惑宋教仁遭到了拒絕以後，就決定用毒辣的手段拔掉這顆眼中釘。當宋教仁遊說各地的時候，袁世凱派遣暗探，隨時密報宋教仁的行動。當他看到宋教仁的活動已經日益嚴重地威脅著自己的統治地位，就透過他的爪牙——內閣總理趙秉鈞和國務祕書洪述祖，祕密安排了刺殺宋教仁的陰謀。這時，宋教仁正風雲一時，沿著京漢路南下，到湖南、湖北、安徽、南京、上海等地，到處發表演說，批評時政，抒發抱負，滿以為勝利在望。

1913年3月20日，他正準備結束南下的宣傳活動返回北京，就在上海車站被袁世凱派出的特務暗殺了。他臨死以前，還留下一個遺電給袁世凱，對袁抱著殷切的希望說：「望總統開誠心，布公道，竭力保障民權，俾國會確立不拔之憲法，則仁雖死猶生。」他哪裡知道，殺死他的正是他所殷切期望的「袁大總統」。

在暗殺宋教仁以後，袁世凱發動反革命內戰，打敗了南方革命勢力的反抗，最後乾脆把國會也解散了。至此，宋教仁一心為之勞碌奔波、極力宣傳的議會內閣制也就結束了。

（汝豐）

第四編　山河之形：空間與都城的歷史記憶

二次革命

「二次革命」發生在宋教仁被袁世凱暗殺以後，是孫中山企圖挽回辛亥革命的失敗而發動的一次革命運動，目的是要推翻袁世凱，重新恢復革命派的領導權。

宋教仁被暗殺以後，袁世凱為掩蓋全國耳目，還裝腔作態，命令江蘇地方當局，要「窮究主名，務得確情，按法嚴辦」。但「窮究」結果，從捕獲的凶手和搜到的密電、密信等一切罪證證實，謀殺的主使人就是大總統袁世凱自己。真相大白，全國輿論譁然。這時，孫中山從日本回到上海，他看清了袁世凱的真面目，意識到「非去袁不可」，極力主張出兵討袁，發動二次革命。

但是，在國民黨領袖之間，孫中山的主張，除了擔任江西都督的李烈鈞和其他的一些人積極支持外，很多人都不同意。黃興、陳其美等，認為武裝反抗的條件還不成熟，主張等待法律解決；在北京的國民黨議員，大唱「法律倒袁」的高調，仍舊做著合法鬥爭的夢；國民黨在南方握有一些實力的其他幾個都督，各有打算，也不積極。這樣，組織渙散，意見分歧，二次革命遲遲不能發動。

政權掌握在袁世凱手裡，所謂「法律解決」自然只是一種空想。實際上，當謀殺宋教仁的真相敗露以後，袁世凱已經決定進一步用武力來徹底消滅國民黨的反抗。他一面向列強借錢求援，一面祕密地調兵遣將，積極準備發動反革命內戰。

列強知道袁世凱要鎮壓革命，就積極出來支持。1913年4月，英、法、德、日、俄五國，聯合借給了袁世凱二千五百萬英鎊（這就是所謂

二次革命

的「善後大借款」），同時，列強各國都紛紛表示，將正式承認袁世凱反革命政權，從政治上為袁世凱撐腰。他們說：「承認袁世凱政權，不僅意味著袁世凱權力實際增加，而且將相當加強其反對中國南部分裂運動的地位。」美國一馬當先，於1913年5月2日，首先承認了袁世凱政權。

有了列強的支持，袁世凱膽子更大了。5月24日，他殺氣騰騰地說：「現在看透孫（中山）、黃（興），除搞亂外無本領……彼等若敢另行組織政府，我即舉兵討伐之。」接著就在6月裡先後撤銷江西李烈鈞、廣東胡漢民、安徽柏文蔚的都督職位，同時命令事先已經集結在九江、南京附近的軍隊發動進攻。

於是，李烈鈞於7月12日在江西湖口宣布獨立，發表討袁通電，起兵討袁。黃興也在15日趕到南京響應。其餘安徽、廣東、福建、湖南、四川及上海等地也先後宣布獨立。至此，討袁戰爭爆發，孫中山號召的「二次革命」，在十分倉促的被動局面下開始了。

這時，列強又直接或間接地在軍事上給了袁世凱很多援助，德國還派了軍官，出動了軍艦，幫助袁世凱軍隊作戰。1913年7月30日，德國外交大臣曾說：「德國因為它的重大經濟利益，不得不要求立即撲滅革命。」

「二次革命」的領導者沒有發動人民參加討袁鬥爭，宣布獨立的各省之間又缺乏統一指揮，因此，袁世凱在列強支持下，以優勢的武力，很快就把討袁軍打敗。8月18日，南昌落入敵手，9月1日，南京又被攻占，原來宣布獨立的各省，在戰爭失利的情況下，先後撤銷獨立。二次革命就這樣在不到兩個月的短時間內失敗了。領導這次革命的孫中山，又一次被迫逃亡日本，重新組織力量，準備發動新的革命運動。

（汝豐）

第四編　山河之形：空間與都城的歷史記憶

■ 袁世凱的皇帝夢、護國運動

　　袁世凱盜竊了辛亥革命的勝利果實以後，立即著手鞏固和加強他的大地主、大買辦階級的反革命專政。他表面上口口聲聲民主共和，實際上實行獨裁專制。

　　列強和封建勢力是不容許中國實現民主政治的。袁世凱不但是民主政治的死對頭，而且是一個永不滿足的野心家。他暗殺了宋教仁、鎮壓了二次革命之後，又玩弄權術，當上了正式大總統。到1914年1月，他就下令解散了國會；5月，又宣布廢除了《臨時約法》，把辛亥革命奠立的最後一點民主原則全部破壞。這時，他把自己的權力擴大到了最大限度，但是依舊不滿足，決定要去掉「民國」這塊空招牌，恢復封建帝制，來一個黃袍加身，由他來當袁氏朝廷的始皇帝。

　　他在廢除了《臨時約法》後所頒布的新《約法》中，把責任內閣制改為總統制，規定的總統權力和世襲皇帝相差無幾；把國務院改為政事堂；內閣總理改為職位和名義都與封建朝廷的宰相相仿的國務卿；各省都督也改稱將軍，民政長則改稱為巡按使……一切都按封建帝王的老辦法來做，恢復帝制的陰謀，在「民國總統」的外衣的掩蓋之下，越來越積極，越來越明顯。

　　辛亥革命雖然把封建帝制摧毀了，但是對封建帝制的根──封建土地制度，連一根毫毛也沒有動。列強和中國封建反革命勢力在這個基礎上照舊進行統治，袁世凱也在這個基礎上大做皇帝夢。

　　列強為了擴大在中國的侵略權利，積極支持袁世凱恢復帝制的活動，以便趁機多撈一把。袁世凱的顧問，美國人弗蘭克·詹森·古德諾（Frank

Johnson Goodnow）寫了〈共和與君主論〉一文，為袁世凱恢復帝制鼓吹，文中說中國人民不適於共和制度，只適於君主制度。甚至威脅中國人民說：「如果不採君主制，將會引起外國的武裝干涉。」德皇威廉二世接見袁世凱的大兒子袁克定時就表示：「……革命分子勢力甚脆弱」，要袁世凱「挾大總統之威權，一變中華民國為帝國皇帝」。還說：「我德誓以全力贊助……」英國也不落後，駐中國公使朱爾典就曾經多次向袁世凱表示極力贊成帝制。

但是，當時第一次世界大戰已經爆發，袁世凱看到這些國家無力東顧，最有力量的還是日本，因此極力討好日本，乞求支持。日本當時想乘機獨霸中國，於是提出了極為苛刻的「二十一條」，作為支持帝制的交換條件，表示只要袁世凱承認了，就可以請「貴大總統再高升一步」。「二十一條」的內容實際等於滅亡中國，但袁世凱為了實現他的皇帝夢，竟不顧中國人民的反對，簽字接受了。

有了列強的支持，帝制活動逐漸走向高潮。各種反革命勢力都忙碌起來了。以楊度為首的擁戴和鼓吹帝制的「籌安會」出現了，接著各式各樣的支持帝制的「請願團」也出現了。這些請願團，名目繁多，不但有所謂「乞丐請願團」，還有所謂「妓女請願團」，真是五花八門，無奇不有。分散在中央和地方的袁世凱的手下們，這時又是通電，又是公函，紛紛「勸進」，說什麼「恭戴今大總統袁世凱為中華帝國皇帝，並以國家最上完全主權奉之於皇帝，承天建極，傳之萬世」。

到了1915年12月，袁世凱迫不及待地要參政會出面，召集了所謂國民代表大會，進行所謂國體投票。在開會期間，袁世凱又是武力威脅，又是金錢收買，各省投票結果，全部同意改行君主政體，推戴袁世凱為皇帝。

第四編　山河之形：空間與都城的歷史記憶

　　12月11日，參政院以代表民意的資格，上書勸進，袁世凱還假惺惺地表示謙遜，退還了推戴書。參政院於是再次開會，在十五分鐘之內完成了第二次推戴書，當晚再度送去。第二天，袁世凱裝成不得已的樣子，正式接受了帝位，第三天，袁世凱就在居仁堂受百官朝賀，並封黎元洪為武義親王，宣布將民國五年改為「洪憲」元年，積極準備登基做洪憲皇帝了。

　　但是，就在袁世凱揚揚得意，準備登上皇帝寶座的時候，反袁的烽火已經燃燒起來了。以孫中山為代表的革命派是最堅決反袁的力量，他們在各地組織暴動，策劃起義。

　　1915年12月25日，雲南宣布獨立，爆發了護國起義，組織護國軍分兵北上。護國軍的力量並不大，但由於反袁是人心所向，所以很快就得到了人民的擁護和支持。隨著護國軍的勝利，1916年1月，貴州宣布了獨立，接著廣西也宣布獨立，四川、湖南、廣東等省，形勢也十分緊張。列強這時害怕反袁的怒火燒到自己身上，也來了一個向後轉，拒絕繼續支持袁世凱稱帝。

　　袁世凱開始感到大事不妙，在3月22日被迫宣布撤銷帝制，還想繼續當大總統。但護國軍不答應，他們宣告袁世凱是叛國的罪人，不能再當總統，要他辭職。形勢急轉直下，對袁世凱越來越不利，4、5月間，廣東、浙江、陝西等省又先後宣布獨立，最後連袁世凱最忠實的手下所控制的四川、湖南兩省在人民的壓力下，也宣布了獨立。

　　眾叛親離，袁世凱走到了絕境。6月6日，這個竊國大盜在全國人民的唾罵聲中死去。

（魯素）

張勳復辟

「張勳復辟」發生在 1917 年 7 月。提起這件事來，還得從張勳頭上的「辮子」以及他率領的「辮子軍」說起，因為張勳和他率領的軍隊，在民國建立以後，是以留辮子出名的。

把頭上四周的頭髮剃掉，在中間留起一條辮子垂在背後，這是從前滿族人的習俗。滿族貴族建立了清朝政權以後，強迫其他各族人民也遵照這種習俗。無論是誰，都必須剃去頭髮，留起辮子，不這樣，就是謀反，就要砍頭。這就是所謂的「留頭不留髮，留髮不留頭」。成千上萬的漢族和其他各族人民，因為反抗清朝統治者這一野蠻殘酷的壓迫措施，遭到了殘酷的屠殺。在遭受剝削和壓迫的人民心目中，辮子便成了清朝統治的標記。那些依附清朝統治者的人，則把留起辮子當作投靠滿族貴族，感恩獻媚的手段。

張勳就是這樣的人，他做過清朝署理兩江總督、江蘇巡撫、江南提督等要職，一貫善於壓榨和迫害人民，對清朝皇帝則十分忠心。在清朝統治之下，他對自己的辮子視同珍寶是十分自然的。

到了辛亥革命之後，清朝皇帝已經被推翻了，全國人民都興高采烈地剪掉了辮子。但是，已經換上了民國衣冠的張勳，不但自己捨不得剪掉那根辮子，他的軍隊，也都仍然留著辮子。因此，他的軍隊被稱作「辮子軍」，他自己也得到了「辮帥」的徽號。

張勳為什麼要留著辮子呢？用意非常清楚。他雖然被迫歸順了民國，但無時無刻不在夢想復辟。復辟，在當時就是要恢復封建皇帝的專制統治。因此，張勳為了表示自己曾是大清的忠臣和對皇帝的懷戀，一句話，

第四編　山河之形：空間與都城的歷史記憶

為了復辟，就保留著辮子。這個頑固透頂的軍閥，對清朝封建帝制的覆滅是不甘心的，對革命抱有刻骨的仇恨。武昌起義時，他率領軍隊盤踞南京，與革命軍頑抗；袁世凱竊國後，他拖著辮子做了民國的大官，但仍然企圖恢復清朝帝制。袁世凱鎮壓「二次革命」，他最為賣力。「辮子軍」攻下南京，他下令放假三日，任憑他們殺人放火，姦淫搶掠，使南京人民遭受了劫難。

辛亥革命是一次不徹底的民主革命，清朝統治下的孤臣遺老、皇親貴族無一不想捲土重來。儘管他們頭上的辮子被迫剪掉了，但心裡的辮子牢固地存在著。一旦機會到來，他們就要復辟。袁世凱就是辛亥革命後第一個企圖復辟的人物，不過他是把原先的清朝皇帝擱在一邊，而夢想自己登上皇帝的寶座罷了。

袁世凱做了八十三天皇帝夢就倒臺了，接著而來的就是張勳。他自知力量遠遠不如袁世凱，還不敢夢想自己做皇帝，但是他夢寐以求的是擁護清朝廢帝重掌江山，做一個復國元勳。到了1917年，民國的總統黎元洪和國務總理段祺瑞爭權奪利，發生了尖銳的矛盾，張勳看到有機可乘，就擁兵北上，演出了復辟的醜劇。

段祺瑞是北洋軍閥中皖系的首領，很有實力。黎元洪雖然是總統，但政府的實權操縱在段祺瑞手中，他等於是一個傀儡。第一次世界大戰爆發以後，段祺瑞在日本的支持下，以參戰為藉口，企圖驅逐黎元洪。但黎元洪得到美國的支持，反對參戰，極力向段反擊。後來段祺瑞跑到天津以辭職相威脅，黎元洪就以罷免段祺瑞的國務總理職務相報復。雙方的矛盾達到了不可調和的程度。

這時，段祺瑞決定以武力來對付黎元洪，在他的唆使下，北洋軍閥皖

系、直系督軍紛紛宣布獨立，準備進兵北京。久謀復辟的張勳就利用這個機會，一面通電要求黎元洪退職，以此討好段祺瑞；另一面又表示願意入京調停黎段之爭，為擁兵復辟設下圈套。段祺瑞為了利用張勳推翻黎元洪，極力慫恿他來北京，甚至暗中表示支持復辟。黎元洪正在四面楚歌之中，見有非皖系的張勳出來調停，想借張以對抗段祺瑞，因而也表示接受張勳的調停。

1917年6月，張勳就打著調停的旗號率軍北上。到天津後，這個以調停為名、復辟為實的「辮帥」就改了腔調，發出通電，威逼黎元洪解散國會，否則就不負調停之責。黎元洪知道上了大當，但已經無力挽救，被迫於6月13日宣布解散國會，張勳隨即進入北京，著手復辟。

張勳入京後，頭一件大事就是到紫禁城向清朝廢帝溥儀（宣統皇帝）叩頭請安。清朝皇室和那些貴族王公早就盼望有死灰復燃的一天，這時，他們從張勳身上又找到了希望。一時之間，「恢復祖業」、「光復舊物」、「還政於清」，這些聲音立即囂張起來。保皇黨的首領康有為也趕來北京，為張勳出謀獻計。復辟的活動進入了高潮。

1917年7月1日，經過一番倉促的準備，張勳正式宣布清帝溥儀復辟，恢復清朝舊制。同時還頒布了許多上諭：改民國六年為宣統九年，封黎元洪為一等公爵，馮國璋（原副總統）為兩江總督兼南洋大臣，張勳為直隸總督兼北洋大臣，各省督軍改稱巡撫等等。這時，北京街頭龍旗飄揚，多年不見的清朝袍服也重新出現，那些曾經被迫剪掉辮子的人，就用假辮子拖在腦後，十分得意。

張勳宣布復辟，黎元洪逃到東交民巷日本使館，一面通電由馮國璋代行總統職務，一面被迫重新任命段祺瑞為國務總理。段祺瑞見解散國會和

第四編　山河之形：空間與都城的歷史記憶

驅逐黎元洪的目的都已達到，又看到復辟非常不得人心，就乘機而起，宣布反對復辟，自任「討逆軍」總司令，在天津馬廠誓師，北上討伐張勳。

「討逆軍」於 7 月 12 日攻進北京，張勳慌忙逃到外國使館避難。這時，先前那一切亂七八糟的景象，又煙消雲散了。大街小巷，到處都是辮子軍逃命時剪下來的辮子，復辟的醜劇，前後只演了十一天！

此後，段祺瑞重新掌握了軍政大權。

（魯素）

北洋軍閥

「北洋軍閥」是近代中國社會的一支反革命勢力，是在列強的支持下，擁有以新式武器裝備的軍隊，控制著北京政權，代表列強和中國地主階級的利益，對人民實行黑暗而殘酷的統治。在辛亥革命後的十多年中，中國社會一直處在北洋軍閥勢力的統治之下。

中日甲午戰爭後，清政府在西元 1895 年開始編練新軍。袁世凱被派在小站（天津附近）編練「新建陸軍」，他把原來淮系官僚胡燏棻（ㄩˋ ㄈㄣ）所練「定武軍」四千七百五十人接收過來，並擴充到七千人，這就是後來「北洋軍閥」武裝的基礎。以後北洋軍各派系的首領如段祺瑞、馮國璋、曹錕、王士珍等，當時都在袁世凱手下當軍官，後來都是隨著這支反革命武裝的發展而爬上去的。

西元 1898 年後，袁世凱的「新建陸軍」和董福祥的「甘軍」、聶士成的「武毅軍」同屬清政府反革命首腦之一的北洋大臣榮祿統率，並稱「北洋三軍」。「北洋」的名稱自此開始。在「戊戌變法」運動中，袁世凱用出賣維新

派的手段，得到了慈禧太后的信任。到西元 1899 年，「新建陸軍」改編為「武衛右軍」（「武衛軍」分左、右、中、前、後五軍），編制達萬人左右，歸武衛軍統領、大學士榮祿節制。

在義和團運動期間，袁世凱積極鎮壓人民的反侵略抗爭，得到了列強的賞識。1901 年李鴻章死後，在中外反革命派的共同支持下，袁世凱繼任為直隸總督兼北洋大臣。這時的北洋「武衛軍」中的其他四軍都在八國聯軍的進攻下潰散了，只有袁世凱的右軍因隨他到山東鎮壓義和團而保存下來。這支軍隊以後不斷擴充，並改名「北洋常備軍」，幾乎完全由袁世凱一人控制。

到辛亥革命前，北洋軍的勢力由直隸擴展到了山東、河南、江蘇及東三省等地。依靠這支軍隊和列強的支持，袁世凱成了清廷中「舉足輕重」的人物。辛亥革命爆發後，他利用這種地位和實力，對抗以孫中山為首的革命勢力，竊奪了革命果實，自己當大總統，開始了以他為首的「北洋軍閥」的統治。

袁世凱大量地出賣民族利益，換取列強對他的支持，成為各國共同統治中國的總工具。因此，在他死前，「北洋軍閥」集團尚能維持表面的「統一」。他死了以後，「北洋軍閥」在列強分別收買和互相爭奪之下，開始分裂，在分裂的各派軍閥中，比較大的是直系、皖系和奉系。

直係軍閥的首領是馮國璋、曹錕和吳佩孚等，他們主要投靠英、美國。

皖系首領是段祺瑞、徐樹錚等，他們和直系的首領原來都是袁世凱手下的重要角色。袁死後，兩系間爭權奪利爭鬥特別厲害。

奉系首領是張作霖，盤踞在東北地區。

皖系和奉系都投靠了日本。

此外還有很多大小不同的軍閥派系，各自占據一塊地盤，掌握一部分武裝，投靠一定的國家。這些軍閥為了爭權奪利，經常互相發生衝突，形成了連年不斷的軍閥混戰局面。

袁世凱死後，黎元洪繼任大總統，直系馮國璋任副總統，皖系段祺瑞任國務總理，掌握實權。為了對付非北洋系的黎元洪，直、皖系曾暫時合作，但由於投靠的國家不同，互相間的利害衝突和矛盾還是很大的。1917年，馮、段終於借「張勳復辟」事件，擠走了黎元洪。接著，馮國璋當了大總統，段祺瑞仍做國務總理，他們繼續北洋軍閥的專制統治。不久，馮、段之間為了擴充勢力、搶占地盤，矛盾逐漸尖銳起來。1920年7月，直系聯合奉系打皖系，皖系戰敗，中央政權開始由直、奉兩系聯合控制。

直、奉軍閥也只是暫時的聯合，因為他們投靠的國家不同，列強之間的矛盾必然影響他們之間的利害關係。1922年4月終於又爆發了直奉戰爭，結果奉系戰敗，退出關外，中央政權由直系全部控制。奉系軍閥不甘失敗，1924年9月又挑起了第二次直奉戰爭，這次奉系取得了勝利，皖系段祺瑞也乘機攫取了北京「臨時執政」的地位，在奉系卵翼下重新把持中央政權。

「北洋軍閥」的黑暗統治和彼此之間的混戰，帶給全國人民深重的苦難。

五四運動以後，中國人民革命進入了一個全新的歷史時期。1921年起，反軍閥的抗爭迅速向前發展。西元1926年至1927年，廣東的革命政府舉行了「北伐戰爭」。在全國人民的積極支援下，終於摧毀了「北洋軍閥」的黑暗統治。

（劉守詒）

護法運動

　　1916年袁世凱死後，北京反革命政府的政權落在另一個北洋軍閥親日派段祺瑞的手裡。段祺瑞想獨攬大權，但1912年公布的《臨時約法》，對他實行獨裁統治是不利的，因此他解散了舊國會和廢除了《臨時約法》。

　　當時的很多革命家把1912年的《臨時約法》和國會作為共和國的象徵。堅持民主主義革命的孫中山便起來號召保護約法，召集舊國會。1916年7月，孫中山到達廣州，大部分國會議員也跟著南下。海軍受了革命影響，也宣布「擁護約法，恢復國會」，並且將艦隊開到廣州。當時，盤踞在兩廣的桂系軍閥陸榮廷和稱霸雲南的滇系軍閥唐繼堯在爭權奪利上和段祺瑞的矛盾很大，又感到自己的力量不足，想利用孫中山的名義來對抗段祺瑞，於是假意地也表示擁護約法。9月，孫中山在廣州召集了非常國會，組成了護法軍政府，孫中山為大元帥，陸榮廷、唐繼堯為元帥，和段祺瑞的北京政府相對立。

　　北洋軍閥中，以段祺瑞為首的皖系，和以馮國璋為首的直系之間，也存在很深的矛盾。當時段祺瑞決心「武力統一」中國，派直系軍隊進入湖南攻打護法軍。馮國璋卻企圖聯合西南軍閥，排擠段祺瑞，因此，指示他的軍隊採取消極態度，並提出了「和平統一」的口號，對護法軍政府表示讓步。

　　以政治投機為目的的陸榮廷、唐繼堯這時也大肆活動，拉攏國會議員，共同排斥孫中山，破壞護法運動。1918年2月擁護孫中山的軍政府海軍總長程璧光被人暗殺，甚至孫中山招募的衛隊也被反革命派捕殺。反革命派在解除了孫中山控制下的軍事力量以後，接著又進一步改組軍政府，

第四編　山河之形：空間與都城的歷史記憶

取消大元帥制,改為七總裁制,由老官僚岑春煊當主席總裁,把孫中山變為一個毫無實際權力的七總裁之一。

孫中山見護法運動毫無進展,在廣州也無法立足,就在 1918 年 5 月離開廣州去上海。離開廣州時發表宣言說:「南北軍閥都是一丘之貉。」他開始了解到依靠這些人是不能護法的。

孫中山離開廣州以後,軍政府便完全操縱在桂系軍閥的手中。後來南方和北方進行和平談判,護法運動就這樣不了了之地失敗了。

（魯素）

京劇

提起京劇的歷史,有近兩百年了。如果從它的前身徽戲說起,那還要早個四、五十年。

安徽戲班從乾隆五十五年(西元 1790 年)開始,先後有三慶、四喜、春臺、和春等班,來到北京,被稱作四大徽班。他們豐富多彩的演出,和一些內容較好的劇目,受到北京觀眾的歡迎,逐漸地取代了本來在北京流行的崑曲、京腔、秦腔等劇種的地位,成為北京劇壇的主力。

徽戲的唱腔以二黃調為主。到了道光年間(西元 1821 年至 1850 年),湖北的湖廣調(楚調,也就是漢劇)也進入北京,帶來了西皮調的唱腔。這兩個本來有著血統關係的姊妹劇種,很快地結合起來,使西皮調和二黃調在北京同臺演唱。以這兩種唱腔為主,然後又吸收融化了崑曲、京腔、秦腔等劇種的精華部分,構成了本身唱(歌唱)、念(說白)、做(身段動

作)、打（武打）一套完整的體系，逐漸形成了一種新的戲曲，人們把它叫做京調或皮黃，也就是如今的京劇。

到了同治、光緒年間（西元1862年至1908年），京劇進一步發展，不僅出現了許多優秀演員，同時逐步地向外發展，較大的都市如天津、上海、漢口、長沙，都先後有京劇團隊演出。

京劇的表演（包括唱、念、做、打），無論生、旦、淨、丑，都有一定的程式，但在京劇的發展過程中，不少傑出的表演藝術家在傳統程式的基礎上，經過自己的藝術實踐，不斷地豐富和創造，形成了各種不同流派的藝術風格。

沒有一種藝術能夠超越於時代之外。京劇和許多別的藝術一樣，有著自己的發展歷程。辛亥革命前後，有許多京劇藝人基於國家的危亡，曾經演出了不少適應當時政治形勢要求的劇目，有些藝人還直接參加了當時的革命運動。他們當中，如汪笑儂，不但是一位傑出的表演藝術家，更是一位愛國志士。袁世凱竊國後，他編演了《黨人碑》，諷刺這個專制獨裁者。劉藝舟編演的《皇帝夢》，把袁世凱的奸相和醜態，演得淋漓盡致，儘管當時袁世凱已經死了，但對於北洋軍閥的醜惡本質，仍然是有力的揭露和抨擊。

在抗日戰爭時期，梅蘭芳、程硯秋、歐陽予倩等，都編演了一些具有愛國主義思想的劇目。如梅蘭芳的《抗金兵》、《生死恨》，程硯秋的《亡蜀鑑》、《荒山淚》，歐陽予倩的《梁紅玉》、《木蘭從軍》等。

然而，京劇的發展也並不是一帆風順的。它曾經遭受過反革命勢力的摧殘和踐踏，有過自己的盛衰興敗。在清朝統治時期，它一度被皇帝、

第四編　山河之形：空間與都城的歷史記憶

貴族、官僚所「賞識」，成為宮廷裡的消遣品，被利用為封建統治階級服務。如《四郎探母》和《彭公案》、《施公案》之類，大都是這個時期編演的，這就使它脫離了民眾。

（龔書鐸）

現代話劇

　　中國傳統戲曲著重唱、做、念、打。除了唱和做屬於歌唱和舞蹈外，念和打可以說是語言和動作，這已經包含現代話劇的因素。所以，中國現代話劇在古典戲曲中就可以找到它的基礎。但是，完全以語言和動作為主要表演手段，採用分幕分場的近代編劇方法和寫實的化妝、服裝、裝置、照明，以及表現當代的生活抗爭和歷史故事的現代話劇，只有五十多年的歷史。它是20世紀初期中國社會激烈動盪的產物。

　　20世紀初期的中國，已經處於辛亥革命的前夜，民族矛盾和階級矛盾十分尖銳。當時，許多愛國青年看到國家民族的危亡，紛紛到外國留學，渴望從國外找到救國救民的好辦法，找到使國家獨立富強的出路。

　　日本是中國留學生最多最集中的地方，留學生中的革命活動和革命宣傳也最活躍。他們有的直接參加了孫中山領導的革命組織同盟會；有的翻譯介紹歐美革命時期的進步著作；有的則透過文學藝術的武器，創作通俗的詩歌、鼓詞等，宣傳救亡圖存的道理，鼓吹革命。中國現代話劇就是在這樣蓬勃發展的革命潮流中產生發展起來的。

　　1907年2月，留日學生曾孝谷、李息霜等受日本新派劇的影響，組

織了一個演劇團體，叫「春柳社」。後來曾孝谷還把林紓、魏易翻譯的小說《黑奴籲天錄》改編為五幕話劇，並於這一年6月初，在日本東京正式公演。著名的戲劇家歐陽予倩就是在這時加入春柳社的，並且參加了這一次演出。

《黑奴籲天錄》的演出獲得了很大的成功。演員們的出色表演和話劇這一新穎的藝術形式大大地吸引了觀眾，當時看過這次演出的日本著名戲劇家也給了很高的評價。尤其是劇中所揭示的反對壓迫黑人的主題思想，對於長期遭受列強侵略的中國人，可謂引起了強烈的同情和共鳴，這就更使這次演出受到了熱烈的歡迎。

小說《黑奴籲天錄》原名《湯姆叔叔的小屋》，原作者是西元1850年代美國進步作家比徹·斯托（Harriet Beecher Stowe）夫人，這是一部揭露和反對美國資本家虐待黑人的作品。作者以深刻有力的筆觸，描繪了美國黑人所遭受的駭人聽聞的奴役和虐待，揭露了美國統治階級和奴隸主迫害黑人的滔天罪行，在當時是有進步意義的。

翻譯者的意圖也就是要藉此警醒中國人民。林紓在為譯本所寫的序言、跋文和譯例中曾經一再強調翻譯這本書的目的是由於列強的侵略日益加深，「不能不為大眾一號」，激發國人「振作志氣」。他不但反覆表示了對列強殘酷壓迫的憤慨，警告中國人民必須獨立自強，還指出美國虐待在美國的華工也一樣殘酷，華工比起美國黑人的遭遇只有過之而無不及。從這裡可以看出，春柳社當時選擇了這一小說編為劇本，是適應客觀形勢的需求，用來表達他們的的思想感情和激發民眾的民族意識。

話劇《黑奴籲天錄》雖然是由翻譯小說改編的，但在此以前，中國還沒有過自己編寫的、如此完整的多幕話劇，因此可以說，《黑奴籲天錄》不

但是中國現代話劇最早的一次演出，還是中國最早創作的一個話劇劇本。

春柳社為中國現代話劇的開創做了許多工作，可說是中國最早的話劇團。它在中國現代話劇事業上邁出了第一步後，影響很快就擴大到中國。1907年，王鐘聲在上海創立了「春陽社」，第一次演出也是《黑奴籲天錄》。1910年，春柳社員任天知又組織了「進化團」。在此期內，宣傳革命、鼓吹進步的劇團風起雲湧。辛亥革命後，春柳社員陸鏡若在1912年又成立了「新劇同志會」（春柳劇場），接著歐陽予倩等許多春柳舊人回國，也都加入演出，形成了中國現代話劇創始期的熱潮。所以，1907年「春柳」的《黑奴籲天錄》，可說是中國現代話劇的起點。

（汝豐）

現代話劇

一看就懂的中華制度史：
從井田制到一條鞭法，從察舉制到科舉制，深入剖析制度演變與社會脈動，重建中國古代社會的運作邏輯

作　　　者：吳晗	國家圖書館出版品預行編目資料
責任編輯：高惠娟	
發 行 人：黃振庭	一看就懂的中華制度史：從井田制到一條鞭法，從察舉制到科舉制，深入剖析制度演變與社會脈動，重建中國古代社會的運作邏輯！/ 吳晗 著. -- 第一版 . -- 臺北市：複刻文化事業有限公司, 2025.07 面; 公分 POD 版 ISBN 978-626-428-172-0(平裝) 1.CST: 文明史 2.CST: 文化史 3.CST: 社會制度 4.CST: 中國 630　　　　114008977
出 版 者：複刻文化事業有限公司	
發 行 者：崧燁文化事業有限公司	
E - m a i l：sonbookservice@gmail.com	
粉 絲 頁：https://www.facebook.com/sonbookss	
網　　　址：https://sonbook.net/	
地　　　址：台北市中正區重慶南路一段 61 號 8 樓 8F., No.61, Sec. 1, Chongqing S. Rd., Zhongzheng Dist., Taipei City 100, Taiwan	

電　　　話：(02)2370-3310
傳　　　真：(02)2388-1990
印　　　刷：京峯數位服務有限公司
律師顧問：廣華律師事務所 張珮琦律師

-版權聲明-
本書版權為樂律文化所有授權複刻文化事業有限公司獨家發行繁體字版電子書及紙本書。若有其他相關權利及授權需求請與本公司聯繫。

未經書面許可，不得複製、發行。

定　　　價：375 元
發行日期：2025 年 07 月第一版
◎本書以 POD 印製

電子書購買

爽讀 APP　　臉書